Umweltnatur- & Umweltsozialwissenschaften

Reihenherausgeber

A. Daschkeit, Kiel
O. Fränzle, Kiel
V. Linneweber, Magdeburg
J. Richter, Braunschweig
S. Schaltegger, Lüneburg
R.W. Scholz, Zürich
W. Schröder, Vechta

Springer-Verlag Berlin Heidelberg GmbH

Frank Figge

Öko-Rating

Ökologieorientierte Bewertung von Unternehmen

Mit 49 Abbildungen und 29 Tabellen

Springer

Dr. Frank Figge
Universität Lüneburg
Institut für Betriebswirtschaftslehre
insbesondere Umweltmanagement
Scharnhorststr. 1
21335 Lüneburg
E-mail: *figge@sustainablevalue.com*

ISBN 978-3-540-66867-1

Die Deutsche Bibliothek - CIP-Einheitsaufnahme
Figge, Frank: Öko-Rating: ökologieorientierte Bewertung von Unternehmen / Frank Figge. - Berlin; Heidelberg; New York; Barcelona; Hongkong; London; Mailand; Paris; Singapur; Tokio: Springer 2000
(Umweltnatur- & Umweltsozialwissenschaften)
ISBN 978-3-540-66867-1 ISBN 978-3-642-56945-6 (eBook)
DOI 10.1007/978-3-642-56945-6

Ursprünglich erschienen bei Springer-Verlag Berlin Heidelberg New York in 2000

Umschlaggestaltung: E. Kirchner, Heidelberg
Satz: Druckreife Daten des Autors

SPIN: 10731873 30/3136xz - 5 4 3 2 1 0 - Gedruckt auf säurefreiem Papier

As the complexity of a system increases, our ability to make precise and yet significant statements about its behavior diminishes until a threshold is reached beyond which precision and significance (or relevance) become almost mutually exclusive characteristics.

Principle of Incompatibility - L. Zadeh

Insofern sich die Sätze der Mathematik auf die Wirklichkeit beziehen, sind sie nicht sicher, und insofern sie sicher sind, beziehen sie sich nicht auf die Wirklichkeit.

Albert Einstein

Inhaltsverzeichnis

Abbildungsverzeichnis

Tabellenverzeichnis

Abkürzungsverzeichnis

CH_4	Methan
CO_2	Kohlendioxid
CSFI	Centre for the Study of Financial Innovation
d.h.	das heißt
ERI	Eco-Rating International
et al.	und andere
f.	folgende Seite
FCKW	Fluorchlorkohlenwasserstoff
ff.	folgende Seiten
HUI	Hamburger Umweltinstitut
i.d.R.	in der Regel
i.S.	im Sinne
o.T.	Ohne Titel
Ökom	Gesellschaft für ökologische Kommunikation
S.	Seite
SMI	Swiss Market Index
SPI	Swiss Performance Index
u.a.	unter anderem
u.s.w.	und so weiter
u.U.	unter Umständen
vgl.	vergleiche
z.B.	zum Beispiel

Teil I: Grundlagen

1 Einleitung

1.1 Bedeutung des Themas

Umweltfragen gewinnen heute in immer mehr Entscheidungen an Bedeutung. Ob es sich um die Wahl eines Produkts durch einen Konsumenten oder eines Fertigungsprozesses durch einen Unternehmer handelt, immer öfter werden - neben anderen Aspekten - auch Umweltfragen berücksichtigt. Der Grund hierfür ist aus ökonomischer Sicht in der Verknappung des ehemals freien Guts „Umwelt" zu suchen.[1] Viele Menschen nehmen diese Verknappung als Umweltkrise wahr. Die zunehmende Belastung der natürlichen Umwelt macht aus dem ehemals freien Gut „Umwelt" ein knappes Gut. Der Verlust von fruchtbarem Ackerboden oder abnehmende Wasserreserven sind in manchen Ländern offensichtliche Zeichen einer solchen Verknappung. Aber auch globale Umweltprobleme, wie beispielsweise der Treibhauseffekt, der Abbau der stratosphärischen Ozonschicht („Ozonloch") oder aber der Rückgang der Biodiversität stellen eine solche Verknappung dar.

Die Besonderheit knapper im Vergleich zu freien Gütern ist, daß man auf sie nicht in einem beliebig hohen Maß zurückgreifen kann. Mußte man früher Umweltaspekte nicht berücksichtigen, da die Umwelt praktisch grenzenlos war, stellen immer mehr Menschen heute fest, daß Umwelt, wie andere Güter auch, erschöpflich ist. Bei der Entscheidung über die Allokation der Ressourcen sollte daher, neben Entscheidungen über den optimalen Einsatz anderer knapper Ressourcen, auch über das Ausmaß des Einsatzes des knappen Gutes „Umwelt" entschieden werden. Wird die Knappheit der Umwelt nicht in den Entscheidungen

---

[1] Vgl. FREY 1993, S. 9, FREY 1997, S. 167ff., FREY/BLÖCHLIGER 1991, S. 31ff., FREY ET AL. 1991, S. 25f., SIEBERT 1995, S. 3ff., 159ff.

berücksichtigt, ist mit einer Übernutzung der Umwelt und damit mit gesamt- aber auch einzelwirtschaftlichen Wohlfahrtsverlusten zu rechnen.[2]

Zur Integration von Umweltaspekten in Entscheidungen sind in den vergangenen Jahren verschiedene Instrumente entwickelt worden. Hierzu gehören das ökologische Rechnungswesen genauso wie beispielsweise sogenannte Stoff-, Energie- oder Ökobilanzen.[3] Die in der Vergangenheit entwickelten Instrumente konzentrieren sich allerdings meist auf *einzelne Produkte oder Prozesse.* Für immer mehr Anspruchsgruppen[4], wie beispielsweise Investoren, Arbeitgeber- und Arbeitnehmervertreter oder staatliche Stellen, gewinnen ökologieinduzierte Fragen an Bedeutung, die sich auf *Unternehmen als ganzes* beziehen. So berücksichtigen beispielsweise Investoren heute vielfach beim Kauf eines Unternehmens auch Umweltaspekte. Für diese Anspruchsgruppen sind die bisher entwickelten Instrumente zur „ökologischen" Bewertung ganzer Unternehmen nicht geeignet. Dies ist vor allem auf zwei Gründe zurückzuführen. Einerseits sind diese Verfahren für eine Bewertung ganzer Unternehmen zu aufwendig. Die Verfahren wurden entwickelt, um einzelne Prozesse oder Produkte zu bewerten.[5] Ein Unternehmen weist in der Regel aber eine Vielzahl verschiedener Produkte und Prozesse auf. Andererseits basieren die Verfahren auf Informationen, die meist internen, nicht aber externen Anspruchsgruppen zur Verfügung stehen.

Zur Schließung dieser Lücke wurde nun in den letzten Jahren von verschiedener Seite das sogenannte „Öko-Rating" entwickelt, das eine vergleichende ökologieorientierte Bewertung von Unternehmen erlauben soll.

Abgesehen von einigen Artikeln, Diskussionspapieren bzw. Diplomarbeiten, die sich weitgehend auf eine Beschreibung bestehender Öko-Rating-Ansätze beschränken, fehlt bisher eine zusammenhängende Darstellung zu diesem Thema.

---

[2] Vgl. hierzu auch CANSIER 1996, S. 13f., PEARCE 1993, S. 4f., PILLET 1993, S. 79ff., SIEBERT 1995, S. 45f., 65ff., TISCHLER 1994, S. 8ff.
Ein Zeichen für die zunehmende ökonomische Bedeutung von Umweltaspekten ist, daß in den letzten Jahren vermehrt die Integration von Umweltaspekten in die Unternehmensbewertung diskutiert wird. Vgl. hierzu auch EPSTEIN 1996, FIGGE/SCHALTEGGER 1997, FIGGE/SCHALTEGGER 1998, MÜLLER/WITTKE 1998, SCHALTEGGER/FIGGE 1997, WBCSD 1997.

[3] Vgl. zum ökologischen Rechnungswesen und für eine Übersicht über die verschiedenen Ansätze der Ökobilanzierung HOFSTETTER/BRAUNSCHWEIG 1994, SCHALTEGGER/STURM 1994, SCHREIBER 1994.

[4] Als Anspruchsgruppe (Stakeholder) werden Gruppen bezeichnet, die zur Erreichung ihrer eigenen Ziele von dem Unternehmen abhängen und von denen das Unternehmen ebenfalls zur Erreichung seiner Ziele abhängt (vgl. FREEMAN 1984, S. 41).

[5] Schon die Bewertung einzelner Produkte über mehrere Produktlebensphasen kann sich unter Öko-Effizienz-Aspekten als wenig sinnvoll herausstellen (vgl. SCHALTEGGER MIT MÜLLER/HINDRICHSEN 1996, S. 175ff). Die Öko-Effizienz eines Umweltmanagementinstruments besteht aus dem Verhältnis zwischen geschaffenen ökologischen Nutzen und den (ökonomischen) Kosten (vgl. SCHALTEGGER 1996).

Keine der bestehenden Arbeiten nimmt eine Analyse der durch Öko-Rating eingesetzten Bewertungsverfahren vor. Dies ist problematisch, da die Eignung eines Bewertungsverfahren nicht per se vorausgesetzt werden darf.

1.2 Ziele und Aufbau der Arbeit

Es lassen sich drei Hauptzielsetzungen dieser Arbeit unterscheiden:

(1) Aufzeigen der Bedeutung von Öko-Rating für ökologieorientierte Entscheidungen und der relevanten entscheidungstheoretischen Zusammenhänge.
Öko-Rating wird als Informationsinstrument zur Entscheidungsunterstützung aufgefaßt. Im *ersten Teil* werden Öko-Rating in die Entscheidungstheorie eingeordnet und einige im Zusammenhang mit Öko-Rating auftretende entscheidungstheoretische Probleme analysiert. Hierbei wird, wie auch im weiteren Verlauf der Arbeit, Öko-Rating aus der Perspektive der Investoren betrachtet. Die meisten in der Praxis vorzufindenden Öko-Ratings richten sich an Investoren. Investoren sind eine wichtige, nicht aber die einzige Anspruchsgruppe von Unternehmen. Die Ausführungen sind so gehalten, daß eine Verallgemeinerung auf andere Anspruchsgruppen, auch wenn sie hier nicht vorgenommen wird, möglich ist.

(2) Analyse und Bewertung bestehender Öko-Rating-Ansätze.
Durch die im *zweiten Teil* vorgenommene Analyse und Bewertung bestehender Öko-Rating-Ansätze wird der Status quo beschrieben. Die Bewertung orientiert sich an den im ersten Teil auf Basis der Entscheidungstheorie entwickelten Kriterien.

(3) Weiterentwicklung der für das Öko-Rating eingesetzten Methodik.
Der *dritte Teil* bildet den Kern der Weiterentwicklung. Nach einer kurzen Analyse existierender Bewertungsverfahren wird ein neues Verfahren vorgestellt, das auf unscharfer Logik (Fuzzy Logic) basiert. Der *vierte Teil* demonstriert die Vorgehensweise anhand einer Fallstudie.

Auf die Zusammenfassung der Arbeit folgen zwei Exkurse. Im *Exkurs A* wird auf einige weiterführende Konzepte der Fuzzy Logic eingegangen, die zwar nicht für das unmittelbare Verständnis notwendig sind, bei der Entwicklung eigener Öko-Ratings aber nützlich sein können. *Exkurs B* gibt eine Übersicht über verschiedene Skalentypen, die für das Verständnis der verschiedenen Bewertungsverfahren hilft.

1.3 Begriffsdefinitionen

Der Begriff „Öko-Rating" ist in der Praxis entstanden. Eine klare Abgrenzung zu verwandten Begriffen wird in der Praxis nicht vorgenommen. Die folgenden Begriffsdefinitionen grenzen Öko-Rating daher von anderen (ökologieorientierten) Informationsinstrumenten ab. Hierzu wird in einem ersten Schritt *Rating* von *Ranking* und *Screening* unterschieden (1.3.1). Die folgenden zwei Abschnitte stellen den „ökologischen“[6] Zusammenhang her. Abschnitt 1.3.2 geht auf ökologieorientierte Informationen näher ein. Der folgende Abschnitt (1.3.3) grenzt Öko-Rating von ökologieorientierter Berichterstattung ab. Die Erkenntnisse der ersten drei Abschnitte fließen in die Begriffsdefinition des Öko-Ratings ein, die im vierten und letzten Abschnitt (1.3.4) vorgenommen wird. Die an jener Stelle vorgenommene Definition des Öko-Ratings liegt im weiteren der Arbeit zugrunde.

1.3.1 Rating, Ranking, Screening

Das Wort „Rating“ kommt aus dem anglo-amerikanischen Sprachraum und wird in unterschiedlichem Kontext, beispielsweise zur Bezeichnung von Mannschaftsdienstgraden bei der Marine, von Einschaltquoten im Fernsehen oder bei der Bewertung von Bildungseinrichtungen, eingesetzt.[7]

Seit 1850 tritt der Begriff „Rating“ in den USA bei der Bonitätseinstufung von Schuldnern auf.[8] Mit Rating werden in diesem Bereich „[...] Finanztitel und die dahinterstehenden Emittenten nach qualitativen oder quantitativen Maßstäben [...]“[9] klassifiziert. Ziel des Ratings ist es, „[...] alle am Markt befindlichen Wertpapiere ihrer Qualität nach zu ordnen.“[10]

Das Wort „Rating“ wird dabei in der Regel sowohl zur Bezeichnung des Prozesses als auch des Ergebnisses eingesetzt.[11] Steht der Prozeß im Vordergrund, kann daher unter Rating „[...] ein Verfahren zur Einschätzung bzw. Beurteilung von Personen, Gegenständen oder Situationen mit Hilfe von Skalen [...]“[12] verstanden werden. Bezogen auf die Bewertung von Unternehmen und die von ihnen emittierten bzw. ausstehenden Wertpapiere kann Rating als „[...] jedes durch ein Symbol bzw. ein Zeichen oder eine semantische Verkettung von Zeichen (Zeichenfolge) ausgedrückte Urteil einer Beurteilungsinstanz über ein bestimmtes Merkmal eines Finanzierungstitels resp. Wirtschaftssubjektes“[13] verstanden werden.

---

[6] Der Begriff „ökologisch“ wird in der Praxis meist nicht in seinem ursprünglichen biologischen Sinn, sondern im Sinn von ökologieorientiert, ökologiebewußt oder ökologiegerecht eingesetzt. Es wird in dieser Arbeit dieser Verwendung des Begriffs „ökologisch“ gefolgt (Vgl. hierzu auch SCHALTEGGER/STURM 1994, S. 7f.).

[7] Vgl. SÖNNICHSEN 1992, S. 103, EVERLING 1991, S. 22.

[8] Vgl. SÖNNICHSEN 1992, S. 104.

[9] STEINER 1992, S. 509.

[10] SERFLING/PRIES 1990, S. 381.

[11] Vgl. EVERLING 1991, S. 23f.

[12] EVERLING 1995, Spalte 1601.

[13] EVERLING 1995, Spalte 1601.

Ein weiteres, in diesen Definitionen nicht ausdrücklich genanntes Merkmal eines Ratings ist, daß es in der Regel extern durchgeführt wird.

Im Zusammenhang mit Rating wird häufig der Begriff „Ranking" synonym verwandt. Im Gegensatz zum Rating werden beim Ranking aber (nur) Ränge verteilt. Das für nur eine Unternehmung vorliegende Ergebnis eines Rankings ist daher im Gegensatz zu einem Rating wegen des fehlenden Vergleiches mit der Positionierung anderer Unternehmungen inhaltsleer.

Unter „Screening" versteht man in der Regel stark standardisierte Verfahren, die eine Reihe von Alternativen auf die Erfüllung einer Positiv- oder Negativliste von Kriterien überprüfen.[14]

Es können also folgende Charakteristika von Ratings festgehalten werden:

- Inhalt eines Ratings ist eine **vergleichende Beurteilung**.
- Bewertungsinhalt ist ein/sind **einheitliche(s) Merkmal(e)**.
- Ratingergebnisse werden einer Position auf einer **Skala** zugeordnet, die durch Symbole gekennzeichnet werden können und absolute Aussagen zulassen.
- Ratings werden in aller Regel **extern**, d.h. weder vom Entscheider noch von einem im Alternativenraum betroffenen Wirtschaftssubjekt durchgeführt.

Es handelt sich sowohl bei Rating, Ranking und Screening um Informationsinstrumente. Diese Instrumente greifen auf ökologieorientierte Informationen zurück. Der folgende Abschnitt geht auf ökologieorientierte Informationen näher ein.

1.3.2 Ökologieorientierte Informationen, ökologieorientierte Daten

In den Wirtschaftswissenschaften kann zwischen zwei grundsätzlich verschiedenen Interpretationsweisen von Information unterschieden werden. In der Informationstheorie wird Information rein formal aufgefaßt. Es wird hier, in Anlehnung an Wittmann, der zweiten - nämlich einer inhaltlichen Interpretation von Information - der Vorzug gegeben. Information kann in diesem Zusammen-

---

[14] Vgl. CHANSON 1992, FIGGE 1995, S. 46.
Es existieren seit längerem Organisationen, die ein Screening von Unternehmen in bezug auf ökologische oder soziale Kriterien anbieten. Diese Organisationen erstellen in der Regel für jedes betrachtete Unternehmen ein Profil, das Investoren zur Entscheidungsunterstützung dienen soll. Solche Profile geben Aufschluß darüber, inwieweit Unternehmen die einzelnen Ziele erfüllen. Im Gegensatz zum Öko-Rating wird allerdings keine Aggregation zu einem Gesamturteil vorgenommen. Diese Organisationen (z.B. Investor Responsibility Research Center [IRRC], Council on Economic Priorities [CEP]) und die von ihnen angewandten Verfahren sind nicht Gegenstand dieser Arbeit.

hang als zweckorientiertes Wissen aufgefaßt werden.[15] Eine Information entsteht daher nicht schon durch ihre bloße Existenz, sondern dadurch, daß sie sinnvoll in Entscheidungen integriert werden kann.[16] Dies bedeutet aber auch, daß Informationen nicht per se, sondern nur im Hinblick auf ihren vorgesehenen Einsatz hin beurteilt werden können. Der Zweck ökologieorientierter Informationen wird durch den Einsatz des Adjektivs „ökologieorientiert" weiter präzisiert.

Erlauben die Informationen eine Bewertung von Handlungsalternativen, die Gesetzmäßigkeiten der Ökosphäre berücksichtigen, so können die entsprechenden Informationen als ökologieorientierte Informationen bezeichnet werden.[17]

Ökologieorientierte Informationen ohne expliziten Entscheidungsbezug, d.h. Informationen im Sinne der (formalen) Informationstheorie, werden zur besseren Unterscheidung im folgenden als ökologieorientierte Daten bezeichnet.

Unternehmen publizieren immer öfter im Rahmen ökologieorientierter Berichterstattung ökologieorientierte Informationen. Ökologieorientierte Berichterstattung steht im Mittelpunkt des nächsten Abschnittes.

1.3.3 Ökologieorientierte Berichterstattung

Unter ökologieorientierter Berichterstattung versteht man „ein unternehmerisches Kommunikationsinstrument, durch welches die Stakeholder aus ökologischer und ökonomischer Sicht relevante Informationen über die Umweltbeziehung eines Unternehmens erhalten."[18] Die inzwischen von vielen Unternehmen herausgegebenen Umweltberichte sind Beispiele hierfür.

Die ökologieorientierte Berichterstattung geht, im Gegensatz zum Rating, in der Regel von der Unternehmung aus. Ihr Ziel ist, wiederum im Gegensatz zum Rating, Stakeholder mit einzelnen Informationen nicht aber Bewertungen zu versorgen.[19] Solche Bewertungen werden durch das Öko-Rating durchgeführt, das im Mittelpunkt des folgenden Abschnitts steht.

---

15 WITTMANN 1959, S. 14.

16 Wobei dem Wort „Entscheidungen" in diesem Zusammenhang eine sehr weite Interpretation zugrunde gelegt werden kann.

17 Vgl. SCHALTEGGER/KUBAT 1994, S. 42, SCHALTEGGER/STURM 1994, S. 7f., 48.

18 SCHULZ 1995, S. 305. Vgl. zum Begriff der Stakeholder auch Fußnote 4, S. 2.

19 Es wird hier davon ausgegangen, daß es das Ziel der Unternehmen ist, ihre Stakeholder durch die ökologieorientierte Berichterstattung in ihren Entscheidungen zu unterstützen. Es handelt sich aus diesem Grund nicht (nur) um ökologieorientierte Daten, sondern um ökologieorientierte Informationen.

1.3.4 Öko-Rating

Rein etymologisch betrachtet, kann unter dem Begriff Öko-Rating jede vergleichende Bewertung verstanden werden, welche Handlungsalternativen zum Inhalt hat, die als gemeinsames Merkmal eine Unterscheidung in bezug auf die Belastung der Umwelt vornimmt und deren Ergebnis auf einer Skala dargestellt werden kann.[20] Versteht man Öko-Rating als eine Variante des herkömmlichen auf Unternehmen bezogenen Ratings, so kann unter diesem Begriff jede vergleichende Bewertung von Unternehmen verstanden werden, die ökologieorientierte Informationen berücksichtigt und deren Ergebnis auf einer Skala dargestellt werden kann.

Der Begriff kann sich, wie das traditionelle Rating auch, sowohl auf das Bewertungsergebnis, als auch auf den Bewertungsprozeß beziehen.

Im Gegensatz zur ökologieorientierten Berichterstattung ist es das explizite Ziel des Öko-Ratings, eine Vielzahl von ökologieorientierten Informationen durch Aggregation zu einer oder einigen wenigen Informationen zu verdichten. Solche Informationen können als „Superzeichen“ bezeichnet werden.[21]

	Entscheidungsbezug	**Aggregation**
Ökologieorientierte Daten	nein	nein
Ökologieorientierte Informationen	ja	nein
Öko-Rating	ja	ja

Tabelle 1: Unterscheidungsmerkmale von ökologieorientierten Daten, Informationen und Öko-Rating

Tabelle 1 vergleicht noch einmal Öko-Rating mit ökologieorientierten Daten und Informationen. Wie die Tabelle zeigt, zeichnet sich Öko-Rating gegenüber ökologieorientierten Daten dadurch aus, daß es einen Entscheidungsbezug aufweist. Es hebt sich außerdem von ökologieorientierten Daten und Informationen dadurch ab, daß es eine Aggregation der Informationen vornimmt.

---

20 Diese etymologische Betrachtung geht, dem allgemeinen Sprachgebrauch folgend, davon aus, daß das Präfix „Öko“ stellvertretend für ökologieorientiert steht. Hiervon wird auch im weiteren ausgegangen.

21 Vgl. CUBE 1965, S. 58.

2 Ökologieorientierte Bewertungen als Grundlage ökologieorientierten Handelns

Im Rahmen dieses Abschnitts wird der Zusammenhang zwischen ökologieorientiertem Bewerten und ökologieorientiertem Handeln aufgezeigt. Es kann hierbei zwischen drei Themenkomplexen unterschieden werden:

(1) In einem ersten Schritt werden die Schritte von der Datensammlung bis zur Handlung untersucht (2.1).
(2) Anschließend werden die Elemente einer Entscheidung (2.2) analysiert.
(3) Als letzter Schritt werden die Problemstellungen untersucht, die sich im Zusammenhang mit der, für Öko-Rating typischen, Delegation von ökologieorientierten Bewertungen ergeben (2.3).

2.1 Informieren, Bewerten, Entscheiden, Handeln

Öko-Rating dient, wie beschrieben, der vergleichenden ökologieorientierten Bewertung von Unternehmen. Ökologieorientierte Bewertungen stellen allerdings keinen Selbstzweck dar. Sie werden nicht um ihrer selbst willen, sondern im Hinblick auf spätere Entscheidungen und Handlungen durchgeführt.[22] Eine Entscheidung besteht daraus, daß aus allen berücksichtigten Alternativen die aus Sicht des Entscheiders beste Alternative ausgewählt wird. Durch die Bewertung werden die vorliegenden Informationen zu einer einzigen Information, nämlich welche Alternative am vorteilhaftesten ist, konzentriert. Aus einer Entscheidung resultiert in der Regel eine Handlung. Durch die Handlung wird die getroffene Entscheidung realisiert. Die Person, die die Bewertung durchführt, wird im folgenden als Bewerter bezeichnet. Ein Entscheider ist dementsprechend die Person, die die Entscheidung vornimmt.

Ökologieorientierte Bewertungen setzen die Existenz ökologieorientierter Informationen voraus. Die ökologieorientierten Informationen müssen aus der Menge der vorhandenen ökologieorientierten Daten ausgewählt werden. Welche Daten zu Informationen werden, hängt von dem Zweck ab, der mit der Entscheidung verfolgt wird.

Wer nicht handelt, wird auch nicht entscheiden, wer nicht entscheidet, wird auch nicht bewerten, wer nicht bewertet, wird auch keine Informationen sammeln. Die Aktionen Informationen sammeln, Bewerten, Entscheiden und Handeln stellen daher eine logische Abfolge dar (vgl. auch Abbildung 1).

---

[22] Wobei Handlungen im weitesten Sinne, d.h. ausdrücklich auch als Unterlassung einer Handlung interpretiert werden können.

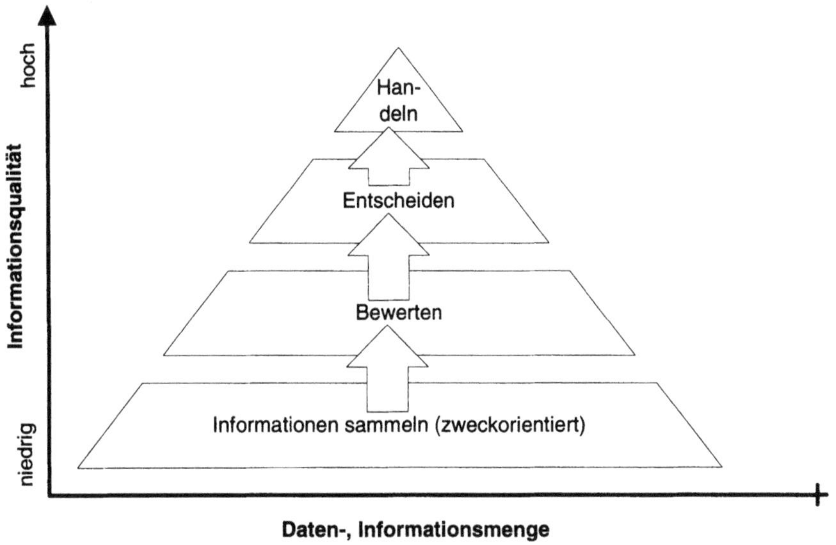

Abb. 1: Daten-, Informationsmenge und Informationsqualität einzelner Bewertungsschritte

Es ist charakteristisch für diese logische Abfolge, daß in ihrem Ablauf die Daten- bzw. die Informationsmenge sinkt, die Aussagekraft und damit die Qualität der Informationen aber steigt. So liegen beispielsweise auf der Ebene der Informationssammlung Informationen für jede Alternative (Unternehmung) über die verschiedenen relevanten Kriterien vor. Diese werden im Rahmen der Bewertung (schrittweise) zu einem oder einigen wenigen Bewertungsergebnissen pro Unternehmung zusammengefaßt. Durch die Entscheidung wird aus den vorliegenden Alternativen eine herausgesucht, die durch die Handlung umgesetzt wird.[23] Es kommt mit anderen Worten zu einer zunehmenden Verdichtung der Informationen, durch die zwar die Datenmenge abnimmt, die Aussagekraft der zu Information gewordenen Daten aber steigt.

In dieser Arbeit steht die Bewertung von Informationen im Mittelpunkt. Der folgende Abschnitt zeigt auf, wovon Entscheidungen und damit auch Bewertungen abhängen.

---

[23] Eine Alternative kann allerdings durchaus daraus bestehen, daß mehrere Handlungen durchgeführt werden. So ist es beispielsweise möglich, daß eine Alternative daraus besteht, mehrere Aktien zu kaufen oder zu verkaufen.

2.2 Alternativen, Umweltzustände, Ziele und Präferenzen als Determinanten einer Bewertung

Entscheidungsprobleme können durch die Elemente

- Umweltzustände,
- (Handlungs-)Alternativen,
- (Entscheidungs-)Ziele und
- Präferenzen

charakterisiert werden.[24]

Eine Entscheidungssituation besteht nur dann, wenn ein Entscheider die Möglichkeit hat, sich zwischen mindestens zwei *Alternativen* zu entscheiden.[25] Existiert nur eine Handlungsmöglichkeit, ist keine Entscheidung möglich. Es stellt sich in einem solchen Fall kein Entscheidungsproblem. Eine oftmals vernachlässigte Strategie im Rahmen einer Entscheidungssituation ist es, nach neuen Alternativen zu suchen, d.h. den Alternativenraum zu vergrößern.[26] Ob eine Alternative besser als eine andere Alternative bewertet wird, hängt einerseits von den erwarteten Umweltzuständen und andererseits von den Zielen und Präferenzen des Entscheiders ab. Als *Umweltzustände* werden alle Faktoren bezeichnet, die für die Entscheidungssituation relevant sind, von eigenen Handlungen aber nicht beeinflußt werden können.[27] Die Relevanz eines Umweltzustandes und damit die Frage, ob er in der Entscheidungssituation zu berücksichtigen ist, hängt wiederum von den Zielen und Präferenzen und von den vorliegenden Alternativen ab. Durch die Festlegung der *Ziele* eines Entscheiders wird beschrieben, was durch die Entscheidung erreicht werden soll. Wie die Erfüllung der einzelnen Ziele unter den erwarteten Umweltzuständen durch die jeweiligen Alternativen zu bewerten ist, wird durch die *Präferenzen* festgelegt.

Der folgende Kasten „Umweltzustände, Alternativen, Ziele und Präferenzen" gibt Beispiele für diese Elemente jeder (ökologieorientierten) Entscheidung.

---

[24] Vgl. hierzu beispielsweise EISENFÜHR/WEBER 1994, S. 9.

[25] Wobei es durchaus möglich ist, daß eine Alternative eine sogenannte Nullalternative, d.h. die Möglichkeit nichts zu tun, ist.

[26] Vgl. hierzu besonders KEENEY 1996, S. 9ff., 26f., 198ff., 226ff., KEENEY/RAIFFA 1976, S. 11, 545f., EISENFÜHR/WEBER 1994, S. 71ff.

[27] Vgl. z.B. BAMBERG/COENENBERG 1996, S. 16f.

Umweltzustände, Alternativen, Ziele und Präferenzen

Für einen Investor, der neben finanziellen Aspekten auch Umweltaspekte berücksichtigen möchte, stellen die zur Auswahl stehenden Aktien die Alternativen dar. Stellt sich im Laufe der Entscheidung heraus, daß der Alternativenraum zu eingeschränkt ist, kann dieser erweitert werden. Es können hierzu beispielsweise neben Aktien weitere Investmentmöglichkeiten wie Obligationen oder direkte Beteiligungen berücksichtigt werden. Ein zu großer Alternativenraum kann andererseits durch eine Einschränkung der berücksichtigten Aktien beschnitten werden. So wäre es beispielsweise möglich, daß nur schweizerische oder europäische Aktien einbezogen werden sollen.

Die meisten Investoren haben das **Ziel**, eine risikoangemessene Rendite zu erzielen. Unter Umständen verfolgt der Investor aber weitere Ziele. Vielleicht möchte der Investor beispielsweise nur in solche Unternehmen investieren, die nicht in der Chlor- und Agrochemie tätig sind. Eine andere Möglichkeit wäre, daß er sich nur an Unternehmen beteiligen möchte, die durch ihre Produktion nur einen geringen Beitrag zu einigen ausgewählten Umweltproblemen (z.B. Treibhauseffekt, Abbau der Ozonschicht, Verringerung der Biodiversität) leisten.

Durch die **Präferenzen** wird nun ausgedrückt, wie die Ziele zu bewerten sind. Was hält beispielsweise der Entscheider für einen kleinen Beitrag zu einem Umweltproblem? Wie ist eine Alternative zu bewerten, die zum Beispiel einen kleineren Beitrag zum Treibhauseffekt, aber einen größeren Beitrag zum Abbau der Ozonschicht als eine zweite Alternative leistet?

Ob das Unternehmen die Ziele des Entscheiders, d.h. beispielsweise die erwartete Rendite erreicht und welchen Beitrag es zu den Umweltproblemen leistet, hängt nun aber auch von **Umweltzuständen**, d.h. Faktoren, die der Entscheider durch seine Entscheidung nicht beeinflussen kann, ab. In diesem Zusammenhang ist beispielsweise an die allgemeine konjunkturelle Entwicklung, den staatlichen Einsatz von Lenkungsmaßnahmen (z.B. Verbote, Gebote, Lenkungsabgaben) oder den Beitrag anderer Unternehmen zu den Umweltproblemen zu denken.

Umweltzustände, Alternativenraum, Ziele und Präferenzen hängen daher voneinander ab (vgl. Abbildung 2). Auf diese Interdependenzen ist bei jeder Bewertung Rücksicht zu nehmen.

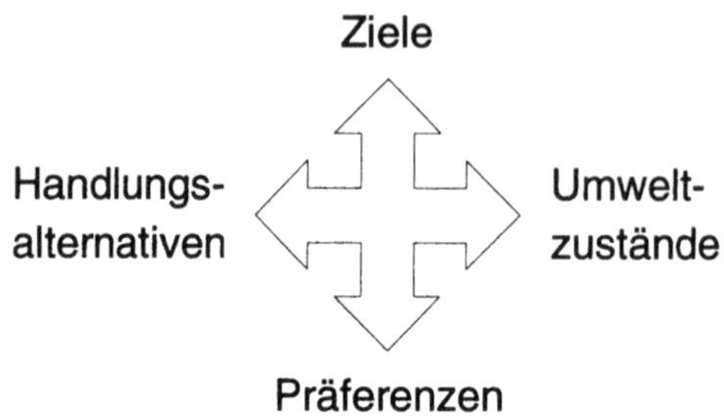

Abb. 2: Elemente einer Entscheidung

Entscheidungen werden durchgeführt, um *Ziele* zu erreichen. Die Ziele bieten sich daher als „natürlicher" Ausgangspunkt an. Ausgehend von den Zielen können dann der für die Entscheidungssituation optimale Alternativenraum, die relevanten Umweltzustände und Präferenzen bestimmt werden.

Eine genaue Abbildung der realen Entscheidungssituation ist wegen ihrer zu großen Komplexität in der Praxis meist nicht möglich. Schon in einfachen ökologieorientierten Entscheidungen können beispielsweise nicht alle relevanten Umweltprobleme berücksichtigt werden. Die in der Wirklichkeit vorzufindenden Zusammenhänge müssen daher durch die Bildung eines Modells simplifiziert werden. Die Beschreibung des Modells kann dabei auch verbal vorgenommen werden.[28]

Die Möglichkeit, die verschiedenen Elemente einer Bewertung separat zu betrachten, wird auch als Dekomposition bezeichnet.[29] Da sich Ziele, Präferenzen, Alternativen und Umweltzustände gegenseitig beeinflussen können, müssen alle Elemente der Bewertung allerdings in der Form eines rekursiven Prozesses solange angepaßt werden, bis alle gegenseitigen Einflüsse berücksichtigt worden sind. Dies kann als rekursive Modellierung bezeichnet werden.[30] Hierbei kann es sich herausstellen, daß auch die berücksichtigten Ziele neu angepaßt werden müssen.

---

28 Vgl. z.B. KLEINEWEFERS/JANS 1983, S. 15, KROMPHARDT 1982, S. 906.

29 Vgl. hierzu auch EISENFÜHR/WEBER 1994, S. 9f. Die Autoren nehmen allerdings eine leicht andere Aufteilung vor, indem sie Ziele und Präferenzen zusammenfassen und die erwarteten Wirkungen von Entscheidungen als weiteres Element aufnehmen.
Es muß freilich beachtet werden, daß der Ausdruck Dekomposition nicht der Aufteilung von Bewertungssituationen in Ziele, Präferenzen, Alternativen und Umweltzustände vorbehalten ist. So wird beispielsweise auch die Untergliederung von Zielen in untergeordnete Ziele mit dem Zweck des separaten Ableitens von Kriterien als Dekomposition bezeichnet (vgl. beispielsweise KEENEY 1996, S. 119, KENNEY/RAIFFA 1976, S. 51).

30 Vgl. EISENFÜHR/WEBER 1994, S. 32ff.

Die folgenden Abschnitte (2.2.1-2.2.4) widmen sich Zielen, Präferenzen, Umweltzuständen und Alternativen. Der letzte Abschnitt (2.2.5) geht auf die Umsetzung von Bewertungen durch Wert- bzw. Nutzenfunktionen ein.

2.2.1 Ziele und Kriterien

Ein Aktor handelt, um Ziele zu erreichen. Um handeln zu können, muß er sich für eine der ihm offen stehenden Alternativen entscheiden. Um entscheiden, also zwischen Alternativen wählen, zu können, muß er die zur Verfügung stehenden Alternativen bewerten. Durch die Bewertung wird bestimmt, inwieweit die Alternativen die Ziele des Entscheiders erfüllen. Das Ziel jeder Bewertung ist es daher, die Erfüllung der vom Entscheider verfolgten Ziele zu messen.

Eine direkte Messung der Zielerfüllung der Alternativen ist allerdings meist nicht möglich. Um die Zielerfüllung bestimmen zu können, müssen in der Regel Kriterien gefunden werden, die eine Messung der Zielerfüllung erlauben.[31]

Welche Kriterien einer Bewertung zugrundegelegt werden, hängt von den mit der Entscheidung verfolgten Zielen ab. Ausgehend von den Zielen werden Kriterien abgeleitet.[32] Das richtige Verständnis der Ziele des Entscheiders ist daher von essentieller Bedeutung für die richtige Bewertung der Alternativen und somit eine notwendige Bedingung für erfolgreiches Handeln.

Ziele und Kriterien

Zwei Investoren, die in ihren Investitionsentscheidungen auch Umweltaspekte einfließen lassen wollen, haben beispielsweise die in der nachstehenden Tabelle wiedergegebenen, bereits sehr stark ausdifferenzierten Ziele.[33]

[31] Die Terminologie ist in diesem Bereich in der Entscheidungstheorie nicht einheitlich. Was im folgenden als Kriterien bezeichnet wird, wird in der Literatur oft beispielsweise auch als Attribute oder Zielgrößen bezeichnet (vgl. beispielsweise EISENFÜHR/WEBER 1994, S. 30).

[32] In der Praxis werden allerdings vielfach aus Kriterien Ziele abgeleitet. Dies ist als bedenklich einzustufen, da sich die Zielbildung nicht mehr an den Bedürfnissen des Entscheiders, sondern an zufällig vorhandenen, scheinbar „objektiven" Kriterien orientiert.

[33] Bei „Treibhauseffekt", „Übersäuerung" und „Überdüngung" handelt es sich um Umweltprobleme. Zur Bewertung von Produkten werden heute oftmals die Beiträge der Produkte während der verschiedenen Lebensphasen (z.B. Produktion, Gebrauch) zu den Umweltproblemen miteinander verglichen. Vgl. zu dieser umweltproblemorientierten Vorgehensweise HEIJUNGS ET AL. 1992a.

Ziele und Kriterien

Ziele	Investor I	Investor II
Kleiner Beitrag zum Treibhauseffekt	✓	✓
Kleiner Beitrag zur Übersäuerung	✓	✓
Kleiner Beitrag zur Überdüngung	✗	✗
Kleiner Beitrag zu Atomkraft	✓	✗
Kleiner Beitrag zur Chlorchemie	✗	✓
Wenige Tierversuche	✗	✓
Hohe Rendite der Investition	✓	✓

So haben beide Investoren das Ziel, nur in solche Unternehmen zu investieren, die einen möglichst kleinen Beitrag zum Treibhauseffekt leisten. Während aber Investor I beispielsweise außerdem das Ziel hat, daß die Unternehmen, in die er investiert, möglichst wenig in Atomkraft verwickelt sind, stellt dies für Investor II kein Ziel dar. Beide Investoren möchten neben der Erfüllung der genannten Umweltziele aber auch eine hohe Rendite auf ihre Investition erwirtschaften. Es kann festgehalten werden, daß die Zielsysteme beider Investoren weder deckungsgleich sind, noch das Zielsystem eines Investors in dem Zielsystem eines anderen Investors enthalten ist.

Zur Bewertung der zur Wahl stehenden Unternehmen müssen nun Kriterien gefunden werden, die die Erfüllung der Ziele der Investoren durch die Unternehmen meßbar machen. Die nachstehende Tabelle stellt den Zielen mögliche Kriterien gegenüber.[34]

Ziele	Kriterien (Beispiele)
Treibhauseffekt	Emission Treibhausgase in CO2-Äquivalenten
Übersäuerung	Emission Übersäuerungspotential in SO2-Äquivalenten
Überdüngung	Emission Überdüngungspotential in Phosphat-Äquivalenten
Atomkraft	Wertschöpfungsanteil der mit Atomkraft hergestellten Elektrizität
Chlorchemie	Wertschöpfungsanteil der Chlorchemie
Tierversuche	Zahl der Tierversuche pro Million Franken Wertschöpfung
Hohe Rend. der Inv.	Erwartete Earnings per Share (EPS)

Ziele, die sich nicht in den Kriterien einer Bewertung widerspiegeln, sind nicht berücksichtigt worden. Existieren hingegen Kriterien, denen keine Ziele zugeordnet werden können, so fließen in die Entscheidung, neben den explizit formulierten, weitere Ziele ein.

---

[34] Vgl. zu den Kriterien für die Umweltprobleme „Treibhauseffekt", Übersäuerung" und „Überdüngung" und ihre Berechnung HEIJUNGS ET AL. 1992a, S. 44f., 66f., 86f.

Durch Angabe der Kriterien wird bestimmt, woran die Zielerfüllung gemessen werden soll. Es ist aber unklar, wie die Kriterien und Ziele jeweils einzeln und in ihrer Gesamtheit zu bewerten sind. Dies hängt von den Präferenzen des Entscheiders ab. Hierauf wird im folgenden Abschnitt eingegangen.

2.2.2 Präferenzen

Im vorangegangenen Abschnitt wurde die Bedeutung von Zielen und Kriterien für Bewertungen erläutert. Auch wenn alle relevanten Kriterien bestimmt worden sind, ist noch nicht sichergestellt, daß es zu einer richtigen Bewertung kommen wird, da jedes Kriterium einzeln, aber auch die Kriterien in ihrer Gesamtheit noch bewertet werden müssen.

So mag anhand der obigen Kriterien beispielsweise festgestellt worden sein, welchen Beitrag eine Unternehmung zu den verschiedenen Umweltproblemen leistet. Wie jeder einzelne Umweltbelastungsbeitrag und alle Umweltbelastungsbeiträge zusammen nun aber zu bewerten ist, ergibt sich nicht unmittelbar aus den Zielen.

Die Art und Weise, wie Ziele und Kriterien zu bewerten sind, wird durch Präferenzen ausgedrückt. Es kann zwischen verschiedenen Arten von Präferenzen unterschieden werden.[35] Hierzu gehören beispielsweise Sicherheits-, Zeit- und Durchsetzungspräferenzen.[36] Zusätzlich gibt es noch Höhen- und Artenpräferenzen, die im Zusammenhang mit Öko-Rating von besonderem Interesse sind (vgl. für einige Beispiele zu Höhen- und Artenpräferenzen auch den Kasten „Präferenzen").

Die **Höhenpräferenz** gibt an, welcher Wert mit dem Erreichen eines bestimmten Niveaus eines Kriteriums verbunden ist.[37] Meist wird die höchste/niedrigste Bewertung durch einen maximalen oder minimalen Kriterienwert erzielt (vgl. z.B. Geraden 1 und 2 in Abbildung 3). Es ist aber auch denkbar, daß ein maximaler Wert durch eine (optimale) Höhe des Zielkriteriums erreicht wird, die nicht identisch mit dem maximalen oder minimalen Kriterienwert ist (Kurve 3).

---

35 Vgl. zu den verschiedenen Präferenzarten auch SZYPERSKI/WINAND 1974, S. 48.

36 Sicherheitspräferenzen geben wieder, wie Ergebnisse mit unterschiedlichen Sicherheitsgraden zu bewerten sind. Zeitpräferenzen beschreiben, wie frühere im Vergleich zu späteren Ergebnissen einzuschätzen sind. Durchsetzungspräferenzen erlauben eine Bewertung der unterschiedlich starken Schwierigkeiten, die mit der Durchsetzung eines Ergebnisses verbunden sind. Vgl. zu allen drei Präferenzarten SZYPERSKI/WINAND 1974, S. 48.

37 Vgl. REHKUGLER/SCHINDEL 1985, S. 59ff., SCHNEEWEIß 1991, S. 95f., SZYPERSKI/WINAND 1974, S. 48.

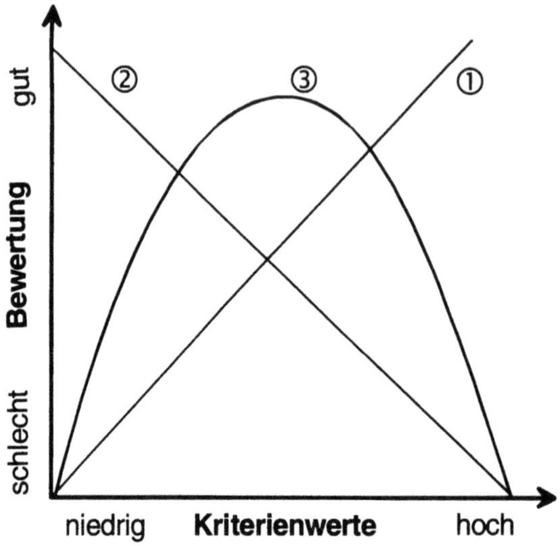

Abb. 3: Mögliche Höhenpräferenzen

Die **Artenpräferenz** bestimmt, wie Kriterien oder Ziele zueinander zu gewichten sind.[38] Es ist beispielsweise möglich, daß der Rückgang eines Kriterienwertes durch eine entsprechende Zunahme eines zweiten Kriterienwertes kompensiert werden kann. Abbildung 4 gibt anhand von Indifferenzkurven eine Auswahl möglicher Artenpräferenzen. Durch eine Indifferenzkurve werden alle Punkte miteinander verbunden, denen ein gleich hoher Nutzen zukommt.[39] So kann, muß es sich aber nicht um ein lineares Verhältnis (vgl. Kurve 1) handeln. Es ist auch denkbar, daß es sich um konkave Präferenzen handelt. Kurve 2 gibt hierzu ein Beispiel. Es ist sogar vorstellbar, daß es für eine bestimmte Bewertung ausreicht, daß eines der Kriterien einen gewissen Wert erreicht (Kurve 3).[40]

---

38 Vgl. REHKUGLER/SCHINDEL 1985, S. 61f., SCHNEEWEIß 1991, S. 95f., SZYPERSKI/WINAND 1974, S. 48.

39 Vgl. für eine nähere Beschreibung von Indifferenzkurven ein grundlegendes Werk zur Mikroökonomie (z.B. VARIAN 1989, S. 35f.).

40 Detailliertere Ausführungen zu Präferenzen finden sich in allen grundlegenden Werken der Mikroökonomie (vgl. z.B. VARIAN 1989, S. 31ff.).

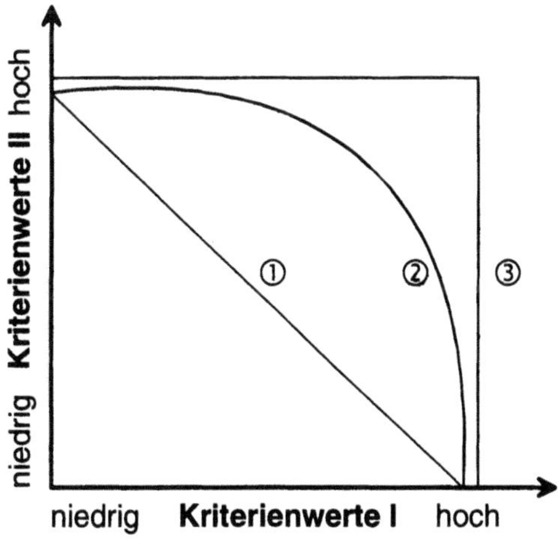

Abb. 4: Mögliche Artenpräferenzen

Der Kasten „Präferenzen" gibt Beispiele für verschiedene Präferenzen, die im Rahmen der ökologieorientierten Bewertung von Unternehmen auftreten können.

Präferenzen

Ein Investor, der in seine Investmententscheidungen sowohl ein ökonomisches („Hohe Rendite") als auch ein ökologisches Ziel („Kleine Umweltbelastung") eingehen läßt und das ökologische Ziel durch die Aufteilung nach Umweltproblemen ausdifferenziert hat, messe den Beitrag zu Umweltproblemen beispielsweise durch die Ermittlung der von Unternehmen ausgehenden Emissionen (Kriterien). Bei der Auswertung der Emissionen stellt sich nun die Frage, wie die verschiedenen Emissionsniveaus zu bewerten sind. In bezug auf die **Höhenpräferenz** kann festgehalten werden, daß höhere Emissionsniveaus grundsätzlich zu schlechteren Bewertungen führen. Es ist aber nicht sinnvoll, gleiche Emissionsniveaus verschiedener Emissionen gleich zu bewerten, da verschiedene emittierte Stoffe meist unterschiedlich stark zu Umweltproblemen beitragen. So trägt beispielsweise eine Emission von einer Tonne Kohlendioxid rund elfmal weniger stark zum Treibhauseffekt bei als eine Tonne Methan.[41]

Die **Artenpräferenz** muß bei diesem Bewertungsproblem auf mehreren Ebenen berücksichtigt werden. So stellt sich einerseits die Frage, wie die verschiedenen Umweltprobleme relativ zueinander zu gewichten sind. Wie hoch muß beispielsweise ein Rückgang des Beitrags zum Treibhauseffekt ausfallen, um eine Zunahme um „eine Einheit" des Umweltproblems Überdüngung zu kompensieren?

Andererseits muß bestimmt werden, wie das „ökonomische" und das „ökologische" Ziel relativ zueinander zu bewerten sind. Eine Möglichkeit wäre bei-

41 Vgl. HEIJUNGS ET AL. 1992a, S. 66. Es wird für dieses Beispiel ein Zeithorizont von 100 Jahren vorausgesetzt.

Präferenzen

spielsweise, daß Alternativen, um überhaupt in der weiteren Bewertung berücksichtigt zu werden, gewisse „ökologische" Mindeststandards erfüllen müssen, daß anschließend aber ausschließlich ökonomische Überlegungen zum Tragen kommen.

Damit es zu einer richtigen Bewertung kommt, müssen die Präferenzen des Entscheidungsträgers bestimmt und bei der Bewertung der zugrundeliegenden Kriterien berücksichtigt werden. Zwei Entscheider können durchaus dieselben Ziele mit ihren Entscheidungen verfolgen, ohne aber identische Präferenzen zu haben. Dies kann dazu führen, daß sie verschiedene Alternativen vorziehen.

Ziele und Präferenzen des Entscheiders hängen nicht nur von Aspekten ab, die den jeweiligen Unternehmen eigen sind, sondern auch von Aspekten, die weder von den Unternehmen, noch vom Entscheider beeinflußt werden können. Diese Aspekte werden in der Entscheidungstheorie als Umweltzustände bezeichnet.[42] Sie stehen im Mittelpunkt des folgenden Abschnitts.

2.2.3 Umweltzustände

Die Bewertung von Unternehmen kann nicht im „luftleeren" Raum vorgenommen werden. Die zukünftige Ver- oder Entschärfung von Umweltproblemen oder neue Umweltgesetze sind Beispiele für Aspekte, die einen Einfluß auf die ökologieorientierte Bewertung von Unternehmen haben können. Es sind Aspekte, die zwar nicht vom Entscheider beeinflußt werden können, aber durchaus bewertungsrelevant sind (vgl. hierzu auch den Kasten „Umweltzustände").

Umweltzustände können einen Einfluß auf Ziele bzw. Kriterien, Präferenzen und den Alternativenraum haben. Die Entdeckung eines neuen Umweltproblems kann beispielsweise einen Entscheider dazu bewegen, ein weiteres *Ziel* zu verfolgen. Die Verschärfung eines bereits bekannten Umweltproblems führt möglicherweise zu einer Veränderung der *Artenpräferenz*. Das Ziel, das aus dem betroffenen Umweltproblem abgeleitet wurde, gewinnt im Vergleich zu den anderen Zielen nun an Bedeutung. Es ist auch denkbar, daß als Reaktion auf das neu erkannte Umweltproblem der *Alternativenraum* verändert wird. Alternativen, die bisher nicht berücksichtigt wurden, werden durch die Verfolgung eines neuen Zieles unter Umständen bedeutender.

Es muß beachtet werden, daß unter Praxisbedingungen das Ausmaß von Umweltzuständen und ihr Einfluß auf die Entscheidung nur in den seltensten Fällen mit Sicherheit bestimmt werden können. Dies liegt einerseits an der unvoll-

---

42 Vgl. z.B. BAMBERG/COENENBERG 1996, S. 16f.

kommenen Informationslage. Ein Entscheider kann in der Praxis nicht alle relevanten Informationen bezüglich dieser Umweltzustände berücksichtigen; er befindet sich in einer Situation der Unsicherheit. Oft könnten die Relevanz der Aspekte für die Entscheidungssituation und die entsprechenden Folgen selbst dann nicht mit Sicherheit bestimmt werden, wenn eine vollkommene Informationslage vorausgesetzt wird. In einem solchen Fall wäre er immer noch einem allgemeinen Risiko des Mißlingens ausgesetzt. Es gelingt dem Entscheider in diesem Fall aber, zwischen verschiedenen Szenarien zu unterscheiden, die er mit Wahrscheinlichkeiten belegen kann.[43] Er ist in einer Situation des Risikos.[44] In bezug auf die Entwicklung der Umweltprobleme befindet sich ein Entscheider beispielsweise sowohl in einer Situation der Unsicherheit als auch in einer Situation des Risikos. Der Entscheider wird sicherlich nicht alle relevanten Informationen, die er für eine abschließende Beurteilung der Umweltprobleme und der Folgen für sein Entscheidungsproblem bräuchte, sammeln und auswerten können. Die Entwicklung der Umweltprobleme hängt außerdem von Faktoren ab, deren Entwicklung bestenfalls durch Zuordnung von Wahrscheinlichkeiten beschrieben werden kann. Die für Öko-Rating relevanten Umweltzustände dürften im Regelfall Risiko und Unsicherheit ausgesetzt sein. Wie diese Umweltzustände berücksichtigt werden, hängt daher nicht zuletzt von den Sicherheitspräferenzen[45] des Entscheiders ab.

Umweltzustände

Wird für eine ökologieorientierte Bewertung von Unternehmen eine umweltproblemorientierte Vorgehensweise gewählt, so fließen in die Bewertung als relevante Umweltzustände beispielsweise die Erwartungen des Bewerters bezüglich der Entwicklung der berücksichtigten Umweltprobleme ein.[46] Es muß daher entschieden werden, welche Umweltprobleme für die Bewertungssituation relevant sind. Erwartet ein Bewerter beispielsweise, daß sich in naher Zukunft herausstellen wird, daß die Gefahr eines Treibhauseffekts überschätzt worden ist und die Öffentlichkeit zur Überzeugung kommen wird, daß der Treibhauseffekt kein Umweltproblem (mehr) darstellt, so hat dies Auswirkungen auf die Artenpräferenz. Der Treibhauseffekt wird im Vergleich zu anderen Umweltproblemen an Bedeutung verlieren bzw. nicht mehr in der Bewertung berücksichtigt werden. Unternehmen, die durch die Emission von Treibhausgasen überdurchschnittlich zum Treibhauseffekt beitragen, werden,

[43] Es wird häufig davon ausgegangen, daß der Entscheider beim Vorliegen von Unsicherheit bestenfalls Vermutungen über die Wahrscheinlichkeiten anstellen kann (Vgl. für diese Unterscheidung KNIGHT 1921, S. 197ff.). Vgl. hierzu auch GÄFGEN 1974, S. 325ff., LUCE/RAIFFA 1966, S. 13.

[44] Vgl. zur Unterscheidung von Risiko und Unsicherheit MAG 1980, S. 479, MAG 1990, S. 74.

[45] Vgl. zu Sicherheitspräferenzen auch Fußnote 36, S. 15.

[46] Vgl. zur umweltproblemorientierten Vorgehensweise auch Fußnote 33, S. 13.

Umweltzustände
im Vergleich zu einem Szenario, in dem der Treibhauseffekt als Umweltproblem berücksichtigt wird, besser bewertet werden. Stellt sich später heraus, daß der Treibhauseffekt entgegen den Erwartungen des Bewerters ein relevantes Umweltproblem darstellt, muß davon ausgegangen werden, daß es zu einer Fehlbewertung gekommen ist.[47] Gleiches gilt etwa für die Entdeckung potentieller „neuer" Umweltprobleme. So wird seit einigen Jahren diskutiert, ob gewisse synthetische Chemikalien hormonell wirksam sind.[48] Sollte sich diese Vermutung bewahrheiten, entstände ein neues Umweltproblem, das bisher wohl nur von den wenigsten Entscheidern und Bewertern berücksichtigt wurde.

Jeder Entscheider hat gewisse Vorstellungen über das Umfeld, das den Erfolg seiner Entscheidung bestimmen wird. Es ist daher nicht möglich, Umweltzustände nicht zu berücksichtigen. Es besteht allerdings die Gefahr, daß ein relevanter Umweltaspekt, dem keine Beachtung geschenkt wird, falsch einbezogen wird. Werden beispielsweise energieintensive Unternehmen bewertet und ist deshalb die Höhe der Energiepreise ein relevanter Umweltzustand und wird dies nicht erkannt, so geht in die Entscheidung wahrscheinlich das heutige Niveau der Energiepreise ein. Ist es aus Sicht des Entscheiders aber wahrscheinlich, daß sich die Energiepreise verändern, so hätten die möglichen zukünftigen Energiepreise berücksichtigt werden sollen.

Die (erwarteten) Umweltzustände können einen erheblichen Einfluß auf die Alternativen haben, die in der Bewertung berücksichtigt werden sollen. Der folgende Abschnitt widmet sich dem Alternativenraum.

2.2.4 Alternativenraum

Je nach Art einer anstehenden Entscheidung können einem Entscheider einige wenige oder eine große Anzahl verschiedener Alternativen zur Auswahl stehen. Jeder Entscheidung liegen mindestens zwei Alternativen zugrunde. Für den Entscheider ist es von großer Bedeutung, daß die bewerteten Alternativen auch den Alternativen entsprechen, über die er entscheiden soll. Je weniger Alternativen aus seinem Alternativenraum bewertet werden, desto größer ist die Gefahr einer suboptimalen Entscheidung.

---

47 Die umgekehrte Schlußfolgerung ist auf der anderen Seite natürlich auch zulässig. Wurde der Treibhauseffekt als relevantes Umweltproblem in der Bewertung berücksichtigt und stellt sich heraus, daß er kein relevantes Umweltproblem ist, ist es ebenfalls zu einer Fehlbewertung gekommen.

48 Vgl. COLBORN ET AL. 1997.

> **Alternativen**
>
> Im Rahmen eines Öko-Ratings werden Unternehmen bewertet. Je nach der Art der anstehenden Entscheidung können die Alternativen allerdings weiter präzisiert werden. Ein Schweizer Investor, der sich für ein Aktienengagement interessiert und dabei ökologieorientierte Informationen berücksichtigen, gleichzeitig aber vermeiden möchte, eine zu große Performanceabweichung von einem Schweizer Referenzindex (z.B. von den Schweizer Aktienindizes SMI, SPI) zu erleiden, ist beispielsweise an der Bewertung anderer Alternativen interessiert, als ein Investor, der sich für ein Obligationenengagement in Euro interessiert und hierbei ökologieorientierte Aspekte einfließen lassen möchte. Der Schweizer Investor wird sich voraussichtlich auf Unternehmen konzentrieren, die Teil eines dieser Indizes sind, während sich die Unternehmen, die durch den zweiten Investor analysiert werden, dadurch auszeichnen, daß sie Euro-Anleihen herausgegeben haben. Es ist allerdings nicht auszuschließen, daß es bei beiden Investoren zu Überschneidungen kommt, es also Schweizer Unternehmen gibt, die in einem der genannten Indizes sind und außerdem eine Euro-Anleihe herausgegeben haben.

Ist die Zahl der möglichen Alternativen so groß, daß nicht alle berücksichtigt werden können, muß - aus informationsökonomischen Gründen - eine Vorauswahl getroffen werden. Auch bei der Vorauswahl handelt es sich bereits um eine Entscheidung, die eine Bewertung voraussetzt. Ziel ist es in diesem Fall, herauszufinden, welche der Alternativen aller Wahrscheinlichkeit nach einen hohen Zielerreichungsgrad aufweisen werden.

Es ist in diesem Zusammenhang meist ein sinnvolles Vorgehen, die Alternativen in der Form eines ersten Screenings in bezug auf die wichtigsten Kriterien zu untersuchen. Man kann in der Regel davon ausgehen, daß einige wenige Kriterien bereits einen großen Teil der Bewertung bestimmen. In Anlehnung an die aus der Materialwirtschaft bekannte ABC-Analyse müssen daher die Kriterien (A-Kriterien) identifiziert werden, die einen großen Teil der Bewertung bestimmen. Ordnet man die Kriterien nach ihrem Beitrag zur Bewertung an, so ergibt sich die in Abbildung 5 abgebildete Kurve. Es kann, wie die Kurve zeigt, davon ausgegangen werden, daß der Grenznutzen der Berücksichtigung zusätzlicher Kriterien fällt. A-Kriterien haben den größten Grenznutzen. Die schattierte Fläche gibt den gesamten Bewertungsnutzen wieder.

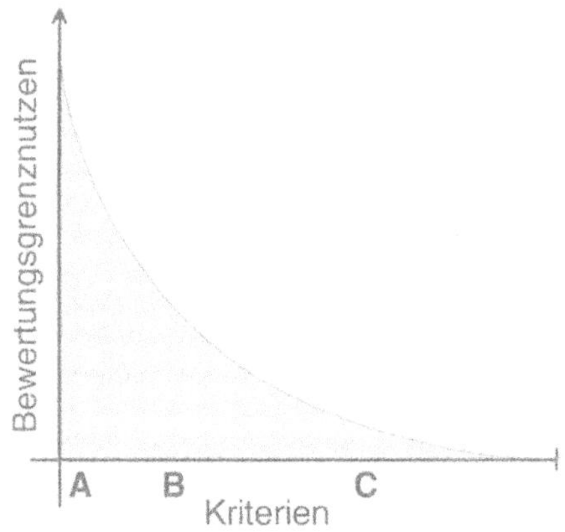

Abb. 5: Abnehmender Bewertungsgrenznutzen

Muß der Alternativenraum daher aus informationsökonomischen Gründen eingeschränkt werden, bietet es sich an, auf der Basis der bedeutendsten Kriterien eine Vorselektion vorzunehmen.

Berücksichtigt eine Bewertung alle Entscheidungsziele, so können alle Alternativen, die in bezug auf kein einziges Ziel besser abschneiden als eine schon bewertete Alternative, hinsichtlich mindestens eines Kriteriums aber schlechter bewertet werden, ausgeschlossen werden. Es wird davon gesprochen, daß die Alternativen dominiert werden.[49] Anders verhält es sich, wenn die Bewertung nur einen Teilaspekt einer Bewertung berücksichtigt (Teilbewertung). Da es immer noch möglich ist, daß eine bisher unterlegene Alternative in bezug auf andere Ziele besser abschneidet als eine überlegene Alternative und dies die schlechtere Bewertung des Teilaspekts überkompensiert, müssen prinzipiell alle Alternativen bewertet werden.[50]

Im Falle des Öko-Ratings dürften in den allermeisten Fällen neben Umweltaspekten weitere Ziele (z.B. ökonomische, soziale Ziele) in die Bewertung eingehen. Oftmals ist außerdem der Alternativenraum bereits vorgegeben, wodurch sich dann auch die zu bewertenden Alternativen ergeben.[51]

---

[49] Vgl. zum Begriff der Dominanz z.B. KEENEY/RAIFFA 1976, S. 69f., SCHNEEWEIß 1991, S. 112f.

[50] Wobei dies letztlich von den Präferenzen des Entscheiders abhängt. Hat ein Ziel nämlich eine solch hohe Bedeutung für einen Entscheider, daß schon ein minimal schlechteres Abschneiden in bezug auf dieses Ziel nicht mehr kompensiert werden kann, kann man sich in einem ersten Schritt auf die Teilbewertung der Alternativen in bezug auf dieses Ziel beschränken. Nur wenn zwei Alternativen gleich gut abschneiden, ist es notwendig, die betroffenen Alternativen auch in bezug auf weitere Ziele hin zu untersuchen.

[51] Vgl. hierzu auch den Kasten „Alternativen“, S. 21.

2.2.5 Bewertungen durch Nutzenfunktionen

Sind erst einmal Ziele, Präferenzen, Umweltzustände und der Kreis der zu bewertenden Alternativen bestimmt worden, stellt sich die Frage, wie auf deren Basis nun eine (weitere) Bewertung vorgenommen werden kann.

Zur Bewertung von Alternativen stehen verschiedene Techniken zur Verfügung. Im Rahmen vieler Entscheidungsprobleme wird ein Entscheider schon während der Betrachtung von Zielen, Präferenzen, Umweltzuständen und Alternativen zu einer Meinung über die Vorteilhaftigkeit verschiedener Alternativen kommen. Dies gilt ganz besonders für „überschaubare" Entscheidungsprobleme. Der Rückgriff auf komplizierte Bewertungsverfahren ist in einem solchen Fall weder nötig noch sinnvoll. Jemand, der seine nächsten Ferien plant, hierbei drei verschiedene Ziele verfolgt und zwischen vier verschiedenen Ferienzielen wählen kann, wird hierzu wohl kaum auf ein kompliziertes Bewertungsverfahren zurückgreifen, sondern pragmatisch bewerten und entscheiden, die Bewertung *intuitiv* vornehmen und das Ergebnis verbal beschreiben.

Eine solche pragmatische Bewertung der Alternativen ist aber ganz besonders dann problematisch, wenn

- Bewertung und Entscheidung personell und/oder zeitlich voneinander getrennt werden,
- die Bewertungen von verschiedenen Personen durchgeführt werden,
- sehr komplexe Zusammenhänge und/oder
- eine große Zahl von Alternativen bewertet werden

sollen. Das Öko-Rating weist oft alle diese Merkmale auf. Müssen beispielsweise so viele Alternativen bewertet werden, daß ein Vergleich aller Alternativen miteinander nicht mehr möglich ist, oder führen so viele verschiedene Personen Bewertungen durch, daß diese ihre Bewertungen nicht mehr miteinander vergleichen können, stoßen pragmatische Bewertungen an ihre Grenzen.

Ist eine pragmatische Bewertung nicht mehr möglich, kommen standardisierte Bewertungsverfahren zum Einsatz. Die in solchen Fällen anzuwendenden Verfahren können grob in monetäre und nicht-monetäre Verfahren sowie Mischformen unterteilt werden. Die Kosten-Nutzen-Analyse[52] ist der betriebswirtschaftlichen Investitionsrechnung nachempfunden; sie strebt eine rein *monetäre* Bewertung an.[53] Die Bewertung von Kosten und Nutzen in Geldeinheiten erlaubt

---

[52] Die Kosten-Nutzen-Analyse wird synonym auch als Ertrags-Kosten, Kosten-Ertrags-Analyse oder Cost-Benefit-Analysis bezeichnet (vgl. FREY 1978, S. 268).

[53] Vgl. z.B. WITTE 1989, S. 14.

ihre Saldierung.[54] Die Kosten-Nutzen-Analyse ist nur sinnvoll anwendbar, wenn Nutzen und Kosten in Geldeinheiten ausgedrückt werden können und sollen. Im Rahmen von Öko-Rating wird weder eine Monetarisierung vorgenommen, noch hat Öko-Rating zum Ziel, Nutzen und Kosten einer Alternative gegenüberzustellen.

Die Kosten-Wirksamkeits-Analyse nimmt nur eine *teilweise Monetarisierung* vor.[55] Den monetarisierten Kosten wird der nicht monetarisierte Nutzen gegenübergestellt, der in verschiedenen Einheiten vorliegen kann und nicht unbedingt zu einem einzigen Nutzenmaß aggregiert wird. Die Kosten-Wirksamkeits-Analyse bietet, aus den bereits für die Kosten-Nutzen-Analyse genannten Gründen, keine geeignete methodische Grundlage für das Öko-Rating.

Im Gegensatz zu den beiden genannten Verfahren nimmt die Nutzwertanalyse weder eine Monetarisierung noch eine explizite Gegenüberstellung von Nutzen und Kosten vor.[56] Durch die Nutzwertanalyse soll in der Regel einzig und allein der Nutzen einer Alternative bewertet werden. Das Verfahren ist daher grundsätzlich eine geeignete Grundlage für das Öko-Rating.

Auf Nutzwertanalysen basierende Bewertungsverfahren setzen Bewertungsregeln ein, die anschließend auf die Kriterien der Alternativen angewandt werden. So basieren beispielsweise alle im zweiten Teil näher untersuchten Öko-Ratings auf solchen Bewertungsregeln. Der Bedarf an solchen Regeln wird auch daran deutlich, daß alle im Umweltbereich tätigen Schweizer Banken an der Formulierung geeigneter Bewertungsregeln arbeiten oder diese bereits einsetzen.[57] Hierzu werden in der Praxis, zum Beispiel durch die im zweiten Teil untersuchten Öko-Rating-Ansätze, Nutzenfunktionen konstruiert.[58]

Es wird in dieser Arbeit davon ausgegangen, daß im Rahmen eines Öko-Ratings versucht wird, entsprechende Bewertungsregeln zu bilden.

Ziele, Präferenzen, Umweltzustände und Alternativen haben einen Einfluß auf die Form der Nutzenfunktion. Wird beispielsweise wegen der Aufnahme neuer Alternativen oder aus einem anderen Grund auch ein neues Ziel (z.B. Beitrag zum

---

54 Vgl. zur Kosten-Nutzen-Analyse FREY 1978, FREY 1997, WITTE 1989, HANUSCH 1994, OSSADNIK 1988, S. 63f., WILLEKE ET AL. 1979., S. 7f.

55 Vgl. zur Kosten-Wirksamkeits-Analyse z.B. HANUSCH 1994, S. 159ff.

56 Vgl. HANUSCH 1994, S. 173. Auf die Nutzwertanalyse wird später noch näher eingegangen werden.

57 Dies wurde u.a. am „Umweltgipfel" der Schweizer Banken am 11.12.1997 bei der Credit Suisse in Zürich von Vertretern der beteiligten Banken bestätigt.

58 In der Entscheidungstheorie wird in diesem Zusammenhang meist zwischen Nutzen- und Wertfunktionen unterschieden. Liegt eine Entscheidung unter Sicherheit vor, so wird der Begriff Wertfunktion verwendet. Andernfalls werden sie als Nutzenfunktionen bezeichnet (vgl. z.B. KEENEY 1996, S. 131f., WEBER 1983, S. 90f.).
Da diese Unterscheidung im folgenden von keiner weiteren Bedeutung ist, wird auf sie in dieser Arbeit verzichtet.

Umweltproblem „Treibhauseffekt") aufgenommen, das auch zu zusätzlichen Kriterien (emittierte Treibhausgase) führt, so wird dies Auswirkungen auf die Form der Nutzenfunktion haben, die nun auch einige zusätzliche (unabhängige) Variablen (Emission von Kohlendioxid, Methan in Tonnen) enthalten wird.

Ändern sich beispielsweise die Umweltzustände dahingehend, daß davon ausgegangen wird, daß der Treibhauseffekt stärker als bisher berücksichtigt ausfallen wird, so hat dies wiederum Auswirkungen auf die Nutzenfunktion. Dem Niveau der Emissionen an Treibhausgasen kommt nun, im Vergleich zu den anderen Emissionen, eine höhere Bedeutung zu.

Kommt es zu einer Veränderung der Eintrittswahrscheinlichkeiten des Treibhauseffekts, so hängt die Veränderung der Nutzenfunktion nicht zuletzt von der Risikopräferenz des Entscheiders ab. Auch die Artenpräferenz des Entscheiders muß sich beispielsweise in der Nutzenfunktion widerspiegeln.

Eine beliebte Darstellungsweise von Nutzenfunktionen ist ihre Darstellung als Indifferenzkurven. Anhand von Indifferenzkurven läßt sich die Bedeutung der richtigen Formulierung der Nutzenfunktion aufzeigen.

In Abbildung 6 werden die Indifferenzkurven eines Entscheiders (U_E) und die Indifferenzkurven der Nutzenfunktion, die ein Bewerter im Rahmen eines Öko-Ratings ($U_{ÖR}$) einsetzt, abgebildet.[59] In die Bewertung gehen die zwei Ziele Ozonabbau und Treibhauseffekt ein. Die abgebildeten Indifferenzkurven ordnen in einigen Fällen identischen Beiträgen zu den beiden Umweltproblemen unterschiedliche Bewertungen zu. Die Nutzenfunktionen des Entscheiders und des Öko-Ratings unterscheiden sich daher.

Die Indifferenzkurven des Entscheiders wie auch die Indifferenzkurven des Öko-Ratings stimmen allerdings insofern überein, als daß beide wiedergeben, daß ein Unternehmen, das weniger zu einem Umweltproblem beiträgt, besser als ein Unternehmen bewertet wird, das mehr zu einem Umweltproblem beiträgt (ceteris paribus). Trotz dieser teilweisen Übereinstimmung kann es beim Einsatz der durch das Öko-Rating eingesetzten Indifferenzkurven aus Sicht des Entscheiders zu Fehlbewertungen kommen, wie im folgenden gezeigt werden wird.

---

[59] Im Rahmen von Öko-Ratings werden häufig Entscheidung und Bewertung von unterschiedlichen Personen oder Institutionen vorgenommen. Auf die mit dieser Delegation von ökologieorientierten Bewertungen verbundenen Probleme wird im folgenden Abschnitt (2.3) näher eingegangen.

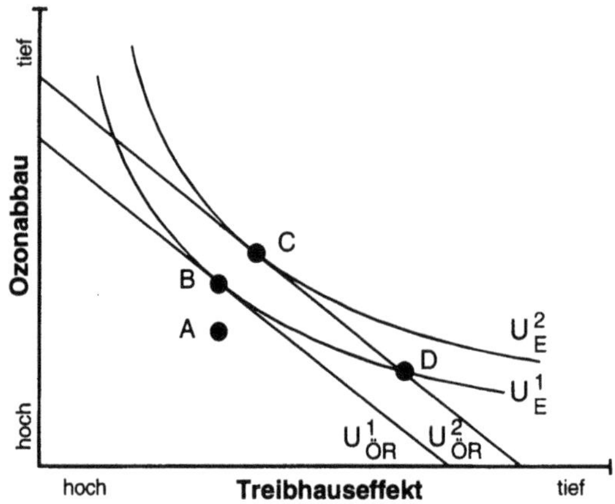

Abb. 6: Indifferenzkurven eines Entscheiders bei unterschiedlichen Nutzenfunktionen

In der Abbildung befinden sich vier Unternehmen (A-D), die mittels der Nutzenfunktionen bewertet werden sollen. Vergleicht man nun beispielsweise die Unternehmen A und B, kommt man zu einem eindeutigen Ergebnis. Da Unternehmen A mehr als Unternehmen B zum Ozonabbau, aber gleich viel zum Treibhauseffekt beiträgt, wird Unternehmen B grundsätzlich eine bessere Bewertung erhalten. Unternehmen B dominiert Unternehmen A. Ein Vergleich der Unternehmen B und C führt zu einem ähnlichen Ergebnis. Da Unternehmen C zu beiden Umweltproblemen weniger als Unternehmen B beiträgt, wird Unternehmen C Unternehmen B vorgezogen.[60] Dies äußert sich darin, daß Unternehmen C auf höheren Indifferenzkurven als Unternehmen B liegt.[61] Da sich die Indifferenzkurven beider Nutzenfunktionen in diesen Punkten berühren, kommen beide Funktionen sogar zu einer identischen Bewertung.

Von besonderem Interesse ist nun aber noch der Vergleich der Unternehmen B und C mit der Unternehmung D.

Aus der Sicht des Entscheiders lassen sich alle drei Unternehmen eindeutig bewerten. Der Entscheider ist gegenüber Unternehmen B und D indifferent, da sie sich auf derselben Indifferenzkurve (U_E^1) befinden. Da sich C auf einer höheren Indifferenzkurve (U_E^2) befindet, kann außerdem eindeutig gezeigt werden, daß diese Unternehmung den beiden anderen Unternehmen vorgezogen wird.

Legt man nun aber die Nutzenfunktion zugrunde, die für das Öko-Rating eingesetzt wird, ergibt sich ein anderes Bild. In diesem Fall liegen Unternehmen C

60 Unternehmen C wird aus derselben Begründung heraus natürlich auch Unternehmen A vorgezogen.

61 Daß eine Unternehmung in diesem Fall auf zwei Indifferenzkurven liegen kann, ist darauf zurückzuführen, daß in der Abbildung Indifferenzkurven von zwei verschiedenen Wirtschaftssubjekten (Entscheider und Bewerter) abgebildet werden.

und D auf derselben Indifferenzkurve ($U^2_{ÖR}$). Das Öko-Rating gibt also den beiden Unternehmen eine bessere Bewertung als dem Unternehmen B.

Stützt sich der Entscheider für die Bewertung der Unternehmen auf das Öko-Rating mit der abgebildeten Nutzenfunktion, kommt es im Fall der Bewertung der Unternehmung D zu einer Fehlbewertung. Fällt die Entscheidung als Konsequenz aus dem Öko-Rating auf Unternehmung D muß, im Vergleich zu einem Entscheid für Unternehmung C, einen Wohlfahrtsverlust hingenommen werden.

Dieses Beispiel zeigt, daß die einzusetzende Nutzenfunktion nicht willkürlich ausgesucht werden darf. Wie der zweite Teil zeigen wird, wird der Form der Nutzenfunktion in der Praxis allerdings meist keine Beachtung geschenkt.

Die Nutzenfunktion muß Ziele und Präferenzen des Entscheiders widerspiegeln; andernfalls drohen individuelle Wohlfahrtsverluste.

2.3 Delegation von ökologieorientierten Bewertungen im Rahmen eines Öko-Ratings

In vielen Fällen werden Bewertungen nicht von einem Entscheider selbst durchgeführt, sondern auf eine andere Person (Bewerter) übertragen. Mit der Trennung von Entscheidung und Bewertung sind einige zusätzliche Probleme verbunden. Die Delegation von Bewertungen ist das durchgängige Thema der nächsten drei Abschnitte.

Die Frage, ob der Entscheider die Bewertung selbst durchführen oder einen Dritten damit beauftragen sollte, ist der eigentlichen Entscheidung vorgelagert (2.3.1). Der zweite Abschnitt (2.3.2) untersucht die mit einer Delegation verbundenen informationsökonomischen Aspekte. Die Trennung von Entscheidung und Bewertung wirft spezifische Probleme auf, die durch die Agency-Theorie behandelt werden. Der dritte Abschnitt (2.3.3) widmet sich dieser Fragestellung.

2.3.1 Delegation als Metaentscheidungsproblem

Wie bereits dargelegt, setzt das Durchführen einer rational begründeten Aktion eine Entscheidung und eine Entscheidung wiederum eine vorgängige Bewertung voraus. Meist werden Information, Bewertung, Entscheidung und Handlung von derselben Person durchgeführt. Es bietet sich in einigen Fällen aber an, Bewertung und Entscheidung voneinander zu trennen und die Bewertung an Dritte zu delegieren. Für den Entscheidungsträger stellt die Frage, ob er die Bewertung selbst durchführen oder sie delegieren soll, ein weiteres, vorgelagertes Entscheidungsproblem dar, das als Metaentscheidungsproblem bezeichnet werden kann.[62]

---

[62] Vgl. bezüglich der Delegation von Entscheidungen als Entscheidungsproblem auch LAUX 1993, S. 203ff.

Eine Delegation der Bewertung ist aus informationsökonomischer Sicht vor allem dann vorteilhaft, wenn Informationsbeschaffung und -verarbeitung durch die dritte Person oder Institution bei gleichbleibender Qualität günstiger vorgenommen werden können.[63] Dies kann beispielsweise darauf zurückzuführen sein, daß ein gleichartiges Bewertungsproblem bei mehreren Entscheidern anfällt und durch die Delegation auf eine gemeinsame Institution, wegen der Nichtrivalität des Konsums, nur einmal gelöst werden muß oder daß das Bewertungsproblem auf eine Institution übertragen wird, die sich durch ein besonderes Expertenwissen bezüglich des Bewertungsproblems auszeichnet (vgl. hierzu auch den folgenden Kasten „Rolle von Experten").[64]

Besonders kritisch ist in diesem Zusammenhang, daß sich der Entscheider in bezug auf dieses Metaentscheidungsproblem in einer Situation der Unsicherheit befindet. So ist die Qualität der von der externen Institution/Person durchgeführten Bewertung für den Entscheider nur schwer abschätzbar. Um sich für oder gegen eine Delegation des Bewertungsvorganges entscheiden zu können, muß sich der Entscheider nun Informationen beschaffen, die ihm eine Einschätzung der erwarteten Nutzen und Kosten delegierter Bewertungen ermöglicht. Hierzu gehören Informationen über das Know-how der externen Institution genauso wie Informationen über die Ziele der externen Institution, die einen Einfluß auf die Bewertung haben können.[65]

Rolle von Experten

Ein Experte, der einen Investor in bezug auf ökologieinduzierte Investitionschancen und -risiken berät, wird beispielsweise neue, bisher nicht berücksichtigte Investitionsalternativen aufzeigen (Erweiterung des **Alternativenraumes**). So kann er etwa dem Investor raten, in Zukunft neben Aktien auch Obligationen zu berücksichtigen.

Er kann außerdem erläutern, welche Faktoren aus Umweltsicht für seine Investmententscheide in Zukunft von Relevanz sein werden (Eruierung relevanter zukünftiger **Umweltzustände**). So könnte der Experte zum Beispiel feststellen, daß die Einführung einer CO_2-Steuer die Rentabilität seiner Investments tangieren könnte und daher in Zukunft auch eine Sensitivitätsanalyse auf die Einführung einer CO_2-Steuer in die Bewertung der Alternativen eingehen sollte.

---

[63] Eine Delegation der Bewertung ist selbstverständlich auch dann vorteilhaft, wenn einer verbesserten Qualität der Bewertung identische Kosten gegenüberstehen oder aber beide Effekte, d.h. eine bessere Qualität bei niedrigeren Kosten, resultieren. Eine Betrachtung der informationsökonomischen Aspekte der Delegation einer Bewertung wird im folgenden Abschnitt (2.3.2) vorgenommen.

[64] Die Bewertung der Fähigkeit von Unternehmen, ihren Zins- und Tilgungsverpflichtungen nachzukommen, durch Rating-Agenturen wie Standard & Poor's und Moody's entspricht einer solchen Delegation auf eine gemeinsame Institution.

[65] Vgl. hierzu auch „2.3.3 Agency-Problematik".

Rolle von Experten

Der Experte kann außerdem aus den Vorgaben des Entscheiders weitere, untergeordnete **Ziele** ableiten, die im Rahmen der Investments zu berücksichtigen sind. So wäre es möglich, daß der Entscheider als (diffuses) Ziel vorgegeben hat, daß seine Investments möglichst keinen Beitrag zur Umweltzerstörung leisten sollen. Es wäre in diesem Fall die Aufgabe des Experten, dieses Ziel durch die Bestimmung untergeordneter Ziele zu operationalisieren.[66] Dies könnte beispielsweise in der Form geschehen, daß verschiedene Umweltprobleme definiert und die Beiträge der zur Wahl stehenden Unternehmen zu diesen Umweltproblemen bestimmt werden.

Bei der Bewertung der verschiedenen in die Bewertung eingehenden Aspekte müssen schließlich die **Präferenzen** berücksichtigt werden. Hierbei sollten ausschließlich die Präferenzen des Entscheiders maßgeblich sein. Es stellt sich also beispielsweise die Frage, wie wichtig dem Entscheider eine zusätzliche Verminderung der Umweltbelastung im Vergleich zu einem (eventuellen) Renditeverzicht ist. Auf der anderen Seite wird von einem Experten erwartet, daß er den Entscheider bei der Formulierung und gegenseitigen Abwägung sinnvoller Präferenzen unterstützt. So kann beispielsweise gefordert werden, daß der Experte auf der Basis seiner Erfahrung bestimmen kann, wie die verschiedenen Umweltbelastungsbeiträge relativ zueinander zu gewichten sind.

Aus der Sicht des Entscheidungsträgers ergibt sich aus den externen Bewertungen ein Nutzen, dem die Kosten der externen Entscheidung gegenübergestellt werden müssen. Der Nutzen einer externen Bewertung wird, auch wenn zusätzliche Informationen beschafft werden, immer ein gewisses Maß an Unsicherheit aufweisen. Den sicheren Kosten einer externen Bewertung steht, in anderen Worten, ein unsicherer Nutzen gegenüber. Im Rahmen der Entscheidungs- und Portfoliotheorie wird meist davon ausgegangen, daß Wirtschaftssubjekte risikoavers sind und Unsicherheit und Risiko daher Nutzen entwerten.[67] Es wird angenommen, daß sich ein Entscheider, der zwischen zwei Alternativen mit gleich hohem erwartetem Nutzen wählen kann, sich für die Alternative entscheiden wird, deren Nutzen er mit größerer Sicherheit prognostizieren kann.[68] Ein Entscheidungsträger, der die Möglichkeit hat, bei identischen Kosten eine Bewertung selbst durchzuführen oder sie zu delegieren und in beiden Fällen eine identische Bewertungsqualität erwartet, wird sich daher dazu entschließen, die Bewertung

---

[66] Die Aufgabe des Experten beschränkt sich nicht notwendigerweise auf die Operationalisierung von vom Entscheider vorgegebenen Zielen. Es ist auch möglich, daß sich im Laufe der Zeit neue Ziele ergeben, die der Experte frühzeitig erkennt oder daß der Experte auf mögliche Ziele hinweist, deren Berücksichtigung seiner Auffassung nach für den Entscheider von Interesse sein könnte.

[67] Vgl. zum Begriff der Risikoaversion auch Fußnote 79, S. 34.

[68] Vgl. für eine Übersicht über verschiedene zweiparametrische („Lukrativität" und Unsicherheit) Entscheidungsmaximen GÄFGEN 1974, S. 372ff.

selbst durchzuführen, wenn in bezug auf die Qualität der externen Bewertung eine größere Unsicherheit besteht als in bezug auf die selbst durchgeführte Bewertung.[69]

Dies zeigt auf der anderen Seite aber auch, daß der Anbieter einer externen Bewertung einen Anreiz haben sollte, die Informationskosten für den Entscheider, der die Bewertung delegieren möchte, niedrig zu halten, um auf diese Weise eine kostengünstige Senkung der Unsicherheit zu erlauben. Der Anbieter einer externen Bewertung hat nur dann einen Anreiz, die Informationskosten für den Entscheidungsträger möglichst hoch zu halten, wenn er davon ausgehen kann, ihn über die (schlechte) Qualität seiner Bewertung hinwegtäuschen zu können.[70]

Im folgenden wird auf einige informationsökonomische Aspekte näher eingegangen. Diese Aspekte beziehen sich sowohl auf das Entscheidungsproblem, das mit Hilfe der Bewertung gelöst werden soll, als auch auf das hier beschriebene Metaentscheidungsproblem.

---

[69] Es handelt sich letztlich um nichts anderes, als um eine Investitionsentscheidung unter Risiko. Wird eine Vielzahl von Entscheidungen gefällt und müssen daher auch eine Vielzahl von Bewertungen durchgeführt werden, so muß aus Sicht der Portfoliotheorie eigentlich noch zwischen diversifizierbaren unsystematischen und nicht-diversifizierbaren systematischen Risiken unterschieden werden (vgl. für eine ausführliche Diskussion systematischer und unsystematischer Risiken im ökologischen Kontext FIGGE 1997). Wie anhand des Capital Asset Pricing Modells (CAPM-Modell) gezeigt werden kann, müssen - unter der Bedingung, daß ein ausreichend großes Portefeuille gebildet werden kann - unsystematische Risiken nicht entschädigt werden (vgl. zum CAPM-Modell SHARPE 1964 und LINTNER 1965). Übertragen auf die hier vorliegende Situation bedeutet dies, daß unsystematische Bewertungsfehler dann nicht zu einer Verringerung des Bewertungsnutzens führen müssen, wenn ausreichend viele Entscheidungen umgesetzt werden, denen entsprechende Bewertungen zugrundeliegen.

[70] Vgl. hierzu auch die Ausführungen zum Problem der „adverse selection" in Abschnitt 2.3.3.
Geht man davon aus, daß Öko-Rating-Agenturen Anreize haben, „schlechtes" Öko-Rating zu verkaufen, da dieses zum Beispiel günstiger als „gutes" Öko-Rating erstellt werden kann, ist zudem, wegen der herrschenden Informationsasymmetrie, damit zu rechnen, daß „gute" Öko-Ratings durch „schlechte" Öko-Ratings verdrängt werden. Kann ein Entscheider nicht zwischen gutem und schlechtem Öko-Rating unterscheiden, hat der Anbieter eines Öko-Ratings einen Anreiz, ein Rating anzubieten, dessen Qualität unter der durchschnittlichen Qualität der auf dem Markt befindlichen Öko-Ratings liegt und auf diese Weise von der besseren Reputation der anderen Öko-Ratings zu profitieren. Die Qualität guter Öko-Ratings wird hingegen nicht durch die Marktteilnehmer entschädigt werden. Die Anbieter solcher Ratings erbringen ein öffentliches Gut, für das sie nicht entschädigt werden. Bedenklich ist nun, daß die schlechten Ratings die guten Ratings aus dem Markt vertreiben werden und somit die durchschnittliche Qualität des Marktes senken werden. Dies kann bis zum Zusammenbruch des Marktes führen (Der hier beschriebene Ablauf des Marktmechanismus bei Informationsasymmetrie bezüglich der auf einem Markt befindlichen Produkte wurde erstmals in AKERLOF 1970 am Beispiel des Gebrauchtwagenmarktes beschrieben. Vgl. für eine analoge Argumentation bezüglich der Umweltberichterstattung SCHALTEGGER 1997).

2.3.2 *Informationsökonomische Aspekte*

Die Durchführung von Bewertungen ist mit Kosten verbunden. Das theoretisch anzustrebende Ziel eines maximalen Informationsstandes ist daher ökonomisch nicht sinnvoll. Es handelt sich bei der Erhebung und Auswertung von Informationen, wie bei den meisten anderen Gütern auch, um ein knappes Gut, dessen optimaler nicht aber maximaler Einsatz anzustreben ist. Wie weiter oben gezeigt wurde, sind Informationen die Grundlage für Bewertungen, Entscheidungen und damit letztlich auch Handlungen. Fehlen Informationen, können die Auswirkungen einer Entscheidung nicht mehr mit Sicherheit vorhergesagt werden. Das mit einer Entscheidung verbundene Risiko steigt.[71] Es äußert sich dadurch, daß eine Entscheidung nicht mehr mit Sicherheit einen gewissen Ertrag bringen wird, sondern daß mehrere verschiedene Erträge möglich sind. Je stärker sich die verschiedenen Erträge voneinander unterscheiden und je weniger wahrscheinlich es ist, den erwarteten Ertrag zu erzielen, um so höher ist das Risiko.

Der erwartete Ertrag ergibt sich durch die Addition der Produkte aus möglichem Ertrag und entsprechender Eintrittswahrscheinlichkeit. Aktivitäten zur Verbesserung des Informationsstandes haben zum Ziel, das Risiko zu senken (Pfeile ① in Abbildung 7) und/oder den erwarteten Ertrag (Pfeil ②) zu steigern. Das auf diese Weise vermiedene Risiko beziehungsweise der auf diese Weise erwirtschaftete zusätzliche Ertrag stellen den Nutzen der Informationsaktivitäten dar.

Bei jeder Allokationsentscheidung knapper Güter müssen Nutzen und Kosten des Einsatzes weiterer Einheiten des knappen Gutes miteinander verglichen werden. Möchte ein Entscheider nun die Informationsbasis, auf der er seine Entscheidung trifft, erweitern, so kann er Informationsaktivitäten mit drei verschiedenen Zielen entwickeln.

Er kann versuchen:“[...]

- neue Aktionsmöglichkeiten (Alternativen) zu finden bzw. zu erfinden,
- die Ergebnisse [..] der Handlungsalternativen genauer abzuschätzen und/oder

das Wahrscheinlichkeitsurteil über die maßgeblichen Umweltzustände zu verbessern.“[72]

---

[71] Wobei unter dem Begriff Risiko hier auch Unsicherheit subsumiert wird. Vgl. zu der Unterscheidung zwischen Risiko und Unsicherheit auch generell Abschnitt „2.2.3 Umweltzustände“ und im speziellen die in Fußnoten 43, S. 19 und 44, S. 19 angegebene Literatur.

[72] LAUX 1991, S. 281.

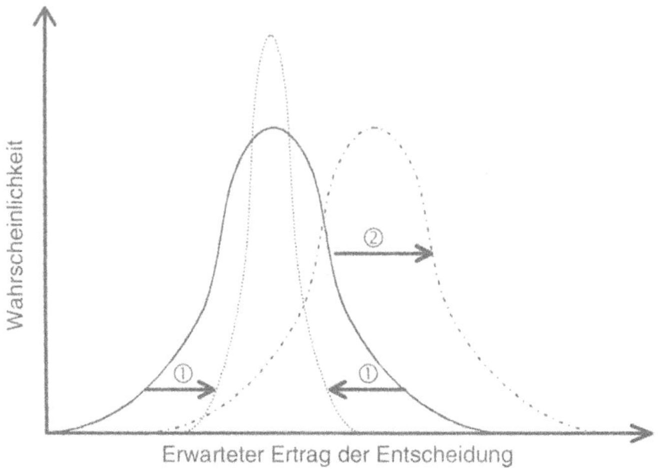

Abb. 7: Ziele von Informationsaktivitäten

Eine Bank, die befürchtet, indirekt durch Maßnahmen, die der Eindämmung des Treibhauseffektes dienen sollen, betroffen zu werden, könnte beispielsweise in Erfahrung bringen, welche potentiellen neuen Kundengruppen nicht durch solche Maßnahmen betroffen wären. Sie könnte alternativ die Auswirkungen auf ihre bisherigen Kundengruppen abschätzen oder selbst ermitteln, welches „Treibhausszenario" mit welcher Wahrscheinlichkeit belegt ist.

Grundsätzlich gilt, daß eine Verbreiterung der Informationsbasis zu besseren Entscheidungen führen sollte. Da die Beschaffung und Verarbeitung von Informationen aber mit Kosten verbunden sind und davon ausgegangen wird, daß der Grenznutzen einer zusätzlichen Informationsbeschaffung abnimmt, kann die Erreichung eines vollkommenen Informationsstandes kein operationales Ziel sein. Es muß daher der optimale Informationsgrad bestimmt werden.

Wie erwähnt, stellt die Bestimmung des optimalen Informationsgrades und damit der Suchtätigkeit ein typisches ökonomisches Optimierungsproblem dar. Geht man realistischerweise davon aus, daß der Grenznutzen der Informationssuche[73] fällt, und vorläufig (unrealistischerweise) davon aus, daß das betrachtete Wirtschaftssubjekt risikoneutral sei, so ist es aus Sicht dieses Wirtschaftssubjekts sinnvoll, solange Informationen zu beschaffen, bis der erwartete zusätzliche Nutzen aus der Informationsbeschaffung den Grenzkosten entspricht.[74] Praktisch

---

[73] Der Grenznutzen der Informationssuche ergibt sich in diesem Fall aus den durch die Informationssuche zusätzlich resultierenden Erträgen der Entscheidung bzw. den vermiedenen Risiken.

[74] Dies läßt sich aus einem Artikel von Stigler ableiten. In dem dort beschriebenen Fall wurde die Informationssuche eingesetzt, um einen günstigen Autopreis zu ermitteln. Es wurde ↪

gesprochen: Solange ein Informationssucher davon ausgehen kann, daß er für einen Euro, den er in die Informationssuche investiert, mehr als einen Euro zusätzlichen Ertrag erhält, wird er versuchen, seinen Informationsstand weiter zu verbessern.[75]

Im vorangegangenen Abschnitt wurde bereits angesprochen, daß sich Öko-Rating durch einen nicht-rivalisierenden Konsum auszeichnet. Aus informationsökonomischer Sicht ist außerdem noch von Interesse, daß Außenstehende vom Konsum ausgeschlossen werden können. Es handelt sich mit anderen Worten um ein sogenanntes Klubgut.[76] Die Ausschließbarkeit erschwert eine parasitäre Nutzung des Gutes durch Dritte und macht das Gut marktfähig.[77] Die Nicht-Rivalität des Konsums ermöglicht eine Verteilung der Kosten des Gutes auf mehrere Nutzer. Hierbei sinkt der Nutzen des Öko-Ratings in der Regel nicht.[78] Dies führt dazu, daß alle Beteiligten, im Vergleich zu einem Szenario, in dem alle die Bewertungen selbst durchführen, einen höheren Informationsstand erreichen können. Ein höherer Informationsstand führt wiederum zu einem höheren Nutzen. Abbildung 8 gibt beispielsweise Grenzkosten und Grenznutzen der Erhöhung des Informationsstandes wieder. Es wird von sinkenden Grenznutzen und steigenden Grenzkosten der Information ausgegangen.

---

auch dort davon ausgegangen, daß der ermittelte Preisnachlaß (=Ertrag der Informationssuche) eine abnehmende Funktion sei (vgl. STIGLER 1961, S. 215). Die Optimalitätsbedingung ergibt sich „if the cost of search is equated to its expected marginal return[...]" (STIGLER 1961, S. 216).
Interessanterweise ignoriert Stigler die Frage, ob es sich bei dem Käufer um einen risikoneutralen, -freudigen oder -aversen Käufer handelt, völlig. Die Preisdifferenz zwischen dem günstigsten bisher gefundenen Preisangebot und einem noch zu findenden günstigeren Preis für ein Auto kann aber durchaus als Risiko aufgefaßt werden („Risiko, zu viel zu zahlen"). Wie später (vgl. Fußnote 79, S. 34) noch gezeigt werden wird, tangiert eine solche Annahme durchaus das optimale Ausmaß der Informationssuche.

75 Der erwartete, zusätzliche Ertrag ist natürlich auf den Zeitpunkt der Informationssuche zu diskontieren.

76 Vgl. zu Klubgütern Buchanan 1965, Boadway/Wildasin 1984, S. 96ff.

77 Vgl. z.B. Streit 1983, S. 58.

78 Bei der Beschreibung von Klubgütern wird allerdings sehr oft davon ausgegangen, daß der Grenznutzen des Gutes ab einer gewissen Anzahl von Klubmitgliedern sinkt. In einem solchen Fall ist keine Maximierung der Anzahl der Klubmitglieder, sondern eine Optimierung anzustreben. Dieser sinkende Grenznutzen stellt aber keine notwendige Bedingung dar (vgl. Buchanan 1965, Fußnote 1, S. 8).
Man kann sich auch im Fall des Öko-Ratings durchaus Situationen vorstellen, in denen es durch die gemeinsame Nutzung des Öko-Ratings zu einer Nutzenminderung kommt. Dies wäre beispielsweise der Fall, wenn sich der Nutzer des Öko-Ratings erhofft, durch das Öko-Rating gegenüber den anderen Marktteilnehmern einen Informationsvorsprung zu erhalten. Je mehr Marktteilnehmer an dem Öko-Rating teilhaben, desto kleiner wird auch der Informationsvorsprung. Es ist allerdings davon auszugehen, daß dies in der Praxis in Anbetracht der Größe der relevanten Märkte keinen materiellen Einfluß auf die Investitionen der Nutzer eines Öko-Ratings hat.

So dürfte man sich anfangs auf die aus der Sicht des Entscheiders wichtigsten Umweltprobleme konzentrieren und anschließend auf weniger wichtige Umweltprobleme übergehen; dies dürfte sich in der Regel in fallenden Grenznutzen äußern. Andererseits dürfte es im Laufe der Zeit immer kostspieliger werden, neue Informationen zu erhalten. Der Zustand vollkommener Information dürfte in den meisten Fällen, zum Beispiel im Fall des Treibhauseffekts, nie erreicht werden.

Geht man davon aus, daß die Gerade „Grenzkosten I" die Kosten vor Delegation wiedergibt, so ergibt sich ein optimaler Informationsstand (Grenzkosten = Grenznutzen) von A. Die hell schattierte Fläche gibt den Nutzen wieder, der aus diesem Informationsstand resultiert. Können nun die Grenzkosten durch Delegation gesenkt werden, so läßt sich ein höherer Informationsstand erreichen (Punkt B). Es resultiert ein zusätzlicher Nutzen, der durch die dunkel schattierte Fläche wiedergegeben wird.

Welchen Informationsstand ein Entscheider anstrebt, hängt - außer von Kosten und Nutzen - auch noch von dem Grad der Risikoaversion des Entscheiders ab.[79]

---

[79] Risikoaversion, -neutralität und -freudigkeit können am Beispiel von Indifferenzkurven verdeutlicht werden, die angeben, in welchem Austauschverhältnis erwartete Rendite (hier durch μ symbolisiert) und Risiko (hier durch σ symbolisiert) bei einer Investmententscheidung bei gleichbleibendem Nutzenniveau stehen. Die nebenstehende Abbildung gibt diesen Zusammenhang wieder. Während für einen risikoneutralen Investor das mit seiner Investmententscheidung verbundene Risiko keinerlei Rolle spielt (es wird unabhängig von der Höhe

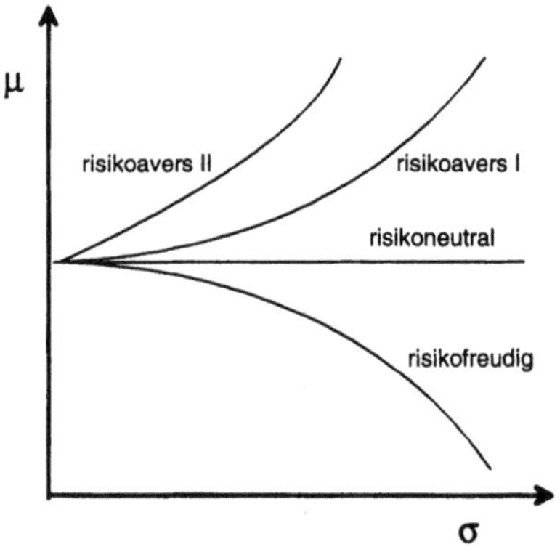

des Risikos immer die gleiche Rendite verlangt), wird ein risikoaverser (risikofreudiger) Investor bei Zunahme des Risikos als „Entschädigung" eine höhere (tiefere) Rendite verlangen (hinnehmen). Die Risikoaversion bzw. -freudigkeit kann selbstverständlich unterschiedlich stark ausgeprägt sein. So steht die mit „risikoavers II" beschriftete Kurve beispielsweise stellvertretend für ein Wirtschaftssubjekt, das stärker risikoavers ist als durch die Kurve „risikoavers I" vertretene Wirtschaftssubjekt.

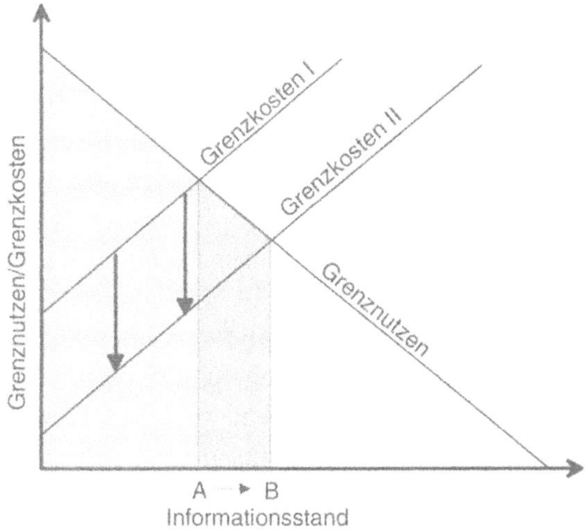

Abb. 8: Grenzkosten und -nutzen der Erhöhung des Informationsstandes

Ein risikoaverser Entscheider wird einen, aus risikoneutraler Sicht, suboptimal hohen Informationsstand anstreben. Ein risikofreudiger Entscheider wird im Vergleich hierzu seiner Entscheidung weniger Informationen zugrunde legen; aus risikoneutraler Sicht gibt sich ein solcher Entscheider mit suboptimal wenigen Informationen zufrieden. Die Frage, wie lange er seine Informationssuche fortsetzt, hängt davon ab, wie stark risikoavers er ist. Grundsätzlich gilt, daß ein Entscheider seinen Entscheidungen je mehr Informationen zugrunde legt, je risikoaverser er ist. Die genaue Bestimmung des optimalen Informationsmaßes ist für die weiteren Betrachtungen entbehrlich. Es wird daher darauf verzichtet.

2.3.3 Agency-Problematik

Die bisherigen Ausführungen zur Delegation der Bewertung gingen implizit davon aus, daß der externe Bewerter willens und fähig ist, die Bewertung im Sinne des Entscheider durchzuführen. Dies ist in der Praxis aber oft nicht der Fall. Die Trennung von Entscheidungs- und Bewertungsvorgang beziehungsweise die Beteiligung mehrerer Personen kann zu Problemen führen, die in den Wirtschaftswissenschaften in analogen Fällen, meist im Zusammenhang mit der Trennung von Führung und Besitz von Unternehmen, durch die „Agency Theory" behandelt werden.[80]

Der Grundgedanke der Agency Theorie ist, daß ein Agent durch seine Entscheidungen, wegen der Existenz externer Effekte und asymmetrischer Informa-

---

[80] Eine hervorragende Übersicht über die Agency Theorie gibt EISENHARDT 1989.

tion, auch den Nutzen des Prinzipalen beeinflußt.[81] So wird beispielsweise das Management (Agent) einer Aktiengesellschaft von den Aktionären (Prinzipalen) beauftragt, das Unternehmen im Sinne der Aktionäre zu führen. Es kann in der Praxis aber beobachtet werden, daß sich die Unternehmensführung „verselbständigt", d.h. teilweise Ziele verfolgt, die zwar im Sinne des Management, nicht aber der Aktionäre sind. Dies führt zu Kosten für die Aktionäre.[82] Dieses sogenannte Agency-Problem tritt auf, wenn Agent und Prinzipal konfliktäre Ziele verfolgen und wenn der Prinzipal die Handlungen des Agenten, die Informationen, die der Agent gibt bzw. die Anreize, denen der Agent ausgesetzt ist, nur schlecht oder unter Inkaufnahme hoher Kosten überprüfen kann.[83] Dies führt dazu, daß die Informationsasymmetrie nicht abgebaut wird. Das Problem verschärft sich weiter, wenn der Prinzipal auch im nachhinein die Leistung des Agenten nicht bewerten kann.

Im Rahmen der Agency-Theorie wird das Agency-Problem in zwei Teilaspekte untergliedert. Es ist einerseits möglich, daß der Agent, dessen Handlungen durch den Prinzipalen nicht direkt beobachtbar sind, trotz seiner Zusagen die verabredete Leistung nicht erbringt. Dies wird als *Moral hazard* bezeichnet.[84] Die Gefahr, daß eine Öko-Rating-Agentur - trotz gegenteiliger Beteuerungen - nicht die Ziele des Entscheiders, sondern die eigenen Ziele im Öko-Rating berücksichtigt, stellt beispielsweise einen solchen Moral hazard dar.

Geht man davon aus, daß Öko-Rating schlechter Qualität günstiger erstellt werden können als Öko-Rating hoher Qualität, und daß es den Käufern (Prinzipalen) des Öko-Ratings wegen der Informationsasymmetrie nicht möglich ist, zwischen qualitativ hochwertigen und qualitativ schlechten Öko-Rating zu unterscheiden, ist auch noch das Phänomen der *Adverse selection* von Interesse.[85] Die Anbieter des Öko-Ratings haben, unter der genannten Annahme, nämlich einen Anreiz, qualitativ schlechtes und damit kostengünstigeres Öko-Rating anzubieten, da hierdurch ihre Marge steigt. Damit ihnen dies gelingt, werden sie versuchen, beim Prinzipal einen falschen Eindruck ihrer wirklichen Fähigkeiten

---

81 Vgl. z.B. BAIMAN/EVANS 1983, GJESDAL 1982, ROSS 1973, SHAVELL 1979, SPREMANN 1989, S. 3.

82 Kosten sind in diesem Fall im weitesten Sinne, d.h. nicht nur monetär, zu interpretieren.

83 Vgl. z.B. EISENHARDT 1989, S. 58.

84 Vgl. z.B. EISENHARDT 1989, S. 61, HOLMSTRÖM 1979, MACHO-STADLER/PÉREZ-CASTRILLO 1997, S. 9ff, S. 35ff, SALANIÉ 1997, S. 107ff.
Der Begriff „Moral hazard" hat seinen Ursprung in der Schiffahrtsversicherung. Er beschreibt dort im weitesten Sinne die Gefahr, daß der Versicherungsnehmer die Versicherung betrügt (Vgl. BORCH 1990, S. 317, 325ff.). So besteht im Rahmen eines Versicherungsverhältnisses beispielsweise die Gefahr, daß der Versicherungsnehmer nicht die vertraglich vereinbarten Maßnahmen durchführt, Schäden zu verhindern.

85 Vgl. hierzu auch Fußnote 70, S. 30.

zu hinterlassen. Dieses Phänomen wird *Adverse selection* genannt.[86] So ist zu befürchten, daß eine Öko-Rating-Agentur versuchen wird, ihre Stärken in den Vordergrund zu stellen und mögliche Schwächen zu beschönigen.

Im Fall des Öko-Ratings wird die Situation zusätzlich dadurch verkompliziert, daß ein Öko-Rating einen unterschiedlich hohen Nutzen für Kunden mit verschiedenen Zielen und Präferenzen haben kann. Bei der Berücksichtigung der Informationsbedürfnisse mehrerer Parteien muß daher damit gerechnet werden, daß unterschiedliche Auffassungen bezüglich der zu berücksichtigenden Bewertungsziele herrschen. Die Öko-Rating-Agentur hat einen Anreiz - auch dies stellt wiederum Adverse selection dar -, jeden Entscheider (Kunden) davon zu überzeugen, daß seine individuelle Entscheidungssituation in der Bewertung berücksichtigt wurde. Besonders problematisch ist in diesem Zusammenhang, daß durch die Berücksichtigung zusätzlicher Ziele, wie sie bei kollektiven Bewertungen in der Praxis oft beobachtet werden können, die Aussagekraft eines Ratings bezüglich der aus der Sicht des Prinzipalen eigentlich relevanten Ziele sinkt.[87] Es ist für die Qualität eines Ratings[88] daher nicht nur von Bedeutung, daß alle relevanten Ziele berücksichtigt wurden, sondern auch, daß *ausschließlich* relevante Ziele in die Bewertung eingehen und diese mit den Entscheidungszielen übereinstimmen.[89]

Wie diese kurze Übersicht zeigt, ist die Delegation eines Öko-Ratings meist problematisch. Den in den beiden vorangegangenen Abschnitten beschriebenen Nutzen[90] einer Delegation stehen zusätzliche Kosten gegenüber. Diese Kosten werden in der Agency Theorie als „agency cost" bezeichnet.

---

[86] Vgl. z.B. EISENHARDT 1989, S. 61, MACHO-STADLER/PÉREZ-CASTRILLO 1997, S. 9f., S. 101ff., SALANIÉ 1997, S. 11ff.
Der Begriff „Adverse selection" hat ebenfalls seinen Ursprung in der Versicherungsbranche. Er wurde zuerst im Zusammenhang mit Lebensversicherungen diskutiert. Lebensversicherungen sind vor allem für kranke Menschen oder Menschen, die ein erhöhtes Krankheits- und Sterberisiko haben, interessant. Beim Abschluß einer Lebensversicherung hat ein solcher Versicherungsnehmer daher einen Anreiz, den Versicherer über seinen (schlechten) Gesundheitszustand zu täuschen (Vgl. BORCH 1990, S. 317, 319ff.).

[87] In der Praxis des Öko-Ratings wird häufig der Fehler gemacht, Öko-Ratings, die eine große Zahl von Zielen berücksichtigen, als besonders aussagekräftig einzustufen (vgl. hierzu auch FIGGE 1996).

[88] Die Qualität eines Ratings hängt von dem Ausmaß ab, in dem die Bewertungsziele erfüllt werden. Auf die Bewertungsziele wird in „3.1 Bewertungsziele", S. 38ff. näher eingegangen.

[89] Wobei es selbstverständlich möglich ist, daß durch eine externe Bewertung nur Teilaspekte der Entscheidung bewertet werden sollen. In diesem Fall müssen natürlich ausschließlich die für diesen Teilaspekt relevanten Ziele berücksichtigt werden.

[90] Der im letzten Abschnitt beschriebene Nutzen entspricht den Opportunitätskosten, die durch eine Delegation vermieden werden.

Sie setzen sich aus drei Komponenten, nämlich aus

- den Kosten für die Überwachung und Kontrolle des Agenten,
- den Kosten aus Zahlungen an den Agenten, zur Bindung an den Prinzipalen (Vertragskosten) und
- den Kosten, die aus der Differenz zwischen den (theoretisch) optimalen Entscheidungen und den durch den Agenten tatsächlich getroffenen Entscheidungen resultieren (Residualverlust),

zusammen.[91]

Besonders problematisch ist im Falle des Öko-Ratings, daß, im Gegensatz zum herkömmlichen finanziellen Rating, auch ex post eine Überprüfung meist nicht möglich ist.[92] Es ist daher zu befürchten, daß ganz besonders der Residualverlust sehr hoch ausfallen kann.

Die absolute Höhe der Agency-Kosten gibt bereits einige wichtige Informationen über die Beziehung zwischen Entscheider und externem Bewerter. Sind die Agency-Kosten beispielsweise niedrig, weist dies auf eine problemlose Delegation der Bewertung hin. Von größerem Interesse ist freilich der Nettonutzen (Nutzen der Delegation - Kosten der Delegation), der sich aus der Delegation der Bewertung ergibt. Problematisch ist allerdings, daß eine genaue Bezifferung der Agency-Kosten in der Regel nicht möglich ist.[93]

3 Die Bewertung von Öko-Rating-Ansätzen

Im zweiten Teil wird eine Bewertung existierender Öko-Rating-Ansätze vorgenommen. Die folgenden Abschnitte bereiten diese Bewertung vor. Hierzu werden in einem ersten Abschnitt (3.1) die Bewertungsziele ermittelt. Um die Erfüllung der Bewertungsziele beurteilen zu können, werden in einem zweiten Abschnitt (3.2) entsprechende Bewertungskriterien entwickelt. Durch die Bewertungskriterien werden gleichzeitig die Bewertungsziele näher präzisiert. Der dritte und letzte Abschnitt (3.3) geht außerdem noch auf die Zielbeziehungen ein.

3.1 Bewertungsziele

Bewertungen müssen sich, wie bereits gezeigt wurde,[94] an den Zielen der Entscheider orientieren. Dies gilt selbstverständlich auch für die, im zweiten Teil durchgeführte, Bewertung von Öko-Rating-Ansätzen. Welcher Öko-Rating-Ansatz „gut“ und welcher „schlecht“ ist, läßt sich daher nicht per se entscheiden.

---

[91] Vgl. JENSEN/MECKLING 1976, S. 308.
[92] Vgl. hierzu auch Fußnote 235, S. 79.
[93] Vgl. FISCHER 1995, S. 321.
[94] Vgl. hierzu Abbildung6, S. 26 und die entsprechenden Erläuterungen.

In dem Maße, in dem sich die Ziele und Präferenzen verschiedener Entscheider unterscheiden, werden sie bei der Bewertung von Öko-Rating-Ansätzen auch zu verschiedenen Ergebnissen kommen.

Ein „ökologisch“ motivierter Entscheider wird beispielsweise einen „ökologisch“ ausgerichteten Ansatz einem „ökonomisch“ ausgerichteten Ansatz vorziehen, während ein „ökonomisch“ motivierter Entscheider einen „ökonomischen“ Ansatz favorisieren wird.

Eine absolute Bewertung von Öko-Rating-Ansätzen ist daher nicht möglich. Auch wenn die Entscheider mit einem Öko-Rating unterschiedliche Ziele verfolgen, können diese aber, wie bereits erwähnt,[95] auf einige sehr fundamentale Ziele zurückgeführt werden. Diese Ziele werden durch alle Informationsinstrumente verfolgt. Das Maß in dem diese Ziele erreicht werden, bestimmt die Qualität des Ratings.

Informationsinstrumente sollen die aus Entscheidungen resultierenden Erträge erhöhen und/oder die entsprechenden Risiken mindern. Anders ausgedrückt: Ein Entscheider möchte durch den Einsatz eines Öko-Ratings besser entscheiden. Ein Entscheider wird dies um so besser erreichen können, je treffsicherer ein Rating ist. Ein Rating ist um so treffsicherer, je näher die Bewertung am Idealbild einer „richtigen“ Bewertung liegt. Eine **hohe Treffsicherheit des Ratings** kann daher als ein Ziel festgehalten werden.

Da man in der Praxis davon ausgehen muß, daß die Beschaffung und Verarbeitung von Informationen nicht kostenfrei ist[96], müssen zudem die mit dem Informationsinstrument verbundenen Kosten als ein weiteres, konkurrenzierendes Ziel festgehalten werden. Ein Entscheider wird **niedrige Kosten** anstreben.[97]

Wie gezeigt wurde, kann es aus informationsökonomischen Gründen interessant sein, Bewertungen zu delegieren. Niedrigeren Kosten und unter Umständen höherem Nutzen steht in diesen Fällen aber ein zusätzliches Risiko gegenüber, das als Agency-Risiko (auch: Delegationsrisiko) bezeichnet wird.[98] Ein Entscheider

---

95 Vgl. hierzu den Abschnitt „2.2 Alternativen, Umweltzustände, Ziele und Präferenzen als Determinanten einer Bewertung“, S. 10ff.

96 Vgl. hierzu auch „2.3.2 Informationsökonomische Aspekte“.

97 Die Treffsicherheit gibt den Nutzen wieder, den der Entscheider aus dem Rating zieht. Hoher Nutzen und niedrige Kosten des Ratings ließen sich selbstverständlich auch zu einem einzigen Ziel, nämlich zu einer hohen *Effizienz des Ratings* zusammenziehen. Dies ist aber wenig sinnvoll, da ein solches zusammengesetztes Ziel das im folgenden Abschnitt vorgenommene Ableiten geeigneter Kriterien unnötig erschweren würde. Daß in der Regel nicht minimale Kosten bei maximaler Treffsicherheit erreicht werden können, wird im dritten Abschnitt (3.3) aufgezeigt.

98 Ein vergleichbares Agency-Risiko besteht etwa bei Rechnungsprüfern, die, beispielsweise bedingt durch andere Geschäftsfelder, in denen sie tätig sind, u.U. Anreizen ausgesetzt sind, die dem Interesse einer objektiven Prüfung entgegenlaufen. Es überrascht daher nicht, daß viele Prüfungsgesellschaften, die auch als Unternehmensberatungsgesellschaften tätig

↯

kann durch verschiedene Aktivitäten versuchen, dieses Risiko zu beschränken. Hierdurch werden aber wiederum Kosten verursacht, die Agency-Kosten genannt werden. Agency-Kosten sind genau dann um so höher, je höher das Agency-Risiko ist. Sind beispielsweise die Informationen absolut symmetrisch verteilt, entspricht der Informationsstand des Entscheiders also dem Informationsstand der Öko-Rating-Agentur, wird diese es nicht wagen, sich von den Interessen des Entscheiders zu entfernen, da der Entscheider dies sofort bemerken würde. Das Agency-Risiko ist in einem solchen Fall, wie auch die Agency-Kosten, nur klein. Je asymmetrischer die Informationen verteilt sind, desto einfacher wird es der Öko-Rating-Agentur fallen, sich von den Interessen des Entscheiders zu entfernen. Im Vergleich zur vorangegangenen Situation steigen nicht nur das Agency-Risiko, sondern auch die Agency-Kosten, da die Überwachung der Öko-Rating-Agentur wegen der asymmetrischen Informationslage schwerer fällt. Da bei der Berücksichtigung von Agency-Risiko und Agency-Kosten die Redundanzfreiheit des Zielsystems gefährdet wäre, wird im folgenden nur das Ziel eines niedrigen Agency-Risikos berücksichtigt.

Ein Entscheider wird bei der Delegation der Bewertung daher **ein niedriges Agency-Risiko** anstreben.

3.2 Bewertungskriterien

In diesem Abschnitt werden Kriterien entwickelt, welche die Zielerfüllung der Öko-Rating-Ansätze in bezug auf die vorstehend dargelegten Ziele ermitteln helfen. Durch diese Operationalisierung werden die Ziele weiter präzisiert.

Die **Treffsicherheit** einer Bewertung kann aus entscheidungstheoretischer Sicht auf die Qualität der Modellierung der vier Bewertungskomponenten zurückgeführt werden. Unterscheiden sich Modell und Realität nicht mehr, kann davon ausgegangen werden, daß eine „perfekte" Bewertung resultiert. Die perfekte Abbildung der Realität durch ein Modell ist in der Praxis aber nicht erreichbar. Je besser allerdings die relevanten **Alternativen, Umweltzustände, Ziele** und **Präferenzen** eines Entscheiders modelliert werden, desto treffsicherer wird, aus Sicht des Entscheiders, ein Rating sein.

Die **Kosten** von Öko-Rating lassen sich am einfachsten bestimmen, wenn für die Öko-Ratings Preise bekannt sind. Sind keine Preise bekannt, kann von der Art und Weise, in der die Öko-Ratings durchgeführt werden, auf die entstehenden

---

sind, teilweise bedingt durch gesetzlichen Druck, diese Geschäftsbereiche voneinander getrennt haben. So ist es spanischen Wirtschaftsprüfern verboten, für eine Unternehmung zu arbeiten, die sie in den vorangegangenen drei Jahren geprüft haben oder eine Unternehmung zu prüfen, für die ein Verwandter arbeitet oder an der ein Verwandter Anteile hält (Vgl. z.B. BROWN 1996).

Kosten geschlossen werden. Theoretisch sind mit Öko-Rating weitere Kosten, wie beispielsweise Kosten der Integration von Öko-Rating in die Entscheidungen bzw. die Informations- und Entscheidungssysteme verbunden. Es kann aber damit gerechnet werden, daß diese im Vergleich zu den Kosten der eigentlichen Bewertung erstens nur von untergeordneter Bedeutung sind und sich die verschiedenen Öko-Rating-Ansätze zweitens nur unwesentlich in bezug auf diese Kostenarten unterscheiden. Sie werden daher im Rahmen dieser Bewertung vernachlässigt.

Die Höhe des **Agency-Risikos** wird im wesentlichen durch zwei Kriterien bestimmt. Das Agency-Risiko hängt einerseits von der **Transparenz** der Bewertung ab. Je genauer ein Entscheider über die Bewertung informiert ist, desto besser kann er die Qualität der Bewertung und die Kompatibilität mit dem eigenen Zielsystem einschätzen und desto schwerer fällt es der Öko-Rating-Agentur, sich von den Zielen und Präferenzen ihres Kunden zu entfernen.[99]

Das Agency-Risiko hängt andererseits von den **Anreizen** ab, denen die Öko-Rating-Agentur ausgesetzt ist. Sind die Anreize kompatibel mit den Zielen des Entscheiders muß er seinen Agenten, also die Öko-Rating-Agentur, nur minimal überwachen. Je mehr Anreizen eine Öko-Rating-Agentur ausgesetzt ist, die inkompatibel mit den Zielen des Entscheiders sind, desto aufwendiger und damit auch teurer ist deren Überwachung.

Bei der Bewertung von Öko-Rating-Ansätzen sollten daher in erster Linie die Art und Weise der Modellierung der vier Entscheidungskomponenten **Alternativen**, **Umweltzustände**, **Ziele** und **Präferenzen** und die **Kosten** des Ratings untersucht werden. Wird das Rating delegiert, was die Regel sein dürfte, sollten außerdem noch die **Transparenz** des Ratings und die **Anreize**, denen die Öko-Rating-Agentur ausgesetzt ist, analysiert werden.

3.3 Zielbeziehungen

In diesem Abschnitt wird auf die Zielbeziehungen zwischen den Zielen eingegangen. Durch die Zielbeziehungen wird beschrieben, in welcher Form die Erreichung eines Zieles die Erreichung eines anderen Zieles tangiert.

Es kann zwischen drei verschiedenen möglichen Zielbeziehungen unterschieden werden. Die Erreichung eines Zieles kann die Erreichung eines anderen Zieles erstens fördern. Es wird in diesem Fall davon gesprochen, daß Ziele

---

[99] Dies kann selbstverständlich auch mit Hilfe der Agency-Kosten erklärt werden. Je transparenter eine Bewertung ist, desto kleiner sind die Überwachungskosten. Die Überwachung fällt dem Entscheider mit anderen Worten leichter, was auch die Öko-Rating-Agentur weiß, die sich deshalb, um negativen Sanktionen zu entgehen, an den Interessen des Entscheiders orientieren wird. Dies gilt aus spieltheoretischer Sicht vor allem für wiederholte Bewertungen (vgl. für eine Übersicht über die Problematik von wiederholten Spielen SABOURIAN 1989).

komplementär sind. Eine *konkurrenzierende* Zielbeziehung liegt zweitens vor, wenn die Erfüllung eines Zieles die Erfüllung eines anderen Zieles mindert. Hat die Erfüllung eines Zieles keinen Einfluß auf die Erfüllung eines anderen Zieles, wird drittens von einer *neutralen* Zielbeziehung gesprochen.[100]

Tabelle 2 gibt einen Überblick über die erwarteten Beziehungen zwischen den genannten Bewertungszielen.

	Hohe Treffsicherheit	**Tiefe Kosten**	**Niedriges Agency-Risiko**
Hohe Treffsicherheit	-	Konkurrenzierend	Neutral
Tiefe Kosten	Konkurrenzierend	-	U.U. leicht konkurrenzierend
Niedriges Agency-Risiko	Neutral	U.U. leicht konkurrenzierend	-

Tabelle 2: Zielbeziehungen

Es ist davon auszugehen, daß zwischen den Zielen „tiefe Kosten" und „hohe Treffsicherheit" eines Ratings meist eine konkurrenzierende Zielbeziehung vorliegt. Eine höhere Treffsicherheit eines Ratings wird oft mit einem höheren Aufwand und damit oft auch mit höheren Kosten verbunden sein. Eine Kostensenkung wird andererseits häufig auch auf Kosten der Treffsicherheit der Bewertung gehen. Es handelt sich hierbei also, wie bei allen anderen Zielbeziehungen auch, um eine symmetrische Zielbeziehung.

Zwischen dem Ziel „tiefe Kosten" und dem Ziel eines niedrigen „Agency-Risikos" besteht unter Umständen ebenfalls eine leicht konkurrenzierende Zielbeziehung. Die Wahrung der Unabhängigkeit der Organisation, die das Rating durchführt, führt nämlich möglicherweise zu höheren Kosten. Spricht die Rating-Agentur beispielsweise gegenüber ihren Mitarbeitern ein Verbot aus, für Unternehmen einer Branche tätig zu werden, die untersucht werden soll, so muß dieses Verbot unter Umständen durch einen erhöhten Lohn kompensiert werden.[101]

---

[100] Zielbeziehungen werden beispielsweise in der Theorie der normativen Wirtschaftspolitik diskutiert (vgl. z.B. FREY 1997, S. 91f.; STREIT 1983, S. 157f.; TUCHTFELDT 1975).

[101] Dies gilt besonders für den Fall, daß die Mitarbeiter, was sicherlich wünschenswert ist, für eine Tätigkeit in dieser Branche besonders qualifiziert sind.

Zwischen dem Ziel eines niedrigen Agency-Risikos und einer hohen Treffsicherheit besteht eine neutrale Zielbeziehung.

Teil II: Bisherige Öko-Rating-Ansätze

In diesem Teil werden existierende Öko-Rating-Ansätze untersucht. Hierzu werden in einem ersten Abschnitt (1) die Organisationen der analysierten Öko-Rating-Konzepte kurz vorgestellt. Die eingesetzten Verfahren werden in einem zweiten Abschnitt (2) unter Berücksichtigung der im ersten Teil[102] entwickelten Kriterien verglichen und analysiert. Dieser Teil schließt mit einer zusammenfassenden Würdigung bestehender Öko-Rating-Ansätze ab (3).

1 Kurzbeschreibung bestehender Öko-Rating-Organisationen

Die im folgenden beschriebenen Öko-Rating-Organisationen

- Gesellschaft für ökologische Kommunikation (Ökom)
- Centre for the Study of Financial Innovation (CSFI)
- Eco-Rating International (ERI)
- Hamburger Umweltinstitut (HUI)

zeichnen sich dadurch aus, daß die von ihnen entwickelten Bewertungskonzepte bereits in der Praxis umgesetzt wurden. Es existiert eine Vielzahl weiterer Konzepte, die allerdings (bisher) meist nicht über das Projektstadium hinausgekommen sind. Auf diese Konzepte wird in dieser Arbeit nicht näher eingegangen.

1.1 Ökom

Die Gesellschaft für ökologische Kommunikation (Ökom) wurde 1990 als Zusammenschluß von Freiberuflern gegründet. 1993 wurde sie in München als GmbH eingetragen.[103] Neben Öko-Rating bietet die Ökom weitere Dienstleistungen (z.B. Beratung bei Kommunikationskonzepten, Fundraising) an. Sie gibt außerdem die Zeitschrift „Politische Ökologie" heraus. Der inzwischen zehn-

---

[102] Vgl. Teil I/Abschnitt „3.2 Bewertungskriterien".

[103] Vgl. ÖKOM o.J., o.S.

köpfige Mitarbeiterstab ist interdisziplinär zusammengesetzt. Mit Öko-Rating sind mindestens zwei Mitarbeiter beschäftigt.

Die Rating-Aktivitäten der Ökom GmbH sind auf eine Ausschreibung des einschlägigen Fachbriefes „Öko-Invest" zurückzuführen, der eine Unternehmung suchte, die jeden Monat ein Öko-Rating durchführt und darüber auf einer Seite in ihrem Fachbrief berichtet. Diese Ratings wurden seit Juni 1994 regelmäßig durch die Ökom durchgeführt und in den Zeitschriften „Öko-Invest" (Österreich) und „Börse online" (Deutschland) veröffentlicht. Das letzte Rating wurde im Mai 1998 veröffentlicht und die Einstellung dieser Öko-Rating-Reihe im Juni 1998 mit dem Hinweis auf eine vorgesehene Laufzeit von vier Jahren offiziell bekanntgegeben.[104]

Das Öko-Rating basierte bis Anfang 1997 auf einem mehrseitigen Fragebogen, der in die Bereiche

- Organisation
- Produktentwicklung
- Beschaffung, Herstellung, Absatz

eingeteilt war.[105] Die drei oben angegebenen Bereiche wurden in der darauf folgenden Gewichtung gleich stark, d.h. mit gleichen Skalierungskoeffizienten, berücksichtigt.[106] Im Januar 1997 wurde die Methodik des Öko-Ratings verändert.[107]

Die Untersuchungsbereiche wurden nun neu zusammengefaßt und mit

- Umweltmanagement (Bisher: 46,67%, Neu: 25%)
- Produktentwicklung (Bisher: 33,33%, Neu: 50%)
- Umweltkennzahlen (Bisher: 20%, Neu: 25%)

bezeichnet.

Die Gesamtbeurteilung wurde auf eine Skala übertragen, die von -5 bis +5 Punkten reicht. Unternehmen mit einer Bewertung im negativen (positiven) Bereich wurden als „reaktiv" („progressiv") bezeichnet. Der Nullpunkt der Skala entspricht nach Angaben der Ökom einem Unternehmen, das die gesetzlichen Bestimmungen einhalte, aber keine darüber hinausgehenden Aktivitäten

---

[104] Vgl. hierzu das Rating der Bank Ochrony Srodowiska S.A (O.V. 1998b, S. 4f.) und O.V. 1998c, S. 6.

[105] Vgl. die in Öko-Invest veröffentlichten Ratings (vgl. z.B. das Öko-Rating der Kunert AG O.V. (1994d).

[106] Die im folgenden unter „bisher" angegebenen Prozentzahlen spiegeln die „Gewichtung" nach der Umgruppierung der Untersuchungsbereiche wider und haben daher unterschiedliche Skalierungskoeffizienten.

[107] Vgl. zu der neuen Bewertungsmethodik die im Rahmen des Ratings der Nordtank Energy Group A/S vorgenommenen Erläuterungen (O.V. 1997b, S. 8).

entwickle. Es wurden Primär- (z.B. durch Befragung von Mitarbeitern der betroffenen Firmen) und Sekundärinformationen (z.B. Umweltgruppen, Testinstitute) erhoben.

1.2 CSFI

Bei dem im März 1993 gegründeten Centre for the Study of Financial Innovation (CSFI) handelt es sich um eine Non-Profit Organisation, die sich zum Ziel gesetzt hat, neue Entwicklungen im internationalen Finanzbereich zu untersuchen.[108] In diesem Zusammenhang hat das CSFI mehrere Papiere veröffentlicht, von denen sich eines mit dem Thema Öko-Rating auseinandersetzt.[109] Aufbauend auf diesem Papier wurde in einem ersten Öko-Rating die Firma Scottish Nuclear untersucht, die ca. 50% der schottischen Elektrizität erzeugt.[110]

Im Rahmen des CSFI-Rating wurden zwölf branchenunabhängige Themenfelder entwickelt. Es handelt sich um:[111]

(1) Regulatory
(2) Safety/Environment
(3) Short term liabilities
(4) Long term liabilities
(5) Legal
(6) Suppliers and waste
(7) Public perceptions/political
(8) Management
(9) Financial condition
(10) Business prospects
(11) Special factors
(12) Offsetting factors

Diese Themenfelder werden nicht näher durch Kriterien spezifiziert. Es soll im Rahmen jedes Ratings versucht werden, sie mit den branchenspezifischen Problembereichen auszufüllen. Im Rahmen des Ratings von Scottish Nuclear wurden entsprechend beispielsweise radioaktive Abfälle unter dem Punkt „Long term liabilities" berücksichtigt.[112]

---

108 Vgl. Centre for the Study of Financial Innovation (CSFI) 1995, o.S.

109 Vgl. Lascelles 1993. Da das Rating der Scottish Nuclear teilweise deutlich von dieser Veröffentlichung abweicht, wird im folgenden nur das Rating der Scottish Nuclear zugrunde gelegt.

110 Vgl. o.V. 1995.

111 CSFI 1995, S. 20f.

112 Vgl. CSFI 1995, S. 13f.

Die Bewertung der verschiedenen Themenfelder basiert einerseits auf ihrer *Bedeutung*, die auf einer Skala von 0 bis ±10 bewertet wird und andererseits auf der *eigentlichen Bewertung*, für die eine Skala von +1 bis +5 genommen wird.[113] Die Note 1 stellt die beste Note dar. In der Bewertung wird sowohl das potentielle Schadensausmaß als auch die dazugehörige Eintrittswahrscheinlichkeit berücksichtigt. Hierzu ist eine Bewertungsmatrix entwickelt worden, die beispielsweise einem großen potentiellen Schadensausmaß verbunden mit einer mittleren Eintrittswahrscheinlichkeit, wie auch einem mittleren potentiellen Schadensausmaß mit einer hohen Eintrittswahrscheinlichkeit eine Bewertung mit der Note 4 zuordnet.[114] Die Bewertung wurde durch ein Panel von Experten durchgeführt und später das arithmetische Mittel der jeweiligen Noten der Panelmitglieder genommen.[115]

Die Bewertungen der verschiedenen Themenfelder werden mit den Gewichtungen multipliziert und am Schluß addiert. Die so ermittelte Punktzahl wird einer von sieben Ratingnoten (Skala von AAA bis C)[116] zugeordnet.

1.3 Eco-Rating International

Eco-Rating International (ERI) wurde 1992 gegründet.[117] ERI vergleicht sich bei der Umschreibung ihres Arbeitsfeldes explizit mit finanziellen Ratinggesellschaften und bezeichnet sich selbst als „world's first Ecological Rating Agency".[118] ERI hat sechs Partner, keine Vollzeitmitarbeiter und eigenen Angaben zufolge bisher rund 50 Bewertungen von Unternehmen, Immobilien, Produkten oder Erfindungen durchgeführt,[119] wovon aber nur ein Drittel veröffentlicht worden sei. Für die anstehenden Ratings werden die notwendigen Mitarbeiter jeweils individuell angestellt.[120]

Auf den 31.10.1996 wurde die Eco-Rating International AG in eine GmbH gleichen Namens gewandelt, deren Zweck die „Beratung in Umwelt- und Finanzfragen (ökologisch-ökonomisches Consulting) sowie Einschätzung der ökologischen Bonität von Investmentobjekten (Eco-Rating) [...]" ist.[121]

---

113 Vgl. CSFI 1995, S. 21.
114 Vgl. CSFI 1995, S. 10.
115 Vgl. CSFI 1995, S. 21.
116 Vgl. CSFI 1995, S. 11.
117 Vgl. ECO-RATING INTERNATIONAL o.J., o.S.
118 Vgl. ECO-RATING INTERNATIONAL o.J., o.S.
119 Vgl. CHANSON 1995a, S. 2. Diese Zahl scheint sich auch in den Jahren seit 1995 nicht merklich erhöht zu haben, da heute davon gesprochen wird, daß ERI über 50 Bewertungen durchgeführt habe (vgl. O.V. 1998a).
120 Vgl. O.V. 1994c, S. 6 und CHANSON (1995b).
121 Handelsregistereintrag vom 28.02.1997 im Schweizerischen Handelsamtsblatt vom 6.3.1997. Vgl. bezüglich der Formulierung des Unternehmenszwecks auch GEPPERT 1992.

ERI unterscheidet zwischen verschiedenen Ratinginstrumenten, die sich hinsichtlich ihres Bezuges auf verschiedene Produktlebensphasen und verschiedene Aggregationsstufen unterscheiden. Die folgende Abbildung gibt den Zusammenhang zwischen den verschiedenen von ERI angebotenen Ratings wieder.

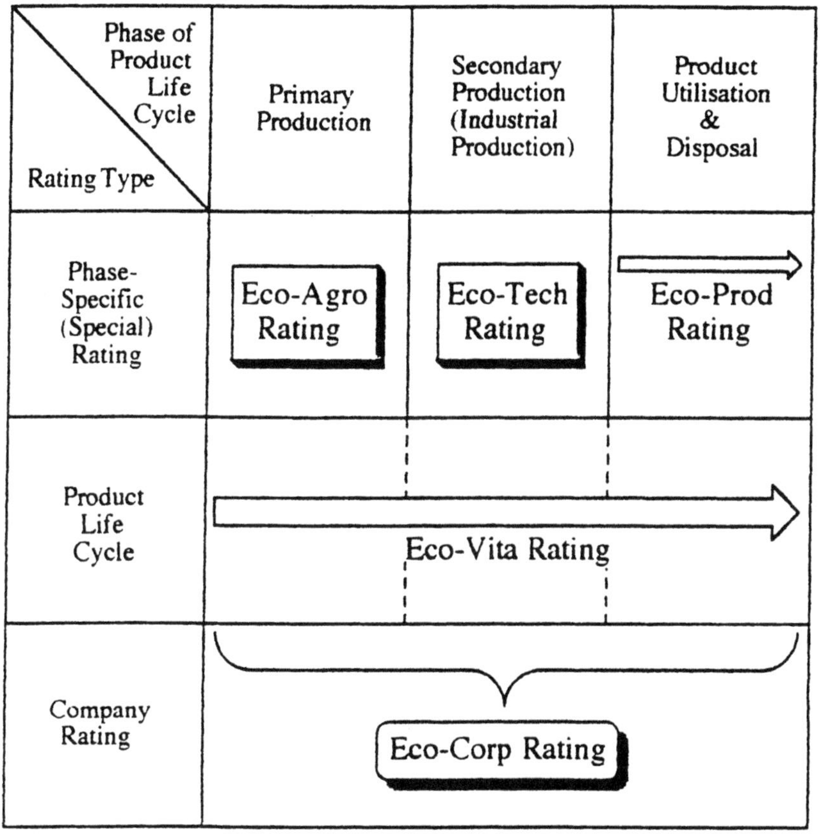

Abb. 9: Von ERI angebotene Öko-Ratings[122]

Das Eco-Agro Rating (EAR) wird im wesentlichen bei Landwirtschafts- und Forstprojekten, das Eco-Tech Rating (ETR) bei industriellen Produktionsprozessen eingesetzt.[123] Das Eco-Prod Rating (EPR) bezieht sich auf die Produktlebensphasen vom Verlassen der Produktionsstätte bis zur Entsorgung des

[122] Quelle: ECO-RATING INTERNATIONAL 1995, S. 4.
[123] Vgl. CHANSON 1995a, S. 2.

Produktes.[124] Ein Eco-Vita Rating umfaßt alle durch die vorstehenden Ratinginstrumente abgedeckten Produktlebensphasen in einem einzigen Rating.[125] Ein Eco-Corp Rating (ECR) bewertet eine Unternehmung als ganzes. Hierzu werden normalerweise die verschiedenen EAR, ETR und EPR aggregiert.[126] Die Orientierung an den beschriebenen Produktlebensphasen läßt darauf schließen, daß das Rating-Konzept nicht auf Dienstleistungsbetriebe angewandt werden kann.

Im folgenden wird, um die Vergleichbarkeit zu den anderen Öko-Rating-Ansätzen zu gewährleisten, nur das Eco-Corp Rating (ECR) betrachtet.

ERI hat eine standardisierte Ratingmatrix entwickelt, die zwischen sieben verschiedenen Produktlebensphasen (z.B. Primärproduktion, Anwendung, Transport) und zwölf verschiedenen Öko-Rating-Parametern (z.B. Energie, Wasser, Ressourcenverzehr) unterscheidet.[127] Jedes zu bewertende Unternehmen wird hinsichtlich dieser verschiedenen Öko-Rating-Parameter untersucht. Hierbei werden für jeden Parameter „Issues of Concern" festgelegt, die anschließend in bezug auf ihre Bedeutung bewertet werden. Die jeweiligen Punkte werden in weiteren Schritten beschrieben, Schlüsse aus der Beschreibung gezogen und Empfehlungen gegeben. Angaben von ERI zufolge wird beim Öko-Rating besonderer Wert auf „Primärresearch" wie Vor-Ort-Besichtigungen gelegt.[128]

ERI setzt bei der Bewertung ebenfalls eine Skala ein, die von -5 bis +5 Punkten reicht. Eine Bewertung von 0 wird vorgenommen, wenn Standardtechnologien zum Einsatz kommen. Die beste Bewertung wird laut ERI in den Fällen vorgenommen, in denen die „best available technology" (BAT) eingesetzt wird. Im Bereich der Primärproduktion entspricht dies „sustainability".[129] Solche Orientierungspunkte sollen prinzipiell eine Vergleichbarkeit von Unternehmen verschiedener Branchen erlauben, da hierdurch ein gemeinsamer Fixpunkt gesetzt wird, an dem die Unternehmen jeweils einzeln gemessen werden können. Es ist allerdings fraglich, ob dieser, an und für sich sinnvolle, Ansatz bei der ERI konsequent durchgesetzt wird. In letzter Konsequenz würde dies nämlich bedeuten, daß Unternehmen aller Branchen ein Top-Rating erreichen könnten, wenn sie „BAT" einsetzen bzw. „sustainability" erreichen. Dies wird aber von ERI verneint.[130]

---

124 Vgl. ECO-RATING INTERNATIONAL 1995, S. 4.
125 Vgl. CHANSON 1995a, S. 2f.
126 Vgl. ECO-RATING INTERNATIONAL 1995, S. 4.
127 Vgl. z.B. ECO-RATING INTERNATIONAL 1995, S. A-1.
128 ECO-RATING INTERNATIONAL 1994, S. 1.
129 ZWAHLEN 1994, S. 5. Zwahlen hat an mehreren Ratings der ERI teilgenommen. Es kann davon ausgegangen werden, daß der Vortrag das Vorgehen der ERI beschreibt.
130 Vgl. RODGER 1992.

Nachdem die verschiedenen zu berücksichtigenden Aspekte bewertet worden sind, werden sie, mit der ihnen zugeordneten Bedeutung gewichtet, aggregiert und zu einer Note zusammengefaßt.

1.4 Hamburger Umweltinstitut

Das Hamburger Umweltinstitut (HUI), das betont, keine Öko-Rating-Agentur sein zu wollen[131], hat sich nun schon zweimal, im Rahmen der ersten Studie während drei und der zweiten Studie während rund zwei Jahren, aus ökologieorientierter Sicht mit den weltweit 50 größten Chemiefirmen beschäftigt.[132] Neben diesem Projekt betreibt das HUI so verschiedene Aktivitäten wie „scientific research to improve the ecological situation within an Indian Reservation in South Da[k]ota“[133] oder „Scientific advice for mass media to improve the level of public information.“[134] An dem durchgeführten ersten Rating waren neben dem Institutsleiter noch weitere 20 Mitarbeiter beteiligt.[135] Die Ergebnisse des Ratings wurden jeweils im Manager Magazin veröffentlicht. Zur zweiten Studie wurde außerdem ein ausführlicher Bericht erstellt, der käuflich erworben werden kann.[136]

HUI unterscheidet in beiden Studien zwischen zwölf bzw. zehn sogenannten „Bewertungsfeldern“ mit den in den Klammern angegebenen Gewichtungen (Skalierungskoeffizienten):[137]

---

131 Vgl. o.V. 1994c, S. 8.

132 Die Größe einer Unternehmung wurde hierbei anhand ihres Umsatzes ermittelt (Vgl. HAMBURGER UMWELTINSTITUT 1996, S. 2.).

133 HAMBURGER UMWELTINSTITUT o.J., o.S.

134 HAMBURGER UMWELTINSTITUT o.J., o.S.

135 Vgl. FISCHER et al. 1994, S. 70.

136 HAMBURGER UMWELTINSTITUT (Hrsg.) (1996).

137 Vgl. für die erste Studie HAMBURGER UMWELTINSTITUT (Hrsg.) 1994, S. 1 und für die zweite Studie HAMBURGER UMWELTINSTITUT (Hrsg.) 1996, S. 10, 14. Die deutsche Übersetzung der Bewertungsfelder der zweiten Studie entspricht KROGH/PALAß 1996, S. 204.

Erste Studie (1994)		Zweite Studie (1996)	
Langzeitziele	(12%)	Umweltpolitik und -ziele	(10%)
Weltweite Standards	(12%)	Weltweite Standards	(10%)
Produkte	(12%)	Internes Management	(15%)
Prozeßoptimierung	(12%)	Produkte	(15%)
Informationspolitik	(12%)	Prozesse	(15%)
Abfallmanagement	(12%)	Informationspolitik	(10%)
Altlasten	(6%)	Abfallmanagement	(10%)
Störfälle	(6%)	Störfälle	(5%)
Umweltrichtlinien	(4%)	Altlastensanierung	(5%)
Organisationsstruktur	(4%)	Externes Management	(5%)
Interne Aktivitäten	(4%)		
Externes Engagement	(4%)		

Tabelle 3: Übersicht über die Bewertungsfelder des Hamburger Umweltinstituts

Zu den Bewertungsfeldern gehören Fragen, deren addierte prozentuale Gewichtung relativ zur Gesamtheit aller Fragen die in Tabelle 3 angegebenen Gewichtungen ergeben.[138] So werden im Zusammenhang mit dem Bewertungsfeld „Störfälle“ (5% Anteil an der Gesamtbewertung) beispielsweise im Rahmen der zweiten Studie drei Fragen gestellt, die mit jeweils 2%, 2% und 1% bewertet werden.

Nach Angaben des Hamburger Umweltinstituts wurde in der zweiten Studie mehr Gewicht auf die Bewertungsfelder Internes Management, Produkte und Prozesse gelegt.[139]

Im Rahmen der Erstellung beider Studien wurden Fragebögen mit 67 bzw. 55 Fragen zu den erwähnten Bewertungsfeldern an die betroffenen Unternehmen verschickt und gleichzeitig Sekundärquellen hinzugezogen. Die Erkenntnisse aus beiden Bereichen wurden zu einem Profil kombiniert und den Unternehmen anschließend zur Kommentierung vorgelegt.[140]

---

138 Die Seriosität dieser Studie wird allerdings durch die Tatsache, daß die Addition der Gewichtungen der Kriterien innerhalb der Bewertungsfelder der zweiten Studie zu einem Resultat von über 100% führt, in Frage gestellt (vgl. zu den Gewichtungen der einzelnen Kriterien HAMBURGER UMWELTINSTITUT 1996, Annex V).

139 Vgl. HAMBURGER UMWELTINSTITUT 1996, S. 10.

140 Vgl. für die erste Studie HAßLER 1994b, S. 24 und FISCHER ET AL. 1994, S. 70 bzw. für die zweite Studie HAMBURGER UMWELTINSTITUT (Hrsg.) 1996, S. 6f, Annex V.

Insgesamt konnten in beiden Studien pro Bereich maximal 5 Punkte und in der Gesamtbewertung maximal 500 Punkte erreicht werden.[141] Die Unternehmen wurden schließlich in die vier Kategorien:

- Proaktiv
- Aktiv
- Reaktiv
- Passiv

aufgeteilt. Es ist anzumerken, daß die Zuordnung zu den verschiedenen Kategorien von der erreichten Punktzahl der Unternehmung im Verhältnis zu ihren Konkurrenten abhängt. Es handelt sich also, wie von den Autoren richtig dargestellt, strenggenommen nicht um ein Rating, sondern um ein Ranking.[142]

2 Vergleich und Analyse eingesetzter Verfahren

Die untersuchten Öko-Rating-Ansätze weisen in bezug auf ihre Vorgehensweise große Ähnlichkeiten auf. Es ist daher sinnvoll, nicht jeden Öko-Rating-Ansatz einzeln, sondern alle Ansätze gemeinsam auf die entwickelten Bewertungskriterien hin zu untersuchen. Hierzu werden im folgenden erst die Anforderungen, die in bezug auf das jeweilige Kriterium zu stellen sind, präzisiert bzw. in Erinnerung gerufen. Anschließend wird das Vorgehen der verschiedenen Öko-Rating-Ansätze beschrieben. Als Abschluß werden die verschiedenen Vorgehensweisen vergleichend analysiert.

2.1 Treffsicherheit

2.1.1 Alternativenraum

Es ist in diesem Bereich anzustreben, daß möglichst viele der für einen Entscheider relevanten Alternativen untersucht werden. Hierbei kann das Wissen

---

141 Vgl. HAMBURGER UMWELTINSTITUT (Hrsg.) 1994, S. 1 bzw. HAMBURGER UMWELTINSTITUT (Hrsg.) 1996, S. 10.
Die 500 Punkte ergeben sich durch die Multiplikation mit den jeweiligen Gewichtungen.

142 Vgl. zur Abgrenzung zwischen Rating und Ranking auch den Abschnitt 1.3.1.
Wie sich im folgenden zeigen wird, unterscheidet sich das vom Hamburger Umweltinstitut eingesetzte Bewertungsverfahren allerdings nicht wesentlich von den Bewertungsverfahren anderer Öko-Rating-Ansätze. Es ist daher sinnvoll, auch diesen Ansatz zu berücksichtigen. Es wird im folgenden der Einfachheit halber das *Öko-Ranking* des Hamburger Umweltinstituts auch als *Öko-Rating* bezeichnet.

von Öko-Rating-Agenturen um neue, für den Entscheider interessante Alternativen von hohem Nutzen sein.

Es kann in bezug auf dieses Kriterium zwischen zwei verschiedenen Vorgehensweisen unterschieden werden. Es wird einerseits versucht, einen (Teil-) markt vollständig oder zumindestens größtenteils abzudecken. Das **Hamburger Umweltinstitut** geht in seinen zwei Studien über die Chemieindustrie auf diese Weise vor, in denen die 50 bedeutendsten Chemieunternehmen untersucht wurden.

Eine andere Vorgehensweise ist, nicht selbst die Auswahl der Unternehmen vorzunehmen, sondern die Wahl der Unternehmen den Auftraggebern zu überlassen. Diese Vorgehensweise wird von den Öko-Rating-Ansätzen von **Ökom**, **ERI** und **CSFI** gewählt. Im Fall der Ökom wurden die Unternehmen durch die Fachzeitschrift Öko-Invest, die die Ratings auch veröffentlichte, ausgewählt. ERI und CSFI setzen darauf, daß die zu bewertenden Unternehmen für ihre Bewertung selbst zahlen. Während herkömmliche Rating-Agenturen in der Lage sind, fast alle Unternehmen im Auftrag und auf Rechnung der zu bewertenden Unternehmen zu untersuchen, bestimmt im Fall des Öko-Ratings die nur selten vorhandene Zahlungsbereitschaft der Unternehmen über die Auswahl der Unternehmen.

Das Aufzeigen neuer Alternativen ist eine häufig übersehene Möglichkeit, Entscheidungen zu verbessern. Dies gilt auch für die hier untersuchten Öko-Rating-Ansätze. Die Erstellung vereinzelter Öko-Ratings auf Initiative der untersuchten Unternehmen oder von Sponsoren, die selbst nicht von der Entscheidung betroffen sind, stellt nur dann eine auf Dauer tragfähige Lösung dar, wenn davon ausgegangen werden kann, daß mittelfristig ausreichend viele andere Unternehmen bewertet werden, so daß die Grundgesamtheit der bewerteten Unternehmen hinreichend groß ist, um aus ihnen wählen zu können. Ein großer Teil des Nutzens solcher Ratings entspringt aus der Möglichkeit, verschiedene Unternehmen miteinander vergleichen zu können. Werden nur vereinzelt Unternehmen bewertet (CSFI) oder die Ratingresultate geheimgehalten (ERI), wird der Nutzen der bekannten Ratings gemindert.[143]

Die Bewertung schon eines kleinen Teils aller möglichen Unternehmen (Alternativen) ist in Anbetracht der (noch) geringen Zahlungsbereitschaft allerdings ein illusorisches Ziel. Eine gute Möglichkeit ist es daher, sich vorerst auf einige Branchen zu beschränken, innerhalb dieser Branchen aber eine große

[143] So resultiert auch der Nutzen finanziell ausgerichteter Ratings erst aus der Möglichkeit, einen bedeutenden Teil des Marktes miteinander vergleichen zu können. Die hierfür notwendigen Resultate der Ratings können z.B. der Wirtschaftspresse entnommen werden.
Die Verminderung eines Teils der Unsicherheit stellt allerdings einen Nutzen dar, der auch bei der Bewertung nur eines bzw. nur einiger weniger Unternehmen anfällt.

Zahl der Unternehmen gleichzeitig zu bewerten. Dies erhöht, wegen der besseren Vergleichbarkeit, einerseits die Aussagekraft der Bewertung. Andererseits sind Entscheider oft gezwungen, gewisse Branchen in ihren Entscheidungen zu berücksichtigen. Dies kann beispielsweise bei Investoren der Fall sein, die, um das Risiko ihrer Investments nicht zu stark ansteigen zu lassen, gewisse Branchen nicht ignorieren können.[144] Es ist außerdem möglich, auf diese Weise in einem ersten Schritt Unternehmen besonders umweltsensibler Branchen (z.B. der Chemiebranche) zu bewerten, bei denen ein hoher Nutzen des Öko-Ratings erwartet werden kann.

2.1.2 Ziele

In diesem Bereich ist eine möglichst genaue und auf den Entscheider zugeschnittene Abgrenzung der Bewertungsziele anzustreben. Der Nutzen eines Ratings sinkt um so mehr, je mehr für einen Entscheider relevante Ziele vernachlässigt und je mehr für einen Entscheider irrelevante Ziele berücksichtigt werden.

Mit Ausnahme des Ratings des CSFI weisen die untersuchten Öko-Ratings sehr diffuse Zielsetzungen auf.

So spricht beispielsweise **Ökom** davon, daß durch Öko-Rating „[...] aussagekräftige Informationen über die ökologische Gesamtverantwortung des Unternehmens[...]“ abgeleitet werden sollen.[145] In diesem Zusammenhang wird auch immer wieder von „ökologischer Bonität“ gesprochen.[146]

Die von **ERI** vorliegenden Beschreibungen der zugrundegelegten Ziele wechseln zwischen einem *rein ökologischen* (z.B. „The fundamental question answered by an Eco-Rating[SM] is whether a [...] firm [...] impacts the environment in a beneficial manner through its activities [..]“[147]) und einem *ökologie-induzierten ökonomischen* Inhalt (z.B. „[...] Bewertungsverfahren zur Beurteilung der Chancen und Risiken von Unternehmen [...] aus ökologischer Sicht“[148] oder „[...] Bewertung all jener Umweltaspekte Zuständen der Anleger-

---

144 So wird das Risiko von Investments in börsenkotierte Unternehmen heute meist als Abweichung gegenüber einem Aktienindex definiert. Weist dieser Index beispielsweise einen hohen Anteil an Chemieunternehmen auf, muß ein Investor, will er das Risiko nicht zu stark ansteigen lassen, auch Investitionen in diese Chemieunternehmen vornehmen.

145 HAßLER 1994a, S. 1.

146 Vgl. etwa HAßLER/REINHARD 1995, S. 169.

147 ECO-RATING INTERNATIONAL 1995, S. 3.
Diese Aussage ist aus umweltökonomischer Sicht zudem äußerst problematisch, da eine positive Beeinflussung der Umwelt durch eine Unternehmung kaum denkbar ist. Ein operationales Ziel könnte beispielsweise die *Minimierung* der von einer Unternehmung ausgehenden Umweltbeeinflussungen sein.

148 CHANSON 1995a, S. 1.

schaft, welche die wirtschaftlichen Chancen und Risiken eines Investments direkt oder indirekt mitbestimmen"[149]).

Auch die dem **HUI**-Ranking zugrundegelegten Ziele werden aus den vorliegenden Unterlagen nicht klar. So wird in der ersten Studie von „*Ökoperformance*"[150], „Untersuchung zur *Umweltverträglichkeit*" und Untersuchung des „*Umweltverhalten* der größten Chemieunternehmen"[151] gesprochen. In der zweiten Studie wird in diesem Zusammenhang immer wieder von „*Environmental Performance*"[152] gesprochen, wobei auch dieser Begriff nicht näher definiert wird. Auch der Adressatenkreis läßt keine weiteren Rückschlüsse über den Bewertungsinhalt zu, da die Studie sowohl Arbeitssuchenden, als auch potentiellen Kunden und Aktionären, wie auch der Öffentlichkeit zur Entscheidungsunterstützung dienen soll.[153]

Weitaus klarer werden die Ziele des **CSFI**-Ratings. Ziel dieses Ratings ist es, die vom Rating-Objekt ausgehenden Umweltrisiken bzw. deren möglichen finanziellen Auswirkungen zu beurteilen.[154] Hierbei legt es die folgende Definition zugrunde: „The risk of financial loss to the investor in or lender to a company due to environmental causes including accident, regulatory penalties, compliance costs, civil liabilities, political and consumer action, and mismanagement."[155]

Zusammenfassend kann gesagt werden, daß die genannten Öko-Rating-Agenturen, mit Ausnahme des CSFI, bestenfalls diffuse, schlechtestenfalls widersprüchliche Beschreibungen der Bewertungsziele geben.[156]

Die Aussagekraft der genannten Öko-Rating-Ansätze muß im Hinblick auf die diffusen und teilweise sogar widersprüchlichen Zielsetzungen als gering eingestuft werden. Es stellt sich die Frage, welchen Wert eigentlich eine Bewertung hat, bei der noch nicht einmal klar gesagt werden kann, im Hinblick auf was sie bewertet.

---

149 CHANSON 1994a, S. 14 und CHANSON 1994b, S. 11.

150 Vgl. FISCHER ET AL. 1994.

151 Vgl. für die beiden letzten Begriffe: HAMBURGER UMWELTINSTITUT 1994.

152 Vgl. z.B. HAMBURGER UMWELTINSTITUT 1996, S. 2.

153 Vgl. HAMBURGER UMWELTINSTITUT 1996, S. 2.
Die an der ersten Studie angebrachte Kritik von Rhône-Poulenc, daß „die Studie nicht mit klar definierten Kriterien zur Messung von Umweltleistung arbeitet" (O.V. 1994a, S. 117), dürfte daher auch für die zweite Studie relevant sein.

154 Vgl. z.B. CSFI 1995, S. 2.
Die Autoren unterscheiden in ihrem Rating leider nicht zwischen eigentlichen Umweltrisiken und den finanziellen Folgen möglicher Umweltrisiken. Obwohl die Autoren von „environmental risk" und „environmental risk rating" sprechen, ist davon auszugehen, wie sich aus dem Text ergibt, daß es um eine Bewertung der finanziellen Folgen möglicher Umweltrisiken, also ökologieinduzierter ökonomischer Risiken, handelt (Vgl. als Beleg hierfür beispielsweise das Kapitel „Defining environmental risk" in: CSFI 1995, S. 19f.).

155 CSFI 1995, S. 10.

156 Vgl. auch FIGGE 1996.

Daß es durchaus möglich ist, klare Zieldefinitionen anzugeben und damit die Aussagekraft des Ratings deutlich zu bestimmen, zeigt das Rating des CSFI.

Die unklaren Zieldefinitionen stellen ein Haupthindernis für einen professionellen Einsatz von Öko-Rating dar. Es kann nicht erwartet werden, daß ein Informationsinstrument auf eine Nachfrage stößt, dessen Nutzen nicht nur unsicher, sondern auch unklar ist.

2.1.3 Präferenzen

Eine möglichst genaue Berücksichtigung der Präferenzen des Entscheiders verbessert die Treffsicherheit des Ratings. Die Modellierung der Präferenzen findet in der Art der Aggregation der Informationen seinen Niederschlag.

Alle hier untersuchten Öko-Rating-Ansätze greifen auf additive Wertfunktionen zur Aggregation zurück.[157] Diese Vorgehensweise ist auch unter dem Namen Nutzwertanalyse, Scoring- oder Punktbewertungsverfahren bekannt.[158]

2.1.3.1 Vorgehensweise und Prämissen von Nutzwertanalysen

Im folgenden wird die Vorgehensweise dieser Verfahren erst abstrakt anhand eines Rechenschemas und anschließend am Beispiel eines der existierenden Öko-Ratings erläutert. Es schließt sich eine kurze Diskussion der diesen Verfahren zugrundeliegenden Prämissen an. Ein Vergleich mit anderen Verfahren wird später im dritten Teil vorgenommen werden.[159]

Der eigentliche Bewertungsvorgang der Nutzwertanalyse kann in die folgenden sechs Schritte unterteilt werden.[160]

(1) Bestimmung der Bewertungskriterien
(2) Messung der Zielerträge
(3) Umformung der Zielerträge in Zielerfüllungsgrade
(4) Festlegung der (konstanten) Gewichte
(5) Berechnung der Teilnutzen
(6) Addition der Teilnutzen zum Nutzwert.

---

157 Siehe auch FIGGE 1995, S. 53ff.

158 Vgl. zur Terminologie EISENFÜHR/WEBER 1994, S. 115.

159 Siehe Teil III/Abschnitt „3 Verbesserung der Präferenzgerechtigkeit der Aggregation".

160 Vgl. für die Vorgehensweise von Nutzwertanalysen z.B. BECHMANN 1978a, S. 26ff., ZANGEMEISTER 1976, S. 69ff. Der hier wiedergegebene Ablauf entspricht im wesentlichen BECHMANN 1982, S. 801. Bechmann nimmt eine etwas weiter gefaßte Beschreibung der Nutzwertanalyse vor und unterscheidet deshalb zwischen insgesamt zehn Schritten. Die hier wiedergegebenen sechs Schritte entsprechen Schritten vier bis neun der Beschreibung von Bechmann.

		Alternative I			Alternative II		
Kriterium	Skalierungskonstante	Zielertrag	Zielerfüllungsgrad	Teilnutzwert	Zielertrag	Zielerfüllungsgrad	Teilnutzwert
K_1	g_1	k_{11}	e_{11}	$N_{11}=g_1e_{11}$	k_{12}	e_{12}	$N_{12}=g_2e_{12}$
K_2	g_2	k_{21}	e_{21}	$N_{21}=g_2e_{21}$	k_{22}	e_{22}	$N_{22}=g_2e_{22}$
K_3	g_3	k_{31}	e_{31}	$N_{31}=g_3e_{31}$	k_{32}	e_{32}	$N_{32}=g_3e_{32}$
	$\sum_{i=1}^{n} gi = 1$			$N1 = \sum_{j=1}^{n} Nj1$			$N2 = \sum_{j=1}^{n} Nj2$

Tabelle 4: Rechenschema der Nutzwertanalyse[161]

Tabelle 4 gibt einen Überblick über die rechnerische Vorgehensweise der Nutzwertanalyse. In einem ersten Schritt müssen die Kriterien (K_i) auf der Basis der mit der Entscheidung verfolgten Ziele bestimmt werden.[162] Anschließend werden die Ausprägungen der einzelnen Kriterien bestimmt. Sie liegen in verschiedenen (z.B. physikalischen) Einheiten vor und werden als Zielerträge (k_i) bezeichnet. Die Zielerträge werden in einem dritten Schritt bewertet und werden dadurch zu Zielerfüllungsgraden (e_i). Sie liegen in derselben Einheit vor, in der auch das Ergebnis (Nutzwert) vorliegt. In der Regel wird für die Bestimmung der Zielerfüllungsgrade ein geschlossenes Intervall (z.B. zwischen null und hundert Punkten) vorgegeben. In dem anschließenden, vierten Schritt werden die Skalierungskonstanten (g_i) bestimmt, die häufig fälschlicherweise auch als Gewichte bezeichnet und interpretiert werden.[163] Sie werden in der Regel so gewählt, daß ihre Addition eins (100) ergibt. Anschließend werden sie mit den

---

[161] Quelle: BECHMANN 1982, S. 801 (adaptierte Fassung).

[162] Vgl. hierzu auch Abschnitt Teil I/Abschnitt „2.2.1 Ziele und Kriterien".

[163] Das „Gewicht" eines Kriteriums hängt nicht nur von den Skalierungskonstanten, sondern auch von der Transformation der Zielerträge in Zielerfüllungsgrade ab. So kann beispielsweise das Gewicht eines Kriteriums verringert werden, indem dafür gesorgt wird, daß den Zielerträgen niedrigere Zielerfüllungsgrade zugeordnet werden. Dies kann beispielsweise durch eine Vergrößerung des Intervalls der berücksichtigten Zielerträge geschehen. Es ist daher irreführend, die Skalierungskonstanten als Gewichte zu bezeichnen (Vgl. z.B. EISENFÜHR/WEBER 1994, S. 137ff.).

jeweiligen Zielerfüllungsgraden multipliziert. Hierdurch ergeben sich die Teilnutzwerte ($N_{ij}=g_i \cdot e_i$). Die Teilnutzwerte werden im sechsten und letzten Schritt zum Nutzwert der jeweiligen Alternativen addiert ($N_j = \sum_{i=1}^{n} N_{ji}$).

Die Alternativen können anschließend anhand ihrer Nutzwerte in eine Reihenfolge gebracht werden. Alternativen mit einem höheren Nutzwert sind dabei Alternativen mit einem tieferen Nutzwert vorzuziehen.

Ein bedeutender Vorteil von Nutzwertanalysen ist, daß sie die Bewertungen in mehrere Teilschritte zerlegen und sie somit stufenweise vornehmen. Hiervon machen alle untersuchten Öko-Rating-Ansätze Gebrauch.

So wurde beispielsweise in der Studie des **Hamburger Umweltinstitut** in einem ersten Schritt festgehalten, in welchem Ausmaß die verschiedenen Kriterien erfüllt sein können. Dies entspricht der Bestimmung der Zielerträge. Diese Zielerträge wurden mit zwischen null und fünf Punkten bewertet.[164] Dies entspricht der Bestimmung von Zielerfüllungsgraden. Zur Aggregation der Zielerfüllungsgrade werden diese mit den Skalierungskonstanten multipliziert, die zwischen 0% und 5% liegen.[165] Dies geschieht in zwei Etappen. Es werden in einem ersten Schritt die Kriterien jedes Bewertungsfeldes und anschließend die Bewertungsfelder zur Gesamtbewertung aggregiert. Die Gesamtbewertung entspricht dem Nutzwert.

Der Einsatz von Nutzwertanalysen für ökologieorientierte Bewertungen von Unternehmen ist, trotz ihrer intuitiven Logik, problematisch, da diese Verfahren die Erfüllung sehr restriktiver Prämissen voraussetzen. Wesentliche Prämissen der Nutzwertanalysen sind:[166]

- Zwischen den Kriterien bzw. den Teilnutzwerten bestehen keine Nutzenabhängigkeiten.
- Die Höhenpräferenz der einzelnen Kriterien kann durch eine eindimensionale Funktion modelliert werden. Die Zielerfüllungsgrade werden hierdurch eindeutig auf einer gemeinsamen Skala und in einer gemeinsamen Dimension bestimmt.
- Die Skalierung („Gewichtung") kann kardinal vorgenommen werden. Die Skalierungskoeffizienten sind konstant.
- Der (Gesamt)Nutzwert ergibt sich als Summe aller Teilnutzwerte. Alle Teilnutzwerte und damit auch der Gesamtnutzwert liegen auf Verhältnisskalen vor.

---

164 Vgl. HAMBURGER UMWELTINSTITUT 1996, S. 11.

165 Vgl. für die Skalierungskonstanten der einzelnen Fragen HAMBURGER UMWELTINSTITUT 1996, Annex V.

166 Vgl. BECHMANN 1978a, S. 39, 42; BECHMANN 1978b, S. 134; BECHMANN 1991, S. 34; DREYER 1974, S. 256ff.; ZANGEMEISTER 1976 S. 75ff.
Die Prämissen können teilweise voneinander abgeleitet werden. Es kommt daher eigentlich zu Doppelnennungen, die, um die Verständlichkeit zu erhöhen, in Kauf genommen werden.

Die Prämisse der **Nutzenunabhängigkeit** der Kriterien ist im Falle von Öko-Rating als besonders heikel zu betrachten. Sie ist eine Bedingung dafür, daß die Kriterien separat bewertet und später einfach addiert werden dürfen. Immer wenn eine Nutzenabhängigkeit besteht, hat dies nämlich zur Folge, daß die Kriterien nur gleichzeitig und zusammen bewertet werden dürfen. Geht beispielsweise in ein Öko-Rating als ein Aspekt die von einer Unternehmung ausgehende Umweltgefährdung und als ein anderer Aspekt die von einer Unternehmung unternommenen Sicherheitsanstrengungen ein, so muß in der Regel von einer Nutzenabhängigkeit zwischen diesen Aspekten ausgegangen werden. Die meisten Entscheider, deren Präferenzen es zu modellieren gilt, kämen wahrscheinlich zum Schluß, daß die ergriffenen Sicherheitsmaßnahmen um so höher sein müssen, je gefährlicher die von einer Unternehmung angewandten Prozesse sind. Befriedigende Sicherheitsmaßnahmen eines Wasserkraftwerkbetreibers können sich im Falle eines Kernkraftwerkbetreibers beispielsweise als unzureichend herausstellen. Aus der offensichtlichen Abhängigkeit zwischen den Kriterien resultiert daher, daß die Höhenpräferenz nicht isoliert, d.h. nicht durch eine **eindimensionale Funktion** bestimmt werden kann.

Es ist im übrigen keine Lösung dieses Problems, die Bedeutung der Sicherheitsmaßnahmen zuerst separat festzustellen, um diese dann durch eine entsprechende Gewichtung zu berücksichtigen. Ganz offensichtlich hat die von der Unternehmung ausgehende Gefährdung einen Einfluß auf die Bewertung; sie ist also bewertungsrelevant. Das Kriterium „Gefährdung“ aus der eigentlichen Bewertung auszugliedern, hieße, ein offensichtlich relevantes Kriterium auszuschließen. Dies ist auch der Grund dafür, daß die **Skalierungskoeffizienten konstant** sein müssen. Im Falle variabler Skalierungskoeffizienten stellt sich die Frage, von welchem Kriterium diese abhängen, da dieses Kriterium ganz offensichtlich bewertungsrelevant ist. Ist das Kriterium bisher nicht berücksichtigt worden, muß dies wegen der offensichtlichen Relevanz nachgeholt werden. Ist es (erst einmal) berücksichtigt, muß konstatiert werden, daß offensichtlich eine Abhängigkeit besteht.

Liegt wirklich Nutzenunabhängigkeit zwischen allen Kriterien und Teilnutzwerten vor, dürfen die Zielerfüllungsgrade und Teilnutzwerte prinzipiell zu dem Nutzwert addiert werden. Damit die Addition aber nicht nur formal zulässig, sondern auch inhaltlich sinnvoll ist, müssen zwei weitere Bedingungen gegeben sein. Alle Werte müssen erstens auf **Verhältnisskalen** und zweitens in einer **gemeinsamen Einheit** vorliegen.[167] Diese Einheit entspricht der Einheit in der auch das Endergebnis vorliegen soll. Dies ist darauf zurückzuführen, daß eine

167 Vgl. zu den verschiedenen Skalentypen und ihrer Transformation auch „Exkurs B: Skalentypen/Skalentransformationen“.

Addition generell nur sinnvoll möglich ist, wenn alle Summanden in derselben Einheit vorliegen.

Es stellt sich in Anbetracht der Komplexität dieser Zusammenhänge nun die Frage, ob dies nur von rein theoretischem Interesse ist oder auch eine praktische Relevanz hat. Betrachtet man die Art und Weise, in der Experten in der Praxis Entscheidungen treffen, können zwei Erfolgsfaktoren für Bewertungen identifiziert werden. Qualitativ hochwertige Bewertungen identifizieren erstens die für eine Entscheidung relevanten Kriterien. Sie geben zweitens diesen Kriterien situationsabhängig das richtige Gewicht. In den allermeisten Fällen kommen Kriterien unterschiedliche Bedeutung, abhängig von der jeweiligen Bewertungssituation, zu. So weiß beispielsweise jeder Finanzanalyst, daß die Bedeutung einer Liquiditätskennzahl von der Branche, in der sich die Unternehmung befindet, abhängt. Für eine konsumentennahe Unternehmung, die jeden Tag große Mengen an Liquidität erhält, stellt ein möglicher Liquiditätsengpaß eine weniger große Bedrohung dar, als für eine Unternehmung der Investitionsgüterindustrie, die nur mit unregelmäßigen Liquiditätszuflüssen rechnen kann. Dem Ziel einer stets ausreichenden Liquidität kommt daher für Unternehmen der Investitionsgüterindustrie eine höhere Bedeutung zu. Es wird in der Praxis nun oftmals argumentiert, daß es „nicht schaden" könne, einem Ziel eine höhere Bedeutung zu geben.[168] Es gilt allerdings zu beachten, daß die Bedeutung anderer Kriterien dadurch geschmälert wird, daß einem Kriterium eine suboptimal hohe Bedeutung zugeordnet wird.

Es stellt sich daher die Frage, ob es bei der ökologieorientierten Bewertung von Unternehmen zu ähnlichen Situationen kommen kann. Diese Frage kann an und für sich nicht pauschal beantwortet werden, da sie von der gewünschten Aussage des Ratings und den eingesetzten Zielen und Kriterien abhängt. Es erscheint allerdings sehr fraglich zu sein, ob im Hinblick auf die Komplexität ökologieorientierter Bewertungen Kriterien gefunden werden können, denen grundsätzlich eine gleichbleibende Bedeutung zukommt und somit den Einsatz konstanter Skalierungsfaktoren rechtfertigen.

2.1.3.2 Überprüfung der Prämissen

Im folgenden wird untersucht, ob die Prämissen der Unabhängigkeit der Kriterien, der Kardinalität der Skalen und der konstanten Skalierungsfaktoren gegeben sind.

---

[168] Auch für den Einbezug von Kriterien, die nicht bewertungsrelevant sind, stellt sich ein analoges Problem.

Unabhängigkeit

Es kann zwischen mehreren Arten der Unabhängigkeit unterschieden werden. Für die im Rahmen der Nutzwertanalyse eingesetzten additiven Wertfunktionen muß grundsätzlich einfache und wechselseitige Präferenzunabhängigkeit gegeben sein. Werden außerdem kardinale Skalen eingesetzt, was im Rahmen der Nutzwertanalyse der Fall ist, muß zudem Differenzunabhängigkeit vorliegen.[169]

Einfache Präferenzunabhängigkeit liegt dann vor, wenn alle Kriterien von allen anderen Kriterien oder beliebigen Teilmengen anderer Kriterien unabhängig sind.[170] Werden zwei Alternativen verglichen, die sich in nur einem Kriterium unterscheiden, und wird eine Alternative wegen seiner Ausprägung bezüglich dieses Kriteriums vorgezogen, so wird diese Alternative wieder vorgezogen werden, wenn dieses Kriterium bei beiden Alternativen unverändert bleibt, sich alle oder einige andere Kriterien verändern, aber wiederum bei beiden Alternativen identisch sind. Werden beispielsweise zwei Unternehmen miteinander verglichen, die mit Ausnahme der Umweltschutzkosten identisch sind und wird das Unternehmen mit den höheren Umweltschutzkosten dem Unternehmen mit den tieferen Umweltschutzkosten vorgezogen, so bedeutet dies, daß das Unternehmen mit den höheren Umweltschutzkosten dem Unternehmen mit den tieferen Umweltschutzkosten immer vorgezogen wird, wenn beide Unternehmen sich in bezug auf alle anderen Kriterien gleichen. Ist diese einfache Präferenzunabhängigkeit nicht gegeben, würde im vorstehenden Beispiel also plötzlich das Unternehmen mit den tieferen Umweltschutzkosten vorgezogen, ist eine additive Wertfunktion keine mögliche, d.h. präferenzgerechte, Lösung des Aggregationsproblems.

Wechselseitige Präferenzunabhängigkeit liegt vor, wenn jede Teilmenge unabhängig von der jeweiligen Komplementärmenge ist.[171] Werden zwei Alternativen verglichen, die mindestens ein Kriterium mit identischer Ausprägung aufweisen und wird diese Ausprägung bei beiden Alternativen im gleichen Maße verändert, ohne daß sich die Ausprägungen der anderen Kriterien verändern, so darf sich an der Präferenz für eine Alternative nichts ändern, wenn wechselseitige Präferenzunabhängigkeit gegeben sein soll. Ist es beispielsweise die einzige Gemeinsamkeit zweier Unternehmen, daß sie gleich hohe Umweltschutzkosten aufweisen und wird Unternehmung A Unternehmung B vorgezogen, so muß Unternehmung A auch dann Unternehmung B vorgezogen werden, wenn sich die Umweltschutz-

---

169 Vgl. zu den verschiedenen Unabhängigkeitskonzepten z.B. EISENFÜHR/WEBER 1994, S. 115ff. bzw. die in den folgenden Fußnoten genannte Literatur.

170 Vgl. hierzu DYER/SARIN 1979, S. 812, EISENFÜHR/WEBER 1994, S. 115f., 118f., KEENEY 1974, S. 23f., SCHNEEWEIß 1991, S. 96f., WEBER 1983, S. 97f.

171 Vgl. hierzu DYER/SARIN 1979, S. 812, EISENFÜHR/WEBER 1994, S. 116, 118f., KEENEY/RAIFFA 1976, S. 289, SCHNEEWEIß 1991, S. 126ff., WEBER 1983, S. 98.

kosten beider Unternehmen verändern, aber weiterhin bei beiden gleich sind. Ist dies nicht gegeben, wird also plötzlich Unternehmung B vorgezogen, so ist eine additive Wertfunktion nicht zulässig.

Differenzunabhängigkeit ist grundsätzlich dann gegeben, wenn die Bewertung eines Kriteriums von den Unterschieden in der Ausprägung eines beliebigen anderen Kriteriums unabhängig ist.[172] Werden beispielsweise bei der Bewertung eines Unternehmens die Kriterien Umweltschutzkosten und Toxizität der Emissionen berücksichtigt und hängt die Bewertung der Umweltschutzkosten von dem Grad der Toxizität der Emissionen ab, so ist Differenzabhängigkeit gegeben.

Schon bei einfachen Bewertungssituationen ergibt sich eine derart hohe Anzahl an Kombinationsmöglichkeiten, daß eine Überprüfung aller möglichen Abhängigkeiten de facto nicht möglich ist. Es reicht auf der anderen Seite, eine mögliche Abhängigkeit nachzuweisen, um festzustellen, daß der Einsatz additiver Wertfunktionen nicht zulässig ist; es kann also falsifiziert werden. Eine eindeutige Falsifikation ist aber nur im Fall technologischer Abhängigkeiten möglich.[173] Eine technologische Abhängigkeit liegt vor, wenn ein kausaler Zusammenhang zwischen verschiedenen Kriterien, d.h. eine Ursache-Folge-Beziehung vorliegt.[174] In diesem Fall genügt es, nachzuweisen, daß beispielsweise eine Variable in zwei verschiedenen Kriterien berücksichtigt wird. Mit der Ausnahme der für das zweite Rating des Hamburger Umweltinstituts vorliegenden Unterlagen, lassen die vorhanden Materialien allerdings keine Rückschlüsse auf die genaue Definition der eingesetzten Variablen zu.

Für das zweite Ranking des **Hamburger Umweltinstituts** läßt sich eine Fülle von technologischen Abhängigkeiten identifizieren. So wird beispielsweise in einer Frage nach der Existenz von und dem Umgang mit umweltkritischen Produkten und Abfällen gefragt. In einer anderen Frage werden die Umweltfolgen von Unfällen ermittelt.[175] Der Einsatz von weniger umweltkritischen Produkten und Abfällen, dürfte einen positiven Einfluß auf die Umweltfolgen von Unfällen haben. Es besteht daher eine technologische Abhängigkeit.

Oft liegt nun aber keine technologische Abhängigkeit, sondern eine Abhängigkeit vor, die auf den Präferenzen eines Entscheiders basiert.[176] In diesem Fall können nur Vermutungen über die zugrundeliegenden Präferenzen angestellt werden.

---

172 Vgl. hierzu DYER/SARIN 1979, S. 812, EISENFÜHR/WEBER 1994, S. 117f., KEENEY 1996, S. 133f.

173 Diese Abhängigkeiten werden auch als kausale Abhängigkeiten bezeichnet (vgl. STREBEL 1975, S. 60).

174 Vgl. STREBEL 1975, S. 60.

175 Vgl. HAMBURGER UMWELTINSTITUT 1996, Annex IV, Frage 42, S. 14 und Frage 45, S. 15.

176 Vgl. STREBEL 1975, S. 64.

Mit Ausnahme des Ratings des Hamburger Umweltinstituts lassen die vorliegenden Ratings daher keine klare Falsifikation der Anwendung von additiven Wertfunktionen zu. Eine Analyse der verschiedenen Ansätze hat aber gezeigt, daß sich klare Hinweise darauf ergeben, daß die Voraussetzungen für eine Unabhängigkeit der verschiedenen Kriterien bei den hier untersuchten Öko-Rating-Ansätzen nicht gegeben sind.

So wird beispielsweise im Rating von Vinifera, Inc. durch **ERI** sowohl im Öko-Rating-Parameter „Wasser" als auch im Parameter „Strahlung" und „Unfallrisiko" die Gefahr einer Kontaminierung des Abwassers durch radioaktive Materialien berücksichtigt.[177] Geht man beispielsweise davon aus, daß das geratete Unternehmen den Umgang mit den jeweiligen radioaktiven Stoffen einstellt, würde dies ohne Zweifel dazu führen, daß sich die Bewertung des Öko-Rating-Parameters „Wasser" verändert und dies auch Auswirkungen auf die beiden anderen Parameter hätte. Analog kann auch im Fall der anderen Öko-Rating-Ansätze argumentiert werden.

So wurde zum Beispiel im Rahmen des vom **CSFI** durchgeführten Ratings von Scottish Nuclear in einem Punkt das Risiko eingeschätzt, daß beispielsweise Gesetzesänderungen zu höheren Verbindlichkeiten führen könnten.[178] Auf der anderen Seite wird in einem weiteren Punkt das Risiko untersucht, daß eine Verschlechterung der Marktposition der Unternehmung nicht mehr erlauben wird, seinen Umweltverbindlichkeiten nachzukommen. Sollten nun aber die Verbindlichkeiten wegen einer Gesetzesänderung ansteigen, so führt dies automatisch auch dazu, daß die Wahrscheinlichkeit, daß die Unternehmung nicht mehr ihren Verbindlichkeiten nachkommen kann, steigt.

In beiden Fällen kann daher von keiner Differenzunabhängigkeit ausgegangen werden.

Eine wechselseitige Präferenzunabhängigkeit wäre beim Ansatz der **Ökom** dann gegeben, wenn beispielsweise eine Unternehmung, deren einzige Gemeinsamkeit mit einer anderen Unternehmung ist, daß die Maßnahmen zur Verminderung von Lärmemissionen[179] gleich gut sind, auch dann immer noch besser bewertet würde, wenn die Maßnahmen bei beiden Unternehmen im gleichen Maß schlechter wären, obwohl eine Unternehmung einer lärmintensiven und die andere einer lärmextensiven Branche angehört. Die Lärmintensität der jeweiligen Branche sollte aber zweifelsohne berücksichtigt werden. Es besteht eine Abhängigkeit.

---

[177] Vgl. ECO-RATING INTERNATIONAL 1995, S. B-3f., B-6 und B-10.

[178] Vgl. CSFI 1995, S. 11.

[179] Dieses Kriterium wurde im Öko-Rating Ansatz der Ökom im Bereich Beschaffung, Herstellung, Absatz berücksichtigt (vgl. HAßLER 1994b, S. 28).

Wie die vorstehenden Ausführungen gezeigt haben, muß davon ausgegangen werden, daß die notwendige Unabhängigkeit zwischen den Kriterien, die eine notwendige Bedingung für die Zulässigkeit additiver Wertfunktionen ist, bei keinem der hier untersuchten Ansätze gegeben ist.

Kardinalität der Skalen

Nutzwertanalysen setzen voraus, daß durchgängig kardinale Skalen eingesetzt werden. Sollte eine vorhergehende Skala beispielsweise ordinaler oder nominaler Natur sein, so wäre der Aufbau des Ratings grundsätzlich nicht zulässig.[180]

Auf der Basis der vorliegenden Unterlagen kann nicht zweifelsfrei ermittelt werden, welche Art von Skalen von den hier untersuchten Ansätzen eingesetzt worden sind. Es soll deshalb an dieser Stelle vorausgesetzt werden, daß es sich (konsequenterweise) um kardinale Skalen handelt.[181] Es stellt sich nun aber die Frage, ob kardinale Skalen bei den bei Öko-Rating zugrundeliegenden Bewertungstatbeständen überhaupt sinnvoll eingesetzt werden können oder ob es nicht vorzuziehen wäre, nominale oder ordinale Skalen einzusetzen. Während nominale Skalen nur voraussetzen, daß die jeweiligen Objekte klassifiziert werden können und die Objekte für ordinale Skalen in eine Reihenfolge gebracht werden können müssen, erfordern kardinale Skalen, daß sinnvolle Aussagen über die Abstände zwischen den Objekten gemacht werden können.

So wird beispielsweise im Öko-Rating-Ansatz der **Ökom** im Bereich „Organisation" nach Umweltbeauftragten und Kooperationen gefragt.[182] Es ist aber äußerst fraglich, ob diese Informationen sinnvoll auf kardinalen Skalen abgebildet werden können. Es kann unter Umständen konstatiert werden, daß die Umweltbeauftragten oder Kooperationen einer Unternehmung besser als die einer anderen Unternehmung sind. Es dürfte aber schwer sein, die unterschiedliche Güte in einer sinnvollen Abstandsaussage zu quantifizieren.[183]

---

[180] Es besteht theoretisch die Möglichkeit der Skalentransformation, d.h. z.B. die Transformation einer ordinalen in eine kardinale Skala, auf die in Exkurs B näher eingegangen wird.

[181] Es wäre, rein vom technischen Ablauf her betrachtet, im Prinzip möglich, in einer vorangehenden Stufe ordinale Skalen einzusetzen. So könnte man beispielsweise versucht sein, bei gleich starker Gewichtung zweier ordinaler Kriterien aus einem ersten und einem dritten Platz einen durchschnittlich zweiten Platz zu errechnen. Dies wäre aber selbstverständlich eine nicht zulässige Operation.

[182] Vgl. z.B. HAßLER 1994b, S. 28.
Die folgenden Aussagen können sinngemäß auf die überwiegende Mehrzahl der aus den vorliegenden Unterlagen hervorgehenden Ratingkriterien der Ökom übertragen werden.

[183] Es kann natürlich argumentiert werden, daß die diversen Kriterien subjektiv auf ihre jeweilige Eignung für die gewünschte Ratingaussage bewertet werden und somit eine kardinale Aussage möglich sei. Es ist aber mehr als fraglich, ob eine solche Abstandsbestimmung in der Praxis wirklich möglich ist.

Gleiches gilt beispielsweise für die Öko-Rating-Parameter „Legal/Strategic Issues“ und „Eco-Management“ der **ERI**[184] und die Kriterien „Gleichheit der weltweit verwendeten Umweltstandards“ und „Zugänglichkeit der umweltrelevanten Daten“ des ersten Rankings des **Hamburger Umweltinstituts.**[185]

Im Rating von Scottish Nuclear durch das **CSFI** wird von einem Expertenpanel eine direkte Risiko- bzw. Chanceneinschätzung für jedes der zwölf Themenfelder vorgenommen. Dies erlaubt prinzipiell eine kardinale Verarbeitung der Teilergebnisse. Es ist allerdings fraglich, ob die zugrundeliegenden Kriterien überhaupt kardinal gemessen werden können, beziehungsweise ob sie von einem Expertenpanel so bewertet werden können, daß eine kardinale Aussage möglich und zulässig ist.[186]

Zusammenfassend kann gesagt werden, daß kardinale Skalen eine hohe Datenqualität voraussetzen. Dies stellt sowohl hohe Anforderungen an die zu bewertenden Tatbestände als auch an die Durchführer eines Ratings. Ganz offensichtlich ist diese Qualität für die zu bewertenden Tatbestände nicht durchgängig gegeben.

Konstante Gewichtung

Zwei der hier untersuchten Ansätze nehmen eine konstante Gewichtung vor (**Ökom**, **Hamburger Umweltinstitut**), während zwei andere eine variable Gewichtung vorsehen (**ERI, CSFI**).

Die Gewichtungen der verschiedenen Kriterien werden im Rahmen der Ratings von **ERI** und **CSFI** ganz offensichtlich subjektiv vorgenommen. Geht man einmal davon aus, daß die Gewichtungen zwar subjektiv, nicht aber willkürlich sind, so stellt sich die Frage, auf der Basis welcher Kriterien diese Einschätzungen vorgenommen wurden. Die vorliegenden Unterlagen lassen hierzu keine Aussagen zu. Wie oben gezeigt wurde, ist eine variable Gewichtung bei gleichzeitiger Verwendung additiver Wertfunktionen nicht zulässig. Das Vorgehen dieser beiden Ansätze ist daher aus methodischer Sicht nicht zulässig.

Sowohl **Ökom** als auch das **HUI** nehmen eine konstante Gewichtung der verschiedenen Bereiche vor.[187] Beide Ansätze erläutern wiederum ihre Gewichtungen nicht. Da es sich aber um konstante Gewichtungen handelt, ist das Vorgehen aus formaler Sicht nicht zu bemängeln. Es muß aber festgestellt werden, daß die Gewichtungsfrage auch von diesen Ansätzen nicht befriedigend gelöst worden ist. Die frühere Gleichgewichtung bzw. die ab Anfang 1997 eingesetzten

---

[184] Vgl. für die Öko-Rating Parameter ECO-RATING INTERNATIONAL 1995, S. A-1 und B-12, B-13f.

[185] Vgl. für die Kriterien HAßLER 1994b, S. 22.

[186] Vgl. hierzu auch Fußnote 183.

[187] Dies gilt im Fall von Ökom zumindest für die nach außen dokumentierten drei bzw. vier Bewertungsbereiche.

modifizierten Skalierungskoeffizienten der Ökom bieten keinen erkennbaren Vorteil gegenüber einer anderen Gewichtungsverteilung.[188] Eine generelle Gleichverteilung ermöglicht im Gegenteil gerade eine einfache Manipulierbarkeit. Neben den Zielerfüllungsgraden der Zielkriterien ist in diesem Fall die bloße Anzahl „positiver" bzw. „negativer" Fragen entscheidend. Soll beispielsweise erreicht werden, daß ein positives Rating resultiert, muß nur die Anzahl geeigneter Fragen erhöht werden, um das gewünschte Ergebnis zu erreichen. Eine Manipulation bei der Beantwortung der jeweiligen Fragen ist nicht nötig.[189]

Zusammenfassend kann festgestellt werden, daß Fragen bezüglich der Gewichtung der verschiedenen Kriterien von den hier untersuchten Ansätzen weitgehend ignoriert werden. Dies verwundert um so mehr, wenn man bedenkt, daß alle Ansätze großen Wert auf die Exaktheit bei der Bestimmung von Zielsetzungen, -kriterien und -erfüllungsgraden legen. Welchen Wert hat aber deren exakte Bestimmung, wenn sie darauffolgend willkürlich gewichtet werden und welchen Wert hat dann deren spätere Aggregation?

Es kann festgestellt werden, daß es weniger die Prämisse kardinaler Skalen ist, die sich im Zusammenhang mit Öko-Rating als besonders problematisch darstellt. Die Transformation ordinaler Informationen in kardinale Skalen kann, auch wenn dies aus theoretischer Sicht nicht immer vollkommen befriedigend sein mag, praxisnah gelöst werden. Problematisch ist vielmehr die mangelnde Berücksichtigung von Abhängigkeiten im Rahmen der Aggregation. Verfahren, die auf einfachen Nutzwertanalysen aufbauen, können dieses Problem nicht lösen und müssen zu Fehlbewertungen führen.

2.1.4 Umweltzustände

Die Untersuchung der existierenden Öko-Ratings in bezug auf die Berücksichtigung relevanter Umweltzustände ergibt ein ernüchterndes Bild. Nur das Rating von Scottish Nuclear durch das CSFI berücksichtigt ausdrücklich Umweltzustände.

So wird im Rahmen des Ratings von Scottish Nuclear beispielsweise das Risiko berücksichtigt, daß die Diskussion um den sogenannten Elektro-Smog oder

---

[188] Vgl. zu den Skalierungskoeffizienten auch den Abschnitt „1.1 Ökom".

[189] Es könnte natürlich argumentiert werden, daß die Zielsetzungen so formuliert wurden, daß ihnen eine gleich starke Gewichtung zukommt. Dies könnte fälschlicherweise sogar als eine besonders gute Formulierung des Zielsystems interpretiert werden. Es ist aber gerade nicht das Ziel, ein möglichst ausgeglichenes Zielsystem zu formulieren, sondern ein Zielsystem, das die Ziele des Entscheiders, für den die Bewertung durchgeführt wird, adäquat wiedergibt (vgl. hierzu auch WEBER ET AL. 1995, S. 1623f.).

externer öffentlicher Druck die Erträge der Unternehmung in Zukunft negativ beeinflussen könnten.[190]

Öko-Ratings werden häufig mit Verweis auf die steigende Bedeutung „ökologischer" Fragen für Unternehmen angepriesen. Es verwundert daher sehr, daß die veränderten Umweltzustände, denen die Unternehmen nach Auffassung der Verfasser der Öko-Ratings offensichtlich ausgesetzt sein werden, nicht explizit in die Ratings einfließen. Gerade wenn sich die Umweltzustände des unternehmerischen Umfelds verändern sollten, ist es wichtig, diese in der Unternehmensbewertung zum Beispiel in der Form verschiedener Szenarien zu berücksichtigen.[191] Wie andere Studien, zum Beispiel zu den Auswirkungen eines möglichen Treibhauseffekts, zeigen, ist die Berücksichtigung der Umweltzustände bei der ökologieorientierten Bewertung von Unternehmen von erheblicher Bedeutung.[192]

Es verbleibt der Eindruck, daß die Umweltzustände in den Ratings von **ERI**, **HUI** und **Ökom** nur diffus als „steigende Bedeutung von Umweltfragen" in die Bewertungen eingehen. Es ist aber wenig wahrscheinlich, daß eine solche pauschale Beurteilung zukünftiger Veränderungen der Umweltzustände eine sinnvolle Abbildung der zukünftigen ökologischen und ökologieinduzierten ökonomischen Veränderungen des unternehmerischen Umfelds darstellt.

2.2 Kosten

Über den Einsatz eines Ratings entscheiden letztlich immer Kosten-Nutzen-Überlegungen. In den vorangegangenen Abschnitten ist auf Kriterien eingegangen worden, die schwergewichtig den Nutzen von Öko-Rating bestimmen. Dieser Abschnitt widmet sich den Kosten von Öko-Rating. Es sind möglichst tiefe Kosten anzustreben.[193]

Konkrete Angaben über die Kosten eines Öko-Ratings sind nur für die Ansätze der Ökom und der ERI erhältlich.

---

190 Vgl. CSFI 1995, S. 12, 15.

191 Vgl. zu der Bedeutung von Szenarien für Entscheidungen FREY ET AL. 1995, REIBNITZ 1991.

192 Vgl. beispielsweise für eine solche Studie die Untersuchung der drohenden langfristigen finanziellen Risiken aus dem Treibhauseffekt für die Erdölindustrie MANSLEY o.J., MANSLEY 1996. Einen Überblick über die möglichen sozio-ökonomischen Auswirkungen des Treibhauseffektes gibt BAUER 1993, S. 41ff.

193 Es ist in diesem Zusammenhang zu beachten, daß zwar, ceteris paribus, tiefe Kosten hohen Kosten vorgezogen werden. Dies bedeutet allerdings nicht, daß aus Sicht des Entscheiders das Öko-Rating mit den tiefsten Kosten auch das attraktivste ist. Ein Entscheider wird Kosten und Nutzen miteinander vergleichen. Er wird sich i.d.R. für das Öko-Rating entscheiden, das ihm den höchsten Nutzen pro Kosteneinheit bietet (Vgl. auch Fußnote 97, S. 39).

Wie der für das Rating bei der **Ökom** Verantwortliche auf Anfrage mitteilte, muß eine Unternehmung, die außerhalb des vom „Öko-Invest" lancierten und nun abgeschlossenen Ratingprojekts geratet werden will, mit Kosten zwischen 8.000 und 20.000 DM rechnen.[194] „Öko-Invest" gibt die monatlichen Kosten ihres Ratingprojekts mit „[...] fast DM 10.000 [...]"[195] an.

Nach Angaben der Fachzeitschrift „Öko-Invest" lägen bei der ERI die Kosten für ein Öko-Rating eines Großkonzernes wie zum Beispiel der ehemaligen Ciba Geigy AG bei über 100.000 Franken. Das Rating der Firma Uniax (Jahresumsatz: 25 Mio. Dollar) kostete beispielsweise rund 40.000 Franken. Die Kosten hängen u.a. davon ab, in welchem Maß schon umweltrelevante Daten vorliegen.[196]

Im Falle der Ansätze des Hamburger Umweltinstituts und des CSFI muß aus dem gewählten Vorgehen auf die entstandenen Kosten geschlossen werden.

Im Fall der Studie des **HUI** haben während der ersten Studie nach eigenen Angaben 20 Mitarbeiter rund 3 Jahre an der Studie gearbeitet.[197] Da es sich bei den Mitarbeitern zumindestens teilweise um studentische Hilfskräfte handelte, ist davon auszugehen, daß nicht alle Mitarbeiter als Vollzeitbeschäftigte angestellt waren. Es kann weiterhin angenommen werden, daß es sich bei einem erheblichen Teil der entstandenen Kosten um einmalige Anlaufkosten handelt, die bei der Wiederholung nicht mehr angefallen sind und bei ähnlichen Projekten nur noch teilweise anfallen würden. Die Kosten der zweiten Studie lassen sich entsprechend noch schwieriger ermitteln. So lassen sich beispielsweise die mit dem Rückgriff auf Kooperationspartner (Council on Economic Priorities (CEP), USA und Ecological Lifestyle Encouragement Centre (ELEC), Japan)[198] und auf Freiwillige[199] verbundenen Kosten nur schwer abschätzen.

Im Vergleich zum Vorgehen von ERI und Ökom ergibt sich ein klarer Kostenvorteil durch die Konzentration auf eine Branche. Während sich die Kosten für das Herausarbeiten der branchenspezifischen Problemfelder[200] bei den beiden genannten Öko-Rating-Agenturen auf die Beurteilung einer einzigen Unter-

---

194 Telefonat mit Robert Haßler vom 31.3.95.

195 Vgl. o.V. 1994e, S. 12.

196 Vgl. o.V. 1994c, S. 6.

197 Vgl. FISCHER ET AL. 1994, S. 68, 70.

198 Vgl. HAMBURGER UMWELTINSTITUT 1996, S. 4.

199 Vgl. HAMBURGER UMWELTINSTITUT 1996, S. 5.

200 Im Falle der ERI durch das Festlegen von „Issues of Concern", im Falle der Ökom durch die Anpassung des Fragebogens an die jeweilige Branche.

nehmung verteilen,[201] ergibt sich in diesem Fall eine Verteilung auf eine ganze Branche.[202]

Das Vorgehen des **CSFI** ist mit dem Vorgehen von Ökom und ERI vergleichbar. Im Rahmen des ersten und bisher einzigen vorgelegten Ratings dürften zudem erhebliche „sunk costs" entstanden sein. Unabhängig von diesen einmaligen Kosten umfaßt das „CSFI environmental risk rating panel" allein elf Fachleute[203] und an der Vor-Ort-Besichtigung eines Kernkraftwerkes der Scottish Nuclear nahmen zehn Experten teil.[204] Die Untersuchungen erstreckten sich über einen Zeitraum von mehreren Monaten.[205] Zusammenfassend kann gesagt werden, daß die Kosten für das Rating von Scottish Nuclear wahrscheinlich noch über den Kosten von Ökom und ERI für ein derartiges Rating lagen. Würde das aufwendige Vorgehen auch in Zukunft beibehalten, wäre davon auszugehen, daß auch die Kosten für folgende Ratings in dieser Größenordnung lägen.

Die Kosten eines Öko-Ratings können nicht per se als zu hoch oder angemessen bezeichnet werden. Ein Öko-Rating mit hohen Kosten kann durchaus einem Öko-Rating mit tiefen Kosten vorgezogen werden. Bei der Bewertung der Kosten muß vielmehr berücksichtigt werden, ob die Kosten für die Erstellung dieser Leistung im angemessenen Verhältnis zum gewählten Vorgehen stehen und welchen Nutzen es den Entscheidern bietet. Ersteres wird im folgenden als *betriebliche Effizienz*, letzteres als *Kosten-Nutzen-Effizienz* bezeichnet. Die Steigerung sowohl der betrieblichen als auch der Kosten-Nutzen-Effizienz dient letztlich der Verbesserung der *allokativen Effizienz.*

Die betriebliche Effizienz läßt sich auf der Basis der zugänglichen Informationen nicht eindeutig bewerten. Es kann allerdings festgehalten werden, daß das von Ökom, ERI und CSFI gewählte Vorgehen recht kostenintensiv sein dürfte (z.B. Vor-Ort-Besichtigungen). Für Ökom dürfte sich allerdings wegen der hohen Regelmäßigkeit mit der die Ratings vorgenommen wurden, ein Kostenvorteil ergeben haben. Die hohen Kosten für diese Ratings resultieren einerseits aus der Zugrundelegung von Primärquellen (insbesondere ERI) und andererseits aus der Betrachtung wechselnder Branchen, was ein hohes Maß an konzeptionellen Vorarbeiten notwendig macht.

Durch das vom HUI gewählte Vorgehen (Betrachtung einer ganzen Branche) können unter Umständen die Kosten bei gleichbleibender Qualität der Aussage

---

201 Ein ähnlicher Kostenvorteil könnte sich im Laufe der Zeit dann ergeben, wenn es zu Öko-Ratings von Unternehmen käme, die zu einer Branche gehören, in der schon eine Konkurrenzunternehmung geratet worden ist.

202 Interessanterweise hat wohl auch Ökom vor, in Zukunft bei der Bewertung von Unternehmen nach einem Branchenansatz vorzugehen (vgl. O.V. 1998c, S. 6).

203 Vgl. CSFI 1995, S. 3.

204 Vgl. LASCELLES 1995.

205 Vgl. LASCELLES 1995.

gesenkt werden. Durch das dort gewählte Vorgehen läßt sich daher aller Wahrscheinlichkeit nach ein besseres Kosten/Preis-Leistungs-Verhältnis erreichen.

Ungleich interessanter ist allerdings ein Vergleich der Kosten mit dem zu erwartenden Nutzen. Soll ein Öko-Rating aus wirtschaftlicher Sicht sinnvoll sein, muß der aus ihm resultierende Nutzen die Kosten übersteigen. Problematisch ist im Fall der Kosten-Nutzen-Effizienz in diesem Zusammenhang, daß der Nutzen von Öko-Ratings nur schwer quantifizierbar ist. Dies gilt in ganz besonderem Maße für die im zweiten Teil untersuchten Öko-Ratings, da diese, mit Ausnahme des Ratings des CSFI, keine klar formulierten Ziele aufweisen und der mögliche Nutzen dieser Ratings daher nicht oder nur schwer erkennbar ist.

Für einen ethisch motivierten Entscheider hängt die Vorteilhaftigkeit eines Öko-Ratings entscheidend von der Bedeutung ab, die er den untersuchten Fragen beimißt. Ein Investor, der den Gedanken unerträglich findet, in Unternehmen zu investieren, die Tierversuche durchführen, wird beispielsweise eine höhere Zahlungsbereitschaft für die Bewertung von Unternehmen in bezug auf diesen Aspekt aufweisen, als ein Investor, der dieser Frage keine große Bedeutung zumißt. Eine intersubjektive Beurteilung der Kosten-Nutzen Effizienz fällt daher, besonders für ethisch motivierte Entscheider, schwer.

Eine klarere Antwort läßt sich allerdings für ausschließlich ökonomisch motivierte Entscheider geben. Ein Öko-Rating, das zur Vermeidung von ökologieinduzierten ökonomischen Risiken dienen soll, wird eine positive Kosten-Nutzen-Effizienz aufweisen, wenn der (erwartete) Ertrag seines Portefeuilles durch den Einsatz der Öko-Ratings um soviel steigt, daß mindestens die Kosten der Öko-Ratings gedeckt werden.[206] Es gilt allerdings zu beachten, daß vorausgesetzt werden muß, daß in der Regel mehr als ein Rating pro Investmententscheid durchgeführt werden muß. Will beispielsweise ein Investmentfonds sein Portefeuille systematisch auf inhärente Umweltrisiken hin untersuchen, müßte er alle „Positionen" und alle potentiellen Investitionsobjekte raten lassen.

Geht man einmal davon aus, daß beispielsweise zwei Firmen geratet werden und durch dieses Rating während zehn Jahren jährlich eine um ein Prozent höhere Rendite erreicht werden kann, diese Ratings zusammen 80.000 Franken gekostet haben (zwei Ratings mittelständischer Firmen durch ERI) und man einen Zinssatz von 6% p.a. zugrundelegt, so ergibt sich unter Berücksichtigung des Zinseszinses und unter Wiederanlage der zusätzlichen Erträge, daß ein solches Öko-Rating erst ab einem Investment von mindestens einer Million Franken sinnvoll ist.[207] Zu noch

---

206 Hier wird implizit vorausgesetzt, daß es sich um einen risikoneutralen Investor handelt.

207 Eine um ein Prozent höhere Rendite führt bei einem Investment von einer Million zu zusätzlichen Erträgen von 10.000 Franken pro Jahr. Im zweiten Jahr kann diese erhöhte Rendite nicht nur auf die ursprünglich investierte Summe, sondern auch auf den zusätzlichen Ertrag des ersten Jahres, also auf insgesamt 1,01 Million erzielt werden. Es

drastischeren Ergebnissen kommt man, wenn man einige Sensitivitätsüberlegungen anstellt. Geht man realistischerweise davon aus, daß ein solcher Wissensvorsprung nicht zehn, sondern beispielsweise maximal fünf Jahre vorhält, so ergibt sich eine notwendige Investmenthöhe von rund 1,9 Millionen Franken. Da nicht sicher davon ausgegangen werden kann, daß eine solche verbesserte Rendite aufgrund der durchgeführten Öko-Ratings erreicht werden kann, darf man an und für sich nicht von einem Zinssatz für eine risikofreie Anlage ausgehen, sondern muß einen höheren Zinssatz ansetzen. Geht man beispielsweise von einem Zinssatz von zehn Prozent aus (ceteris paribus), ergibt sich eine notwendige Investitionssumme von immerhin 1,3 Millionen Franken. Kombiniert man beide Veränderungen (d.h. Zinssatz entspricht zehn Prozent, erhöhte Rendite während fünf Jahren), ergibt sich eine notwendige Investition von 2,1 Millionen Franken.

Diese Werte vervielfachen sich natürlich in dem Maße, in dem weitere Unternehmen untersucht werden. Geht man beispielsweise davon aus, daß nur eines von vier untersuchten Unternehmen letztendlich in den Fonds aufgenommen wird und daß der Fonds aus zehn Titeln besteht, so muß er eine Größe von zwischen 20 und 42 Millionen Franken aufweisen. Handelt es sich außerdem um einen Fonds, der nicht in mittelständische Firmen, sondern in Großunternehmen investiert,[208] so liegt das kritische Fondsvermögen zwischen 50 und 105 Millionen Franken. Diese Berechnungen setzen alle voraus, daß durch die Öko-Ratings eine um ein Prozent erhöhte Rendite über zehn bzw. fünf Jahre erzielt werden kann.

Selbst wenn ein Fonds oder ein Investor die kritische Investitionssumme überschreitet und davon ausgegangen werden könnte, daß mittels Öko-Rating der gewünschte Renditevorsprung erzielt werden kann, wäre erst eine notwendige, nicht aber eine hinreichende Bedingung dafür erfüllt, daß es aus ökonomischer Sicht rational wäre, Öko-Rating einzusetzen. **Öko-Rating steht nämlich in direkter Konkurrenz mit anderen Informationsinstrumenten**, deren Ziel es ist, Unternehmen mit einer besonders guten zukünftigen ökonomischen Performance zu identifizieren.[209] Es müssen daher Opportunitätskostenabwägungen angestellt werden. Solange aber die Kosten-Nutzen-Effizienz dieser Instrumente besser als

---

kann entsprechend für die folgenden Jahre argumentiert werden. Die Summe der so erzielten zusätzlichen Erträge dürfen allerdings nicht einfach addiert werden, sondern müssen auf einen einheitlichen Zeitpunkt diskontiert werden. Es bietet sich an, hierfür den Zeitpunkt zu wählen, in dem das Öko-Rating durchgeführt wird. Im letzten, zehnten Jahr fällt beispielsweise ein zusätzlicher Ertrag von 10.937 Franken an. Dieser Ertrag entspricht bei einem Diskontsatz von 6% einem Gegenwartswert von 6.107 Franken ($10.937/1{,}06^{10}$). Die Gegenwartswerte können addiert werden. In diesem Beispiel ergibt sich ein Gegenwartswert von insgesamt 76.637 Franken.

208 Das Rating eines Großunternehmens durch ERI würde, wie bereits erwähnt, über 100.000 Franken kosten. Es ist hier von Kosten von 100.000 Franken ausgegangen worden.

209 Zu diesen Instrumenten gehört beispielsweise eine zusätzliche finanzanalytische Untersuchung.

die Kosten-Nutzen-Effizienz von einem Öko-Rating ist, kann nicht erwartet werden, daß Öko-Rating aus einer rein ökonomischen Motivation heraus eingesetzt wird.

Zusammenfassend kann gesagt werden, daß nicht davon ausgegangen werden kann, daß einzelne Investoren als Auftraggeber von Öko-Rating auftreten werden, die sich der Vorgehensweise von Ökom, ERI oder CSFI bedienen. Als mögliche Auftraggeber kommen, wie sich in der Praxis auch abzeichnet, zum Beispiel die Rating-Objekte selbst (ERI, CSFI) oder Wirtschaftssubjekte in Frage, welche das Interesse verschiedener Wirtschaftssubjekte an Öko-Rating bündeln können (Ökom).[210] Eine verbesserte Wirtschaftlichkeit bei gleichbleibender Qualität ließe sich durch eine branchenweise Betrachtung von Unternehmen erreichen (HUI). Dieses Vorgehen wäre nicht zuletzt deshalb sinnvoll, da es sich bei einem Rating um eine *vergleichende* Bewertung handelt und ein Intra-Branchen-Vergleich sicherlich eine höhere Aussagekraft als ein Inter-Branchen-Vergleich hat.[211]

2.3 Transparenz

Durch die Delegation eines (Teils des) Bewertungsvorganges setzt sich ein Entscheider einem zusätzlichen Risiko aus. Er riskiert, daß derjenige, der die Bewertung durchführt, dies nicht in seinem Sinne tut (Agency-Risiko). Je transparenter ein Rating ist, desto einfacher kann er überprüfen, ob das Rating seinen Erfordernissen entspricht.

Es muß in diesem Zusammenhang angemerkt werden, daß an dieser Stelle nicht untersucht wird, ob sich die Agenten (Öko-Rating-Agenturen) konform zu den Interessen der Prinzipale (Entscheider) verhalten haben. Im Mittelpunkt steht hier die Frage, ob es den Prinzipalen auf der Basis der vorhandenen Informationen möglich ist, ein Fehlverhalten der Agenten zu erkennen. Dies entspricht der Sichtweise eines Entscheiders, der über den Einsatz eines externen Öko-Ratings entscheiden muß.

Wie bereits gezeigt werden konnte, haben die Öko-Rating-Agenturen ein Interesse, ihre Bewertungsziele möglichst ungenau zu definieren.[212] Dies erweitert erstens scheinbar den Adressatenkreis des Ratings, was die Vermarktung

---

[210] Große Investmentfonds sind ein Beispiel für eine solche Interessenbündelung.

[211] Ein Intra-Branchen-Vergleich erlaubt es einem Entscheider, das jeweils beste Unternehmen einer Branche zu identifizieren. Dies ist besonders für ökonomisch motivierte Investoren von großer Bedeutung. Aus Diversifikationsgründen kann nämlich oftmals auf einzelne Branchen nicht verzichtet werden. Gerade in Branchen, die vom Entscheider als „heikel" empfunden werden, kann auf diese Weise das beste Unternehmen einer Branche identifiziert werden. Dies wird in der Praxis auch als „Best of class"-Ansatz bezeichnet.

[212] Vgl. Fußnote 70, S. 30.

erleichtert. Es erschwert außerdem die externe Überprüfung der Arbeit der Öko-Rating-Agenturen, was deren Spielraum vergrößert.

Die Bewertungsziele der Öko-Rating-Agenturen wurden bereits weiter oben besprochen.[213] Es kann festgehalten werden, daß die Bewertungsziele mit der Ausnahme des Ratings des CSFI, als diffus (Ökom, HUI) oder sogar widersprüchlich (ERI) zu bezeichnen sind. Da aus den Beschreibungen der drei letztgenannten Öko-Ratings noch nicht einmal klar wird, welche Ziele den Bewertungen zugrunde liegen, ist eine wirkungsvolle Kontrolle, ob diese Ziele auch in den Bewertungen umgesetzt werden, nicht möglich.

Es wird im Fall der drei letztgenannten Öko-Rating-Ansätze mit anderen Worten also nicht deutlich, welche Aussagekraft die Bewertung haben soll. Selbst wenn dies, wie beispielsweise im Fall des Ratings des CSFI, deutlich würde, reicht dies allerdings noch nicht für ein transparentes Rating aus. Es ist für den Prinzipal auch wichtig, daß er überprüfen kann, ob und wie gut das proklamierte Bewertungsziel umgesetzt wurde. Hierfür ist die Art und Weise, in der die Öko-Ratings dokumentiert werden, von entscheidender Bedeutung.

Eine recht ausführliche Begründung des Ratings nimmt beispielsweise **ERI** vor. In dem Ratingbericht wird auf die verschiedenen für das Rating relevanten Aspekte eingegangen und ihre relative Bedeutung für die Bewertung festgehalten. Es ist aber nicht möglich, zweifelsfrei nachzuvollziehen, wie ERI zu dem Bewertungsergebnis gekommen ist. So wird nicht klar, nach welchen Kriterien entschieden wurde, ob ein Punkt wesentlich ist und somit berücksichtigt wird oder ob er unwesentlich ist und deshalb unberücksichtigt bleibt. So wird bei einem Rating einerseits erwähnt, daß ein Umzug nach Kalifornien u.a. den Transportbedarf senken und damit die Umweltbelastung vermindern würde.[214] Andererseits wird der Einfluß des Transports auf die Öko-Rating-Parameter Energie, Luft oder Ressourcenverzehr als irrelevant eingestuft,[215] obwohl der Transport heute durch Lastwagen vorgenommen wird.[216] In anderen Worten: Der Produktlebensbereich Transport ist relevant genug, um die zukünftige Verminderung des Transports positiv zu bewerten. Für eine negative Bewertung des heutigen Transports reicht die Relevanz auf der anderen Seite nicht.

Unklar bleibt außerdem, wie die verschiedenen relevanten Punkte innerhalb der Öko-Rating-Parameter bzw. die Öko-Rating-Parameter untereinander gewichtet wurden.

Problematisch ist zudem, daß ERI nur die Namen einiger weniger untersuchten Unternehmen bekanntgibt. So gibt ERI an, bisher rund 50 Bewertungen von

---

213 Vgl. Abschnitt „2.1.2 Ziele".

214 Vgl. ECO-RATING INTERNATIONAL 1995, S. 14, B-13.

215 Vgl. ECO-RATING INTERNATIONAL 1995, S. A-1.

216 Vgl. ECO-RATING INTERNATIONAL 1995, S. B-12.

Unternehmen, Immobilien, Produkten oder Erfindungen durchgeführt zu haben,[217] wovon aber nur ein Drittel veröffentlicht worden sei. Nur zwei der Untersuchungsberichte sind allgemein zugänglich und nur die Namen zweier weiterer bewerteter Unternehmung allgemein bekannt.[218]

Dies ist insofern heikel, als daß einzelne Bewertungen nur eine geringe Aussagekraft haben. Eine Einschätzung der Bewertungsqualität ist erst durch den Vergleich von Bewertungen mehrerer Unternehmungen möglich.

Im Gegensatz zu ERI veröffentlicht **Ökom** - dies galt jedenfalls für die im Rahmen der Öko-Rating-Reihe durchgeführten Ratings - die Bewertungen der von ihr untersuchten Unternehmen. Hierbei beschränkt sie sich aber auf die Veröffentlichung der Gesamtnote, der in den drei Untersuchungsbereichen erzielten Teilnoten, sowie auf einen einseitigen Kommentar des Ratings. Im Rahmen eines solchen kurzen Berichts kann nur auf die Besonderheiten der jeweiligen Bewertung eingegangen werden.

Wie ERI hat auch das **CSFI** für seine Bewertung von Scottish Nuclear einen Bewertungsbericht herausgegeben. Dieser Bewertungsbericht erlaubt es, im Gegensatz zu den Berichten von ERI, die Bewertungen vollständig nachzuvollziehen.

Die zweite Studie des **Hamburger Umweltinstituts** weist durch die Veröffentlichung des Research Report[219] eine wesentlich verbesserte Transparenz auf. Aus diesem Bericht gehen sowohl die verwendeten Kriterien, als auch das zur Aggregation eingesetzte Verfahren und eine kurze Zusammenfassung der Bewertungen der Unternehmen hervor.[220] In bezug auf die Transparenz weist der Bericht allerdings zwei gravierende Mängel auf. Es ist erstens nicht möglich, auf die Erfüllung der einzelnen Kriterien zu schließen. Eine Manipulation der Bewertung wäre zweifellos möglich, ohne daß dies dem Entscheider (Prinzipal) offenbar werden würde. Bei der Besprechung der Bewertungen der einzelnen Unternehmen wird außerdem bei einigen Unternehmen aus keinem ersichtlichen Grund darauf verzichtet, alle Bewertungsfelder zu erörtern.[221]

---

217 Vgl. CHANSON 1995a, S. 2.

218 Bei den im Detail bekannten Öko-Ratings handelt es sich um die Bewertungen von Bosque Puerto Carrillo S.A. und Vinifera Inc. Diese Bewertungen befinden sich inzwischen sogar auf der Homepage von Eco-Rating International, wobei Eco-Rating International es dort vermeidet, Bosque Puerto Carrillo S.A. beim Namen zu nennen.
Es ist außerdem bekannt, daß Eco-Rating International ein Öko-Rating der Firma Uniax und der Firma Nevada Manhattan Mining vorgenommen hat.

219 Vgl. HAMBURGER UMWELTINSTITUT 1996.

220 Die Kriterien und das zur Aggregation eingesetzte Verfahren wurde vorab auch einigen Unternehmen und Instituten zugänglich gemacht (vgl. HAMBURGER UMWELTINSTITUT 1995).

221 Vgl. z.B. das Profil von Procter & Gamble (HAMBURGER UMWELTINSTITUT 1996, S. 143f.).

Die untersuchten Öko-Ratings weisen ein sehr unterschiedliches Maß an Transparenz auf. Am transparentesten ist zweifellos das Rating des CSFI. So wird ein eindeutiges, klar abgegrenztes Bewertungsziel kommuniziert. Das CSFI dokumentiert außerdem das Rating ausführlich. Ein externer Entscheider kann auf diese Weise überprüfen, ob das CSFI im Laufe des Ratings dem Bewertungsziel „treu" geblieben ist.

Die anderen untersuchten Öko-Rating-Ansätze schneiden bezüglich der Transparenz weit weniger gut ab. Besonders das Ökom-, aber auch das ERI-Rating lassen den Rating-Agenturen einen erheblichen Spielraum. Die Transparenz der zweiten Untersuchung des Hamburger Umweltinstituts hat sich gegenüber der ersten Auflage zwar stark verbessert, es verbleibt dem Hamburger Umweltinstitut aber immer noch ein erheblicher Freiraum, der sich in hohen Agency-Risiken und damit auch entsprechenden Agency-Kosten äußert.

2.4 Verfälschende Anreize

In diesem Abschnitt wird untersucht, welchen mit den Zielen der Entscheider inkompatiblen Anreizen die Öko-Rating-Agenturen ausgesetzt sind. Die Frage, ob die Öko-Rating-Agenturen diesen Anreizen erlegen sind, wird dabei nicht analysiert. Im Mittelpunkt steht hier allein die Existenz dieser Anreize, d.h. die Existenz eines Agency-Risikos. Je mehr und je stärkeren Anreizen eine Öko-Rating-Agentur ausgesetzt ist, desto größer ist auch dieses Agency-Risiko.

Die Ermittlung dieser Anreize fällt schwer, da Öko-Rating-Agenturen selbstverständlich versuchen werden, inkompatible Anreize zu verheimlichen, ihren negativen Einfluß zu beschönigen oder aber sogar zu erklären, daß sich diese Anreize harmonisch zu den Interessen der Entscheider verhalten.

Ein Beispiel für inkompatible Anreize ist die personelle Verbindung zwischen **ERI** auf der einen und der von ihr bewerteten Unternehmung Vinifera Inc. auf der anderen Seite. Der Entwickler des Öko-Rating-Konzepts von ERI, Gründer von ERI in der Schweiz und Vorsitzender des Verwaltungsrates wurde 1995 auch zum Vorsitzenden des Vorstandes der Vinifera Inc. gewählt.[222] Wie aus den Ratingunterlagen des Ratings der Vinifera entnommen werden kann, fungierten die Direktoren von Eco-Rating International (Schweiz) als „Review Committee" für dieses Öko-Rating.[223] Eine solche Doppelfunktion kann zu einem Interessenskonflikt führen.

Prinzipiell lassen sich zwei wesentliche Ursachen für inkompatible Anreize von Öko-Rating-Agenturen unterscheiden.[224]

---

[222] Vgl. PR NEWSWIRE 1995, o.S.

[223] Vgl. ECO-RATING INTERNATIONAL (Hrsg) 1995, o.S.

[224] Vgl. hierzu auch FIGGE 1995, S. 41f.

Einerseits ist Öko-Rating, im Gegensatz zum herkömmlichen finanziellen Rating, noch nicht zu einem „must" für Unternehmen geworden, was dazu führt, daß Unternehmen, welche freiwillig für ein Rating bezahlen, (noch) eine große Macht gegenüber den Rating-Agenturen haben. Es handelt sich daher (noch) um einen typischen „Käufermarkt". Öko-Rating-Agenturen sind daher, um ihre Dienstleistung verkaufen zu können, unter Umständen gezwungen, neben dem direkten Nutzen aus dem Öko-Rating weitere Vorteile in Aussicht zu stellen. Dies resultiert möglicherweise in Abhängigkeiten, die zu Bewertungszugeständnissen führen können. Dieser Gefahr sind besonders die Ansätze von **ERI** und **CSFI** ausgesetzt, da sie vergleichsweise teuer sind und die Öko-Rating-Agenturen sich darauf verlassen, daß die zu bewertenden Unternehmen die Ratings bezahlen. Auch im Falle des Ratings des **Hamburger Umweltinstitut** können sich aus der Finanzierung möglicherweise Abhängigkeiten ergeben. So hat das Institut parallel zur Durchführung der ersten Studie bei den untersuchten Unternehmen um Spenden nachgesucht. Einige Unternehmen gingen offensichtlich von einer Abhängigkeit zwischen dem Untersuchungsergebnis und der Zahlungsbereitschaft aus.[225] Die zweite Studie wurde nach Angaben des Hamburger Umweltinstituts überwiegend aus den Zuwendungen einer amerikanischen Stiftung finanziert. Es wird nicht deutlich, aus welchen Quellen die restlichen Mittel für die zweite Studie stammten. Wie aus den Unterlagen hervorgeht, finanziert das Hamburger Umweltinstitut seine Arbeit aber unter anderem dank der finanziellen Unterstützung durch Einzelpersonen, Stiftungen, Regierungen und Unternehmen.[226]

Andererseits können sich Abhängigkeiten ergeben, wenn Öko-Rating-Agenturen außer dem Öko-Rating weitere Geschäftsfelder haben, die denselben Kundenkreis ansprechen.[227] Dies betrifft besonders die **Ökom**, welche unter anderem als Kommunikationsberaterin[228] tätig und für die „ökologischen" Unternehmensbewertungen der Oeco Capital Lebensversicherung AG zuständig[229] ist. Für die durch die Fachzeitschrift „Öko-Invest" in Auftrag gegebene Öko-Rating-Reihe ergaben sich weitere mögliche Abhängigkeiten unter anderem durch die Auswahl der Sponsoren, die alle im Bereich des ethischen Investments tätig sind.[230] Sollte nämlich ein Öko-Rating zu einem negativen Ergebnis kommen,

---

225 Vgl. O.V. 1994b, S. 116.

226 Vgl. HAMBURGER UMWELTINSTITUT 1996, S. 5, Annex III.

227 Auf diesen Zusammenhang weist beispielsweise auch ERI hin (vgl. ECO-RATING INTERNATIONAL 1994, S. 2f.).

228 So ist Ökom beispielsweise für die Pressearbeit eines ökologieorientierten Versandunternehmens zuständig (vgl. O.V. 1997a).

229 Vgl. O.V. 1996, S. 6.

230 Hierbei handelte es sich zuletzt (Mai 1998) um die Unternehmen/Fonds: HerMerlin, BAV, Landeskirchliche Kredit-Genossenschaft und Oeco Capital Lebensversicherung AG (vgl. ↳

wären die Sponsoren unter Umständen gezwungen, die Unternehmung aus ihrem Portefeuille herauszunehmen, obwohl dies unter Renditegesichtspunkten wenig sinnvoll wäre. Auch das **Hamburger Umweltinstitut** betreibt neben dem Umwelt-Ranking der Chemieindustrie weitere Aktivitäten. Hierzu gehören beispielsweise die „Entwicklung von Lösungskonzepten und Strategien zur umweltverträglichen Produktion sowie zur Nutzung erneuerbarer Energien und nachwachsender Rohstoffe"[231]. Das Hamburger Umweltinstitut könnte nun versucht sein, potentiellen Kunden der Energiebranche eine möglichst schlechte Bewertung zu geben, um damit zum Beispiel Beratungsaufträge zu akquirieren.

Im Falle des Ratings von Scottish Nuclear durch das **CSFI** können sich besonders durch den beruflichen Hintergrund der im „Risk Rating Panel" vertretenen Persönlichkeiten inkompatible Anreize ergeben. Es sind u.a. Berater, Rechtsanwälte, Journalisten und ein Umwelt-Auditor vertreten. Auch hier ist zu befürchten, daß es zu Konflikten zwischen den Aufgaben der mit dem Rating betrauten Personen und ihrem eigentlichen Beruf kommen kann.

Die **Finanzierung** von Öko-Rating durch die zu bewertenden Unternehmen ist als kritisch zu betrachten. Diese Finanzierungsweise wird jedoch auch von den konventionellen, finanziell ausgerichteten Rating-Agenturen erfolgreich praktiziert.[232] In diesem Zusammenhang sind allerdings zwei wesentliche Unterschiede zwischen den finanziellen Rating-Agenturen und den Öko-Rating-Agenturen hervorzuheben. Im Gegensatz zu den Öko-Rating-Agenturen befinden sich die traditionellen Rating-Agenturen gegenüber den Bewertungsobjekten erstens in einer Stärkeposition.[233] Nicht bewertet zu werden ist für die meisten Unternehmen ein solch gravierender Nachteil, daß sie bereit sind, für diese Dienstleistung zu zahlen, auch wenn sie das Ergebnis nicht beeinflussen können.[234] Die Arbeit der finanziell orientierten Rating-Agenturen kann zweitens zu einem

---

hierzu z.B. das letzte Öko-Rating der Ökom im Rahmen der Öko-Rating-Reihe des Öko-Invest in: O.V. 1998b, S. 4f.).

231 Vgl. HAMBURGER UMWELTINSTITUT 1996, Annex III.

232 Vgl. z.B. EVERLING 1991, S. 104f.

233 Es sei in diesem Zusammenhang allerdings angemerkt, daß die Unabhängigkeit traditioneller Rating-Agenturen von Zeit zur Zeit kontrovers beurteilt wird. So wurde beispielsweise diskutiert, ob die Gewährung eines Steuernachlasses der Stadt New York an die Rating-Agentur Standard & Poor's nicht die Unabhängigkeit der Agentur bei der Beurteilung der ausstehenden Obligationen der Stadt New York beeinflussen könnte (Vgl. ROY 1997).

234 Interessanterweise fällt es auch neuen finanziell ausgerichteten Rating-Agenturen häufig schwer, genügend Unternehmen zu einem (kostenpflichtigen) Rating zu überreden, solange sie z.B. wegen mangelnder Bekanntheit keinen bedeutenden Einfluß bei den interessierten Anlegern haben. Hierauf ist beispielsweise das Scheitern der finanziell ausgerichteten Rating-Agenturen Renta/4 Rating S.A. und Keyscan Limited zurückzuführen (vgl. EVERLING 1996, S. 9f.).

bestimmten Grad ex post beurteilt werden.[235] Dies ist im Fall der Öko-Rating-Agenturen in der Regel nicht möglich. Dies gilt ganz besonders, solange die Öko-Rating-Ansätze nur unklare Zielsetzungen aufweisen, die eine Überprüfung zusätzlich erschwert.

Auch die **Nebenbeschäftigungen** der Öko-Rating-Agenturen sind als außerordentlich kritisch zu betrachten. Ob diese Nebenbeschäftigung hierbei innerhalb derselben Organisation (Ökom, HUI) oder personell (ERI) erfolgt, ist in diesem Zusammenhang nur zweitrangig.

Es kann festgehalten werden, daß die untersuchten Öko-Rating-Ansätze alle ein erhebliches Agency-Risiko aufweisen, das durch die mangelnde Transparenz der Öko-Ratings zusätzliche Bedeutung erlangt.

3 Zusammenfassende Würdigung bestehender Öko-Rating-Ansätze

Ein Entscheider, der erwägt, auf ein externes Öko-Rating zurückzugreifen, steht vor einem typischen „Make-or-buy" Entscheid. Die Entscheidung, generell auf ein externes Öko-Rating zurückzugreifen, hängt von drei Überlegungen ab. Erstens muß der Nutzen eines externen Öko-Ratings dessen Kosten übersteigen. Zweitens muß ein externes Öko-Rating ein besseres Kosten-/Nutzenverhältnis als ein selbst durchgeführtes Öko-Rating aufweisen. Die Wahl eines spezifischen externen Öko-Ratings hängt außerdem noch von seinem Kosten-/Nutzenverhältnis im Vergleich zu konkurrierenden externen Öko-Ratings ab. Öko-Rating steht drittens in Konkurrenz mit anderen Bewertungsinstrumenten, deren Einsatz eine Verbesserung der Zielerreichung der Entscheidung verspricht.

Die Betrachtung des Nutzens existierender Öko-Ratings fällt ernüchternd aus. Die Hauptkritikpunkte an den existierenden Öko-Ratings sind:

- Unklare Beschreibungen der Ziele, Berücksichtigung irrelevanter Ziele
  Die untersuchten Öko-Ratings stellen, mit der Ausnahme des Ratings des CSFI, ihre Bewertungen auf reichlich diffuse Zieldefinitionen ab. Der „Nutzen" solcher diffusen Zielbeschreibungen ist klar. Sie suggerieren erstens eine nicht vorhandene Übereinstimmung der Nutzer des Öko-Ratings über die Bewertungsziele. Zweitens immunisieren sie die Ersteller der Öko-Ratings gegenüber Kritik. Wer die Ziele aller Nutzer berücksichtigt hat, muß sich später nicht vorwerfen lassen, einen Aspekt vergessen zu haben. Es wird meist

[235] Hierbei ist es nicht notwendig (und wohl auch nicht sinnvoll), die einzelnen Ratings zu überprüfen. Es kann aber beispielsweise vergleichsweise einfach festgestellt werden, wieviele Unternehmen mit einer bestimmten Note während eines Jahres ihren finanziellen Verpflichtungen nicht mehr nachkommen konnten.

nicht beachtet, daß die Berücksichtigung der Ziele aller Nutzer dazu führt, daß die Bewertung für jeden einzelnen Nutzer letztlich inhaltslos ist. Die Zielausrichtung existierender Öko-Ratings ist bestenfalls als unklar, realistischer aber als diffus zu bezeichnen.

- Ungeeignete Modellierung der Präferenzen
Alle untersuchten Öko-Rating-Ansätze greifen auf additive Wertfunktionen zur Aggregation zurück. Diese bauen auf sehr restriktiven Prämissen auf, die im Falle der Öko-Ratings nicht gegeben sind.[236] Präferenzen geben wieder, welche Bedeutung einem Ziel unter welchen Bedingungen zukommt. Die Frage der richtigen Modellierung der Präferenzen ist daher mehr als eine „intellektuelle Spielerei"; ihre Lösung ist im Gegenteil eine notwendige Bedingung jeder gelungenen Bewertung.
Präferenzen werden durch die untersuchten Öko-Ratings „irgendwie" statt analog zu den Präferenzen der Entscheider modelliert. Der Rückgriff auf ein ungeeignetes Bewertungsverfahren läßt zudem befürchten, daß es zu einer systematischen Verzerrung der Bewertungen kommt. Bewertungsfehler ließen sich in diesem Fall nicht wegdiversifizieren.[237]
- Vernachlässigung relevanter Umweltzustände
Einer der Hauptgründe, warum man eine Bewertung delegiert, ist, daß man davon ausgeht, daß der Experte die relevanten Umweltzustände kennt und entsprechend berücksichtigen kann. Gerade die für eine ökologieorientierte Bewertung von Unternehmen relevanten Umweltzustände zeichnen sich durch eine hohe Komplexität und Unsicherheit[238] aus. Um so bedauerlicher ist, daß die untersuchten Öko-Ratings, mit der Ausnahme des Ratings des CSFI, das Umweltzustände in einigen Aspekten ansatzweise berücksichtigt, den Umweltzuständen keine große Beachtung schenken.

---

236 Die Außerachtlassung der Prämissen der Nutzwertanalyse ist nicht auf ihren Einsatz in der Praxis beschränkt. So schlägt beispielsweise Heddergott in seiner Dissertation die mit der Nutzwertanalyse identische Nutzwertkalkulation als Instrument der Früherkennung von Insolvenzen vor (HEDDERGOTT 1988). Hierbei erkennt er allerdings nicht, daß deren Einsatz sehr restriktiven Prämissen unterliegt. Wie er selbst anmerkt, zeichnen sich die von ihm zugrundegelegten Bewertungssituationen häufig durch Abhängigkeiten aus (vgl. HEDDERGOTT 1988, S. 145.). Er erkennt selbst, daß die Nutzwertkalkulation (folgerichtigerweise) teilweise zu wenig sinnvollen Ergebnissen führt (vgl. z.B. HEDDERGOTT 1988, S. 104). Die Ursache für diese offensichtlichen Fehlbewertungen werden selbst bei der Besprechung der Grenzen der Nutzwertkalkulation nicht erkannt (vgl. HEDDERGOTT 1988, S. 138ff.).
Vgl. analog zu Heddergott z.B. auch BELLINGER 1979, BELLINGER/VAHL 1984, S. 255ff.

237 Vgl. hierzu auch Fußnote 69, S. 30.

238 Unter Unsicherheit werden hier die Begriffe Risiko und Unsicherheit subsumiert.

- Intransparenz der Bewertung
  Mit Ausnahme des Ratings des CSFI müssen alle Ratings als intransparent bezeichnet werden. Dies führt zu einem Anstieg der Agency-Risiken und damit auch der Agency-Kosten. Die Nutzer der Ratings haben meist keinerlei Möglichkeiten, die Seriosität der Bewertungen zu überprüfen.
- Unklare Anreize
  Mit der Delegation der Bewertungen ist ein erhebliches Agency-Risiko verbunden. Dies ist einerseits auf die vorhandene Intransparenz und andererseits auf die (wegen der mangelhaften Transparenz) nicht immer offensichtlichen Anreize zurückzuführen. Solange es den Unternehmen und Organisationen nicht gelingt, Öko-Ratings zu entwickeln, die auf eine entsprechende Nachfrage stoßen, werden sie gezwungen sein, weiteren Aktivitäten nachzugehen, die unter Umständen ihre Unabhängigkeit einschränken. Soll dies nicht zu einem starken Ansteigen des Agency-Risikos führen, ist eine hohe Transparenz, die den Prinzipalen, also den Kunden des Ratings, das Nachvollziehen erleichtert, von besonders hoher Bedeutung.

Zusammenfassend läßt sich sagen, daß der wesentliche Nutzen existierender Öko-Ratings nicht in der Bewertung als solches liegt. Die Bewertungen sind durchaus verbesserungsfähig. Interessant sind die existierenden Öko-Ratings einzig und allein, da sie eine Dienstleistung erbringen, die wegen der Nicht-Rivalität des Konsums, sinnvollerweise für mehrere Entscheider zentral, statt durch alle Entscheider einzeln erbracht werden sollte.[239] In Anbetracht der beschriebenen Schwächen der Öko-Ratings stellt sich allerdings die Frage, ob sich diese nicht auf das Sammeln und die Darstellung von Informationen beschränken sollten.

[239] Vgl. hierzu auch Teil I/Abschnitt „2.3.2 Informationsökonomische Aspekte“.

Teil III: Handlungsorientiertes Öko-Rating

1 Ziel der Weiterentwicklung

Die Schwächen der existierenden Öko-Ratings können zwei verschiedenen Kategorien zugeordnet werden.

Es gibt einerseits die Schwächen, die durch einfache Verhaltensänderungen korrigiert werden könnten. Hierzu gehört beispielsweise das erhebliche Agency-Risiko, das mit den Öko-Ratings verbunden ist. Gingen die Öko-Rating-Agenturen dazu über, die Finanzierung der Ratings, die weiteren Geschäftsaktivitäten der Agenturen und die Haupt- bzw. Nebenbeschäftigungen der mit den Ratings befaßten Personen zusammen mit dem Rating systematisch offenzulegen und gleichzeitig die Transparenz der Bewertungen zu erhöhen, könnte das Agency-Risiko stark vermindert werden.

Einige andere Schwächen bedürfen zu ihrer Korrektur methodischer Weiterentwicklungen. Dies betrifft in erster Linie die notwendige Verbesserung der Zielorientierung bestehender Ratings und die richtige Modellierung der Präferenzen.

Die mangelhafte Berücksichtigung der **Ziele** der Entscheider ist einerseits darauf zurückzuführen, daß die Notwendigkeit ihrer Berücksichtigung nicht erkannt wird. Die Berücksichtigung aller im Zusammenhang mit einem Öko-Rating nur denkbaren Ziele, d.h. möglichst vieler Ziele, wird als Ausdruck einer hohen Ratingqualität misinterpretiert. Andererseits verfolgen Anbieter und Nachfrager von Öko-Rating verschiedene Ziele. Während die Nachfrager nach Öko-Rating an einer Bewertung Interesse haben, die möglichst genau ihre Ziele berücksichtigt, sind Anbieter von Öko-Rating daran interessiert, ein Öko-Rating anzubieten, das an möglichst viele verschiedene Nachfrager verkauft werden kann. Je mehr Ziele berücksichtigt werden, desto mehr verschiedene Nachfrager können davon überzeugt werden, daß auch ihre Ziele in die Bewertung Eingang gefunden haben. Steigt die Nachfrage nach einem Öko-Rating, können Skalenerträge entstehen.

Daß nicht die Berücksichtigung der maximalen Anzahl von Zielen, sondern der Einbezug ausschließlich relevanter Ziele durch eine Bewertung angestrebt werden muß, wurde bereits gezeigt.[240] Eine methodische Weiterentwicklung muß daher darlegen, wie die entscheidungsrelevanten Ziele in einer Bewertung umgesetzt werden können.

Die mangelhafte Abbildung der **Präferenzen** durch die existierenden Öko-Rating-Konzepte läßt sich einerseits wiederum auf das mangelnde Bewußtsein für die Notwendigkeit einer angemessenen Berücksichtigung der Präferenzen zurückführen. Es wird davon ausgegangen, daß auf der Basis fehlerfreier Informationen auch automatisch richtige Schlüsse gezogen werden. Andererseits werden zur Wertsynthese und damit zur Abbildung der Präferenzen unkritisch Nutzwertanalysen eingesetzt. Es wird nicht erkannt, daß Nutzwertanalysen im Zusammenhang mit Öko-Rating meist keine präferenzgerechte Wertsynthese zulassen. Daß sie, auch wenn bekannt ist, daß eine präferenzgerechte Wertsynthese mit ihnen nicht möglich ist, trotzdem eingesetzt werden, ist darauf zurückzuführen, daß eine präferenzgerechte funktionale Wertsynthese als zu kompliziert empfunden wird. In diesem Zusammenhang ist allerdings auch der Beitrag der Wissenschaft zu kritisieren. Es wird einerseits auf die Bedeutung einer richtigen Aggregation der Informationen hingewiesen.[241] Andererseits wird aber nicht aufgezeigt, wie sich dies unter Praxisbedingungen erreichen läßt.

Eine methodische Weiterentwicklung bestehender Öko-Rating-Ansätze muß daher zweitens die praxisgerechte Umsetzung von Präferenzen in Bewertungen verbessern.

Dieser Teil versucht hierzu auf dreifache Weise einen Beitrag zu leisten. Es wird in einem ersten Abschnitt näher auf Ziele und Kriterien eingegangen (Kapitel 2). Das bessere Verständnis von Zielen und Kriterien erleichtert das Aufstellen von entscheidungsgerechten Zielsystemen und das Ableiten von geeigneten Kriterien. Zweitens wird eine Methode vorgestellt, die es erlaubt, Präferenzen in der Wertsynthese einfacher zu berücksichtigen und damit in der Praxis oft erst eine präferenzgerechte Wertsynthese erlaubt (Kapitel 3). Es wird drittens ein Ablaufschema entwickelt, das die Vorgehensweise bei der Entwicklung eines Öko-Ratings übersichtlich darstellt (Kapitel 4).

2 Verbesserung der Zielorientierung

Vergleichende ökologieorientierte Bewertungen von Unternehmen berücksichtigen in der Regel mehrere Ziele. Dies liegt einerseits daran, daß häufig neben ökologieorientierten Zielen auch weitere Ziele, wie beispielsweise ethische oder ökonomische Ziele in die Bewertung eingehen. Andererseits liegen auch einer rein

240 Siehe Teil I/Abschnitt „2.2.1 Ziele".
241 Vgl. auch Fußnote 250, S. 90.

ökologieorientierten Bewertung meist mehrere verschiedene Ziele zugrunde. Für jedes in die Bewertung eingehende Ziel muß außerdem mindestens ein Kriterium gefunden werden, das zur Beurteilung der Zielerfüllung durch die Unternehmen geeignet ist.

Ziele eines Entscheiders, die sich nicht in der Form von Kriterien in einem Öko-Rating wiederfinden, sind nicht berücksichtigt worden und senken die Aussagequalität des Öko-Ratings. Dies gilt auch für Kriterien, die keinem der Ziele des Entscheiders zugeordnet werden können, da diese die Aussagekraft der „wahren" Ziele verfälschen.[242]

Um ein besseres Verständnis von Zielen und Kriterien zu erlauben, bietet es sich daher an, näher auf Ziele und Kriterien einzugehen.

2.1.1 Arten von Zielen

Es ist sinnvoll, zwischen Fundamental- (fundamental objectives) und Instrumentalzielen (means objectives) zu unterscheiden.[243] „Ein Fundamentalziel ist ein Ziel, das um seiner selbst willen verfolgt wird und für den Entscheider keiner Begründung mehr bedarf."[244] Instrumentalziele werden auf der anderen Seite nur verfolgt, um andere, fundamentalere Ziele zu erreichen. Durch die immer stärkere Aufgliederung von Zielen wird einerseits eine verbesserte Operationalisierung erreicht, die im folgenden die eindeutige Formulierung von Kriterien erlaubt. Andererseits wird oft erst durch die Einordnung von Zielen in ein Zielsystem klar, warum ein Ziel verfolgt wird und was ein Ziel impliziert.

Bei dem Ziel, nur in Unternehmen zu investieren, die die Umwelt wenig belasten (Ziel: „Kleine Umweltbelastung"), kann es sich beispielsweise, abhängig vom jeweiligen Entscheider, sowohl um ein Fundamental- als auch um ein Instrumentalziel handeln. Für einen umweltbewußten Investor, für den dieses Ziel eine eigenständige Berechtigung hat, handelt es sich hierbei um ein Fundamentalziel. Für einen anderen Investor, der dieses Ziel nur in sein Zielsystem aufgenommen hat, da er davon überzeugt ist, daß „umweltfreundliche" Unternehmen langfristig ökonomisch erfolgreicher sind, handelt es sich um ein Instrumentalziel zur Erreichung eines fundamentaleren Zieles.

Das genannte Ziel kann, unabhängig davon, ob es sich für einen Entscheider um ein Fundamental- oder Instrumentalziel handelt, in weitere Instrumentalziele untergliedert werden. Für einen „ökologisch" motivierten Investor böte es sich

---

[242] Es ist natürlich noch theoretisch möglich, daß dieser Fehler durch eine präferenzgerechte Aggregation korrigiert wird, indem den entsprechenden Kriterien ein Gewicht von null zukommt.

[243] Vgl. zu dieser Unterscheidung beispielsweise CLEMEN 1991, S. 433f., EISENFÜHR/WEBER 1994, S. 54ff., KEENEY 1996, S. 34f.

[244] EISENFÜHR/WEBER 1994, S. 54.

beispielsweise an, eine Untergliederung nach Umweltproblemen vorzunehmen (vgl. Abbildung 10). Das einzelne Ziel, nur in Unternehmen zu investieren, die „Kleine Umweltbelastungen" verursachen, kann daher unter anderem in „instrumentalere" Ziele, wie „Kleiner Beitrag zum Treibhauseffekt", „Kleiner Beitrag zur Zerstörung der Ozonschicht" u.s.w. unterteilt werden. Als ein mögliches Kriterium zur Beurteilung des Beitrags zum Treibhauseffekt kann dann beispielsweise die Menge an Kohlendioxidemissionen abgeleitet werden, da diese einen „Beitrag" zum Treibhauseffekt und damit auch zu den fundamentaleren Zielen leistet.

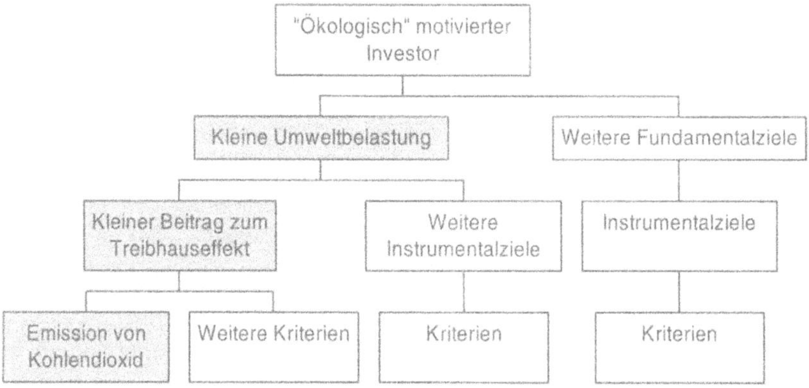

Abb. 10: Zielstruktur eines ökologisch motivierten Investors

Für einen rein „ökonomisch" motivierten Investor stellt eine „Kleine Umweltbelastung" kein eigenständiges Fundamentalziel dar, sondern dient der Erfüllung eines fundamentaleren Zieles (z.B. „Hohe Rendite"). Geht ein solcher Entscheider beispielsweise davon aus, daß es wegen eines drohenden Treibhauseffekts zu einer Besteuerung der Emission von Treibhausgasen kommen wird und daß dies die Kostenstruktur einer Unternehmung und damit auch die Rendite eines Investments in eine solche Unternehmung verändern wird, so wird auch ein solcher Investor die Emission von Treibhausgasen in seiner Entscheidung berücksichtigen (vgl. Abbildung 11).

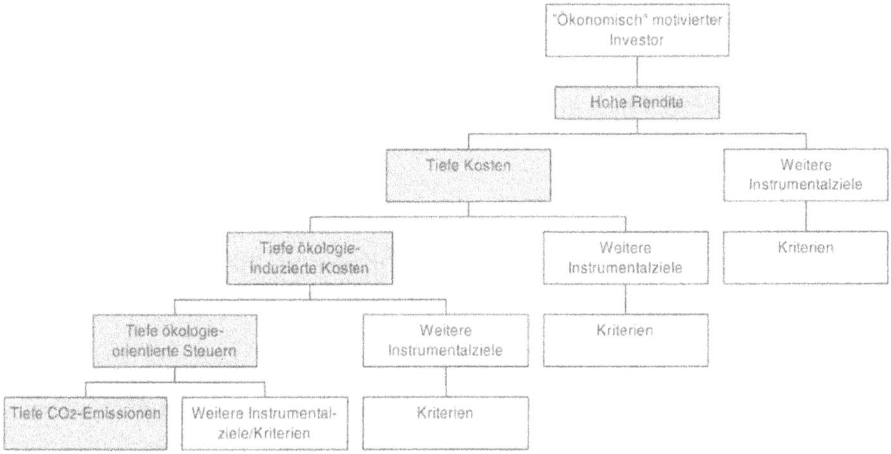

Abb. 11: Zielstruktur eines ökonomisch motivierten Investors

Beide Investoren werden folglich Kohlendioxidemissionen als Kriterium in ihren Entscheidungen aufnehmen. Im Gegensatz zu einem „ökologisch" motivierten Entscheider wird ein „ökonomisch" motivierter Entscheider aber nur dann eine Emission berücksichtigen, wenn sie einen Einfluß auf die Rendite seines Investment, also z.B. auf die Erfolgsrechnung der Unternehmung, hat. Eine Emission, die nicht besteuert wird, obwohl sie zu einem Umweltproblem beiträgt, würde Eingang in die Bewertung des „ökologisch" nicht aber des „ökonomisch" motivierten Entscheiders finden, während eine Emission, die besteuert wird, obwohl sie zu keinem Umweltproblem beiträgt, nur von dem „ökonomisch" motivierten Entscheider berücksichtigt werden würde.

2.1.2 Arten von Kriterien

Sind aus den Fundamentalzielen Instrumentalziele abgeleitet worden, und lassen sich diese nicht weiter sinnvoll untergliedern, müssen Kriterien gefunden werden, die eine sinnvolle Messung der Zielerreichung erlauben. Im Beispiel des vorangegangen Abschnitts wurden beispielsweise Kohlendioxidemissionen als ein Kriterium für ein Instrumentalziel „Kleiner Beitrag zum Treibhauseffekt" genannt.

Es kann grundsätzlich zwischen

- natürlichen Kriterien,
- künstlichen Kriterien und
- Proxy-Kriterien

unterschieden werden.[245]

Natürliche Kriterien ergeben sich „natürlich" aus der Beschreibung der Ziele. Bei den Kohlendioxidemissionen als ein Kriterium für ein Instrumentalziel „Kleiner Beitrag zum Treibhauseffekt" handelt es sich um ein solches natürliches Kriterium.

Manchmal ergeben sich die Kriterien aber nicht von selbst aus der Definition der Ziele. In diesen Fällen müssen *künstliche Kriterien* konstruiert werden.[246] Künstliche Kriterien können aus der Kombination mehrerer Zielvariablen bestehen. So könnten beispielsweise die Kohlendioxidemissionen mit der Wertschöpfung ins Verhältnis gesetzt werden.

Oft kann aber weder ein natürliches noch ein künstliches Kriterium gefunden werden, das die Bestimmung der Zielerreichung erlaubt. In diesem Fall werden sogenannte *Proxy-Kriterien* eingesetzt. Es kann zwischen zwei Formen unterschieden werden.[247] Es kann einerseits auf Kriterien zurückgegriffen werden, die als Indikatoren der Zielerreichung dienen. Soll beispielsweise die Luftqualität einer Region bestimmt werden, so kann die Zahl der Atemwegserkrankungen als *Indikator* für die erreichte Luftqualität dienen. Andererseits können Kriterien eingesetzt werden, die als *Instrument* zur Erreichung des Ziels dienen. Auf dasselbe Beispiel angewandt, wäre ein geeignetes Kriterium etwa die Messung der Investitionen zur Verbesserung der Luftqualität in einer Region.

Die Zahl der Kriterien zur Beschreibung eines Zieles ist grundsätzlich variabel. Sie ergibt sich aus den inhaltlichen Zusammenhängen.[248] Da es in der Praxis in diesem Zusammenhang oft zu Fehlinterpretationen kommt, sei außerdem darauf hingewiesen, daß die Zahl der Kriterien keine Aussage über die Bedeutung der jeweiligen Ziele macht. Es wird häufig davon ausgegangen, daß die Qualität eines Öko-Ratings von der Zahl der berücksichtigten Kriterien abhängt. Die Qualität eines Öko-Ratings hängt aber, wie gezeigt, von der Berücksichtigung ausschließlich relevanter Ziele und Kriterien ab.

---

245 Vgl. EISENFÜHR/WEBER 1994, S. 65ff.

246 Vgl. hierzu EISENFÜHR/WEBER 1994, S. 65f., KEENEY 1992, S. 101ff.

247 Vgl. EISENFÜHR/WEBER 1994, S. 66f.

248 Werden beispielsweise Kriterien zu einem Instrumentalziel „Kleiner Beitrag zum Treibhauseffekt" gesucht, so wird als (natürliche) Kriterien eine Vielzahl von Treibhausgasen eingehen.

2.2 Zusammenfassung

Eine notwendige Bedingung für eine erfolgreiche Bewertung ist die richtige Berücksichtigung der Ziele des Entscheiders.

Ziele werden berücksichtigt, indem Kriterien in die Bewertung einfließen, mittels derer der Grad der Erfüllung der Ziele gemessen werden kann. Ein Ziel für das kein entsprechendes Kriterium in die Bewertung eingeht, ist in einer Bewertung auch nicht berücksichtigt worden. Ein Ziel kann gegebenenfalls auch durch mehrere Kriterien in die Bewertung eingehen. Es ist aber nicht möglich, von der Zahl der Kriterien auf die Bedeutung eines Zieles zu schließen. Die Bedeutung der Ziele bzw. der Kriterien hängt von den Präferenzen des Entscheiders ab, die in die Aggregation der Informationen einfließen. Fließt ein Kriterium ein, das keinem Ziel des Entscheiders zugeordnet werden kann, kommt es zur Berücksichtigung eines Zieles, das nicht dem Zielsystem des Entscheiders entspricht; die Qualität der Bewertung sinkt für den Entscheider.

Um sicherzustellen, daß alle gewünschten, aber auch nur die gewünschten Ziele ihren Niederschlag in den Bewertungskriterien finden, bietet es sich an, zwischen Fundamental- und Instrumentalzielen zu unterscheiden. Mittels dieser Unterscheidung kann einfacher aufgedeckt werden, welche Ziele berücksichtigt werden müssen, welche Ziele bereits in die Bewertung eingehen und daher kein weiteres Mal einbezogen werden dürfen und welche Ziele keinen Eingang in die Bewertung finden sollten.

Die Unterscheidung zwischen natürlichen, künstlichen und Proxy-Kriterien erleichtert die Identifikation geeigneter Kriterien.

3 Verbesserung der Präferenzgerechtigkeit der Aggregation

Im ersten Teil wurde bereits kurz auf die Bedeutung einer richtigen, d.h. präferenzgerechten, Aggregation von Informationen eingegangen. Es wurde gezeigt, daß eine Bewertung, die die Präferenzen eines Entscheiders nicht berücksichtigt, zu Wohlfahrtsverlusten führen kann.[249]

Im zweiten Teil wurde aufgezeigt, daß die untersuchten Öko-Rating-Ansätze ausnahmslos auf Nutzwertanalysen aufbauen, die additive Wertfunktionen einsetzen. Additive Wertfunktionen setzen sehr restriktive Prämissen voraus. Gegen diese Prämissen wird verstoßen. Es wird durch die untersuchten Öko-Rating-Ansätze mit anderen Worten keine präferenzgerechte Aggregation vorgenommen.

---

[249] Vgl. hierzu Teil I/Abschnitt „2.2.5 Bewertungen durch Nutzenfunktionen“.

Aus der Sicht der Wissenschaft ist das zugrundeliegende Problem theoretisch gelöst. Es wird gesagt, daß zur Aggregation eine Funktion eingesetzt werden muß, die eine geeignete Aggregation zuläßt.[250] Aus der Sicht der Praxis muß dieses Aggregationsproblem allerdings als weitgehend ungelöst angesehen werden. Die Formulierung einer entsprechenden Funktion gelingt in der Praxis meist nicht.[251] Es wird - schlimmer noch - in der Praxis meist nicht einmal die Bedeutung präferenzgerechter Aggregation erkannt. Ein Beitrag zur Verbesserung von Öko-Ratings muß daher zeigen, wie unter Praxisbedingungen eine präferenzgerechte Aggregation von Informationen vorgenommen werden kann.

Dies ist auch das Ziel der folgenden Abschnitte. Die Problematik wird in fünf Schritten angegangen. In einem ersten Schritt (3.1) wird das zugrundeliegende Aggregationsproblem näher analysiert. Es wird gezeigt, wie bei der Analyse eines solchen Aggregationsproblems vorgegangen werden kann. Dies schafft die Voraussetzung für seine spätere präferenzgerechte Lösung. Der zweite Schritt (3.2) geht auf Präferenzen näher ein. Abschnitt 3.3 hat noch einmal Nutzwertanalysen zum Thema. Es wird gezeigt, unter welchen Umständen die Nutzwertanalyse sinnvoll zur Bewertung eingesetzt werden kann. Die von Bechmann entwickelte Nutzwertanalyse zweiter Generation, die auf weniger restriktiven Prämissen als die herkömmliche Nutzwertanalyse beruht, ist Inhalt des vierten Schrittes (3.4). Im folgenden, fünften Schritt (3.5) wird ein neues Verfahren vorgestellt, das auf unscharfer Logik („Fuzzy Logic") basiert.

3.1 Das zugrundeliegende Aggregationsproblem

Alle multi-attributiven Bewertungen, d.h. Bewertungen, die auf mehreren nicht-identischen Kriterien aufbauen, müssen ein Aggregationsproblem lösen. Dieses Problem besteht darin, daß die Informationen der einzelnen Kriterien zu einer einzigen Aussage zusammengefaßt (aggregiert) werden müssen.[252] Diese Aggregation muß in Übereinstimmung mit den Präferenzen des Entscheiders vorgenommen werden.[253] Hierzu werden in der Regel Funktionen eingesetzt. Es ist sinnvoll, diese Funktionen als Nutzenfunktionen zu interpretieren.[254]

---

[250] „Alle für den Entscheidungsträger bedeutsamen Präferenzen müssen bei der Aufstellung seiner Zielfunktion berücksichtigt werden." (KAHLE 1997, S. 71. Hervorhebungen des Originals weggelassen). Ähnliche Aussagen finden sich in fast allen Werken der Entscheidungstheorie.

[251] Auf die Schwierigkeit einer Formulierung von Nutzenfunktionen bei Nutzenabhängigkeiten weist beispielsweise auch Laux hin (vgl. LAUX 1995, S. 88f.).

[252] Ein analoges Aggregationsproblem stellt sich auch in anderen Zusammenhängen, wie z.B. der Formulierung von Produktionsfunktionen.

[253] Um Mißverständnissen vorzubeugen, sei darauf hingewiesen, daß hier davon ausgegangen wird, daß nur die Präferenzen eines einzigen Entscheiders berücksichtigt werden müssen. Ob und unter welchen Bedingungen es möglich ist, durch eine Funktion die Präferenzen

Je höher die Zahl der zu berücksichtigenden Kriterien ist, desto schwerer fällt meist auch die Formulierung einer geeigneten Aggregationsfunktion. Man versucht daher, die Komplexität zu senken, indem man das Aggregationsproblem in Teilprobleme aufteilt und auf standardisierte Funktionen zur Aggregation zurückgreift. Es muß dann nicht mehr ein einziges, komplexes Bewertungsproblem (vgl. Abbildung 12), sondern mehrere, weniger komplexe Bewertungsprobleme (Abbildung 13) gelöst werden. Die Ergebnisse der Teilbewertungen müssen dann wiederum zu einem Endergebnis aggregiert werden. Dieser Aufteilung eines Bewertungsproblems in Teilprobleme bedient sich beispielsweise die Nutzwertanalyse. So werden die 55 Kriterien des Rankings des Hamburger Umweltinstituts, wie gezeigt, in 10 Gruppen unterteilt. HUI setzt zur Aggregation aller Teilbewertungen eine einfache Nutzwertanalyse ein.

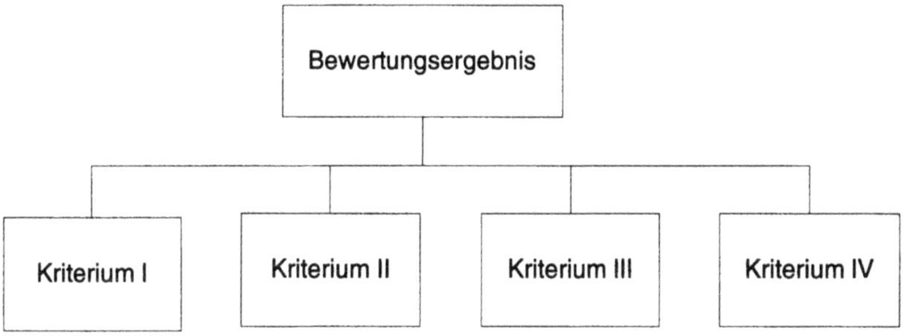

Abb. 12: Einstufige Bewertungen

verschiedener Entscheider wiederzugeben, ist nämlich umstritten (vgl. hierzu das Theorem von der Unmöglichkeit einer sozialen Präferenzfunktion in ARROW 1951). Vgl. zu dem Unterschied zwischen individueller und sozialer Präferenzfunktion auch LUCE/RAIFFA 1966, S. 353.

[254] ZANGEMEISTER 1976, S. 60ff. Vgl. zu dem Unterschied zwischen Nutzen- und Wertfunktionen auch Fußnote 58, S. 24.

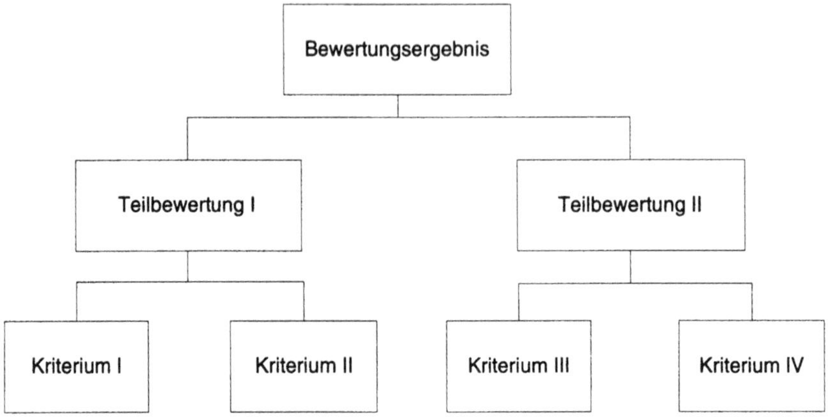

Abb. 13: Mehrstufige Bewertung

Problematisch ist in diesem Zusammenhang, daß - was in der Regel nicht beachtet wird - das Aggregationsproblem nicht in beliebige Teilprobleme aufgeteilt werden darf und daß auch die anzuwendenden Funktionen nicht willkürlich ausgewählt werden dürfen. Es muß außerdem beachtet werden, daß die Art der einzusetzenden Aggregationsfunktion (meist) von der Strukturierung des Bewertungsproblems abhängt. Eine geschickte Strukturierung des Bewertungsproblems kann dazu beitragen, daß anschließend eine weniger komplizierte Funktion zur Aggregation eingesetzt werden kann. Es bietet sich in der Regel an, das Bewertungsproblem in möglichst einfache Teilprobleme aufzuteilen.

Die Möglichkeit, nicht alle Kriterien auf einmal betrachten zu müssen, sondern die Bewertungsaufgabe in Teilaspekte (Kriteriengruppen) aufteilen zu können, die nacheinander gelöst werden können, kann als **Separabilität** bezeichnet werden. Separabilität darf nicht einfach vorausgesetzt werden. Es muß jeweils untersucht werden, ob Separabilität vorliegt.

Im Zusammenhang mit der Aufteilung des Bewertungsproblems in Teilprobleme müssen die folgenden zwei Fragen beantwortet werden:

(1) Welche Kriterien können zu Kriteriengruppen zusammengefaßt werden, die einzeln betrachtet werden dürfen?
(2) Wie sehen die jeweiligen Funktionen aus, die eine präferenzgerechte Bewertung der einzelnen Teilbewertungen ermöglicht?

Diese Fragestellungen werden durch die Mikroökonomie im Zusammenhang mit Produktions- und Nutzenfunktionen diskutiert.[255] Problematisch ist, daß der

[255] Vgl. z.B. LINDE 1981, S. 284ff.; BLACKORBY ET AL. 1975, S. 24ff.

formale Charakter dieser Darstellungen ungeeignet ist, Praktikern des Öko-Ratings bei der Lösung dieser Problemstellungen zu unterstützen. Sie überfordern den Nutzer und sind geeignet, den Eindruck entstehen zu lassen, daß die Problemstellungen von rein akademischer Relevanz sind.

Um die Verständlichkeit der Darstellung zu erhöhen, richtet sich die Schilderung im folgenden daher, im Gegensatz zu gängigen Darstellungen, die sich an formalen Kriterien orientieren,[256] an inhaltlichen Überlegungen aus. Das Ziel ist es, einem Praktiker, der ein Öko-Rating entwickeln möchte, aufzuzeigen, welche Überlegungen bei der Aufteilung des Bewertungsproblems in Teilprobleme anzustellen sind. Es kann zwischen drei grundlegenden Aspekten unterschieden werden.

(1) Kriterien können grundsätzlich zu Kriteriengruppen zusammengefaßt und separat von den verbleibenden Kriteriengruppen betrachtet werden, wenn die relative Bedeutung der Kriterien innerhalb der Kriteriengruppe nicht von anderen Kriterien(gruppen) abhängt.

Sollen beispielsweise Unternehmen im Hinblick auf ihren energiebedingten Beitrag zum Treibhauseffekt („Treibhausbewertung") bewertet werden, so bietet es sich einerseits an, zwischen verschiedenen Lebenszyklusphasen zu unterscheiden. Andererseits sollte bei der Bewertung von Maßnahmen zur Erhöhung der Energieeffizienz auch die Energieintensität mitberücksichtigt werden. Der Gedanke, der hinter dieser Aufteilung steht, ist, daß Maßnahmen zur Erhöhung der Energieeffizienz, die in einem bereits energieextensiven Bereich durchgeführt werden, nur wenig sinnvoll sind. Abbildung 14 gibt eine mögliche Strukturierung dieses Bewertungsproblems wieder.

Die Aufteilung in die Teilbewertungen „Energieeffizienzmaßnahmen" und „Energieintensität" ist nicht sinnvoll, da sie unberücksichtigt läßt, daß die Bedeutung einer Energieeffizienzmaßnahme im Produktionsbereich relativ zu einer analogen Maßnahme beim Produkteinsatz von der Energieintensität des jeweiligen Bereiches abhängt. Welchen Wert hat schon eine Maßnahme zur Steigerung der Energieeffizienz im Produktionsbereich, wenn das „wirkliche" Problem im Bereich des Produkteinsatzes liegt?

Abbildung 15 strukturiert dieselben Kriterien anders. Es werden nun die Teilbewertungen „Produktion" und „Produkteinsatz" gebildet. Dies erlaubt, die Energieeffizienzmaßnahmen in Abhängigkeit von der Energieintensität des jeweiligen Bereichs zu bewerten. Diese hängen nicht von der Bewertung der anderen Produktlebensphase ab. Die Bewertung einer Maßnahme im Produktions-

---

[256] Bei solchen formalen Kriterien handelt es sich beispielsweise um den Einfluß von Kriterien auf Grenzproduktivität bzw. -nutzen anderer Kriterien oder der Grenzrate der Substitution zwischen anderen Kriterien (vgl. hierzu die in Fußnote 255 zitierte Literatur).

bereich hängt beispielsweise nicht von der Energieintensität oder den ergriffenen Maßnahmen im Bereich des Produkteinsatzes ab. Es ist daher sinnvoll, die Bewertung in die in Abbildung 15 ausgewiesenen Teilbewertungen aufzugliedern.

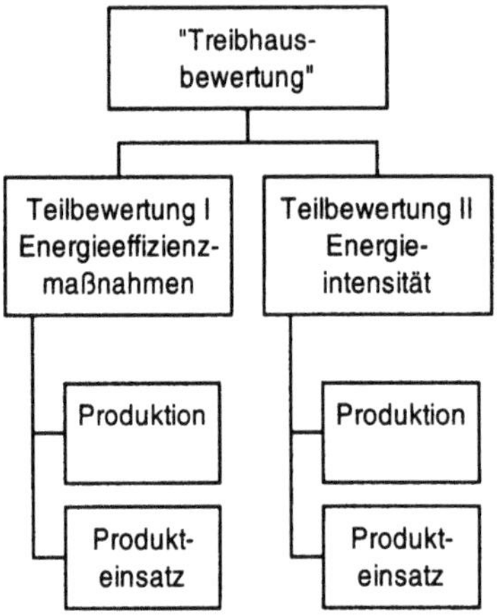

Abb. 14: Unzweckmäßige Stukturierung eines Bewertungsproblems

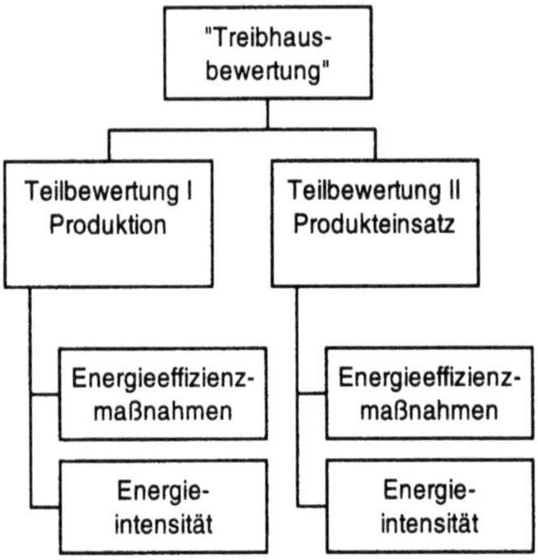

Abb. 15: Zweckmäßige Strukturierung eines Bewertungsproblems

Der besprochene erste Aspekt macht nur eine Aussage zu der Frage, unter welchen Umständen ein Bewertungsproblem in Teilprobleme aufgeteilt werden darf. Wie die Aggregation der Kriterien innerhalb der Kriteriengruppe und die Aggregation der Kriteriengruppen vorzunehmen sind, läßt sich noch nicht allgemeingültig ableiten.

(2) Von besonderem Interesse ist der Fall, in dem die Kriteriengruppen jeweils aus nur einem Kriterium bestehen. Dies ist nur möglich, *wenn der Grenznutzen, d.h. der marginale Beitrag des Kriteriums zum Gesamtnutzen, ausschließlich von der Ausprägung des Kriteriums selbst abhängt.*

Der Beitrag von Emissionen zu einzelnen Umweltproblemen ist ein gutes Beispiel, wenn man mögliche synergetische oder anergetische Effekte vernachlässigt. Einen solchen Zusammenhang zwischen Emissionen und Umweltproblem stellt beispielsweise Abbildung 16 dar.[257]

---

[257] Eine Zuordnung verschiedener Emissionen zu Umweltproblemen nimmt HEIJUNGS ET AL. 1992a vor. Vgl. für die Emissionen, die zum Treibhauseffekt beitragen, HEIJUNGS ET AL. 1992a, S. 66f.

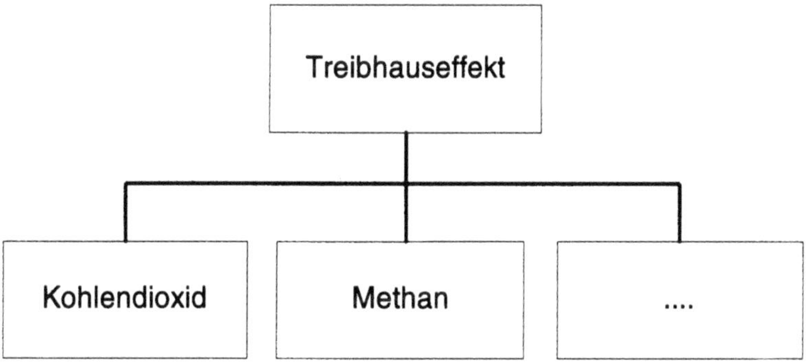

Abb. 16: Treibhausgase

Dieser Spezialfall ist von großer Bedeutung, da in der Praxis Kriterien meist isoliert betrachtet werden, obwohl dies häufig eigentlich nicht zulässig wäre. So basieren beispielsweise Nutzwertanalysen und damit sämtliche der im zweiten Teil der Arbeit untersuchten Öko-Rating-Konzepte darauf, daß alle Kriterien isoliert betrachtet werden dürfen. Ist die isolierte Betrachtung der einzelnen Kriterien zulässig, können diese selbstverständlich der Einfachheit halber zu Kriteriengruppen zusammengefaßt werden. Es ist in diesem Fall möglich, beliebige Kriteriengruppen zu bilden.[258] Die einzelnen Kriterien dürfen in diesem Fall durch Addition aggregiert werden.

Ist der zweite hier beschriebene Aspekt erfüllt, kann also der erste Aspekt ebenfalls als erfüllt vorausgesetzt werden.

(3) Die Teilnutzen der Kriteriengruppen können durch Addition zu einem Gesamtnutzen aggregiert werden, wenn die relative Bedeutung der Kriteriengruppen, die auch aus nur einem Element bestehen können, nicht voneinander abhängt.

Betrachtet man noch einmal Abbildung 15, so erkennt man, daß eine Addition der Teilnutzen (Produktion, Produkteinsatz) wahrscheinlich eine recht gute Approximation der Präferenzen des Entscheiders darstellt.[259] Die Bedeutung der

---

258 Die Ablehnung, Kriterien zu beliebigen Kriteriengruppen zusammenzufassen, obwohl eine additive Nutzenfunktion zum Einsatz kommt, ist in der Praxis häufig ein verräterischer Hinweis darauf, daß Kriterien unzulässigerweise isoliert betrachtet wurden. Wird die additive Nutzenfunktion nämlich zulässigerweise eingesetzt, dürfen die Kriterien auch zu beliebigen Kriteriengruppen zusammengefaßt werden.

259 Neben den genannten zwei Produktlebensphasen müssen in der Praxis natürlich weitere Lebensphasen, wie z.B. Einkauf von Vorleistungen und Produktentsorgung, berücksichtigt

jeweiligen Produktlebensphase ergibt sich innerhalb der Bewertung der Kriteriengruppe.

Auf den ersten Blick mag man nun annehmen, daß die relative Bedeutung einer Kriteriengruppe immer unabhängig von den anderen Kriteriengruppen ist, wenn die relative Bedeutung der Kriterien innerhalb der Kriteriengruppe nicht von Kriterien außerhalb der Kriteriengruppe abhängt. Daß es sich dabei um einen Trugschluß handelt, zeigt das in Abbildung 17 wiedergegebene Beispiel. In diesem Beispiel soll bewertet werden, wie groß das ökonomische Risiko[260] der Einführung einer „Treibhaussteuer“ ist.[261]

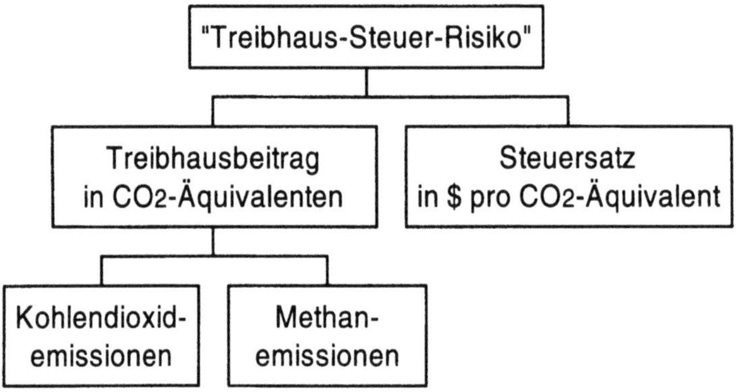

Abb. 17: Das ökonomische Risiko einer „Treibhaussteuer“

Die unterschiedlichen Emissionen, die einen Beitrag zum Treibhauseffekt leisten, werden hierzu auf eine gemeinsame Einheit umgerechnet. Im Falle des Treibhauseffektes werden hierzu die Kohlendioxidemissionen als Maßstab herangezogen. Die gemeinsame Einheit wird als „CO_2-Äquivalente“ bezeichnet.[262]

Es wird davon ausgegangen, daß der Steuersatz in Dollar pro CO_2-Äquivalent festgelegt wird. Eine Addition des Treibhausbeitrags in CO_2-Äquivalenten und

werden. Die Beschränkung auf zwei Lebensphasen in diesem Beispiel dient der besseren Übersichtlichkeit.

260 Es steht hier das absolute Risiko i.S. der absoluten Belastung durch eine entsprechende Steuer im Vordergrund. Die Bewertung eines solchen Risikos setzt zusätzlich noch eine Berücksichtigung der Ertragskraft einer Unternehmung voraus. Vgl. hierzu auch SCHALTEGGER/FIGGE 1997, S. 31ff.

261 Das Beispiel verkürzt die Zusammenhänge, der besseren Übersichtlichkeit halber, auf Kohlendioxid- und Methanemissionen.

262 Vgl. zur Berechnung solcher Äquivalentskoeffiziente im allgemeinen HEIJUNGS ET AL. 1992b, S. 57ff. Vgl. für die Berechnung der CO_2-Äquivalente im speziellen HEIJUNGS ET AL. 1992a, S. 66f.

des Steuersatzes führt ganz offensichtlich zu keinem sinnvollen Ergebnis. Es ist unmittelbar ersichtlich, daß Treibhausbeitrag und Steuersatz stattdessen multipliziert werden müssen. Auf der Basis der hier angestellten Überlegungen kann dieser Zusammenhang wie folgt erklärt werden:

Der Steuersatz hat grundsätzlich einen Einfluß auf die Bewertung der Emission der einzelnen Treibhausgase. Je höher der Steuersatz ist, desto stärker fällt beispielsweise ein Kilogramm emittiertes Kohlendioxid ins Gewicht. Es muß aber beachtet werden, daß sich eine Erhöhung des Steuersatzes auf alle Treibhausgase auswirkt. Die relative Bedeutung innerhalb der Kriteriengruppe ändert sich daher nicht. Wurde also beispielsweise festgestellt, daß die Emission einer Tonne Methan elfmal stärker als die Emission einer Tonne Kohlendioxid zu gewichten sei,[263] so ändert sich dieses Verhältnis auch nicht, wenn sich der erwartete Steuersatz auf Treibhausgase verändert. Da die relative Bedeutung nicht von Kriterien außerhalb der Kriteriengruppe abhängt, durfte daher auch eine separate Kriteriengruppe gebildet werden. Die Bedeutung der Kriteriengruppe „Treibhausgase" als ganzes hängt allerdings sehr wohl vom Steuersatz ab.

Ist eine Addition der Teilnutzen nicht sinnvoll, müssen andere Funktionen gefunden werden, die eine präferenzgerechte Aggregation zulassen. Dies ist in der Praxis häufig mit erheblichen Problemen verbunden. Es wird daher später ein Verfahren vorgestellt, das die einfache Modellierung auch komplexer Präferenzen erlaubt.

Es sollte aber immer auch untersucht werden, ob durch eine veränderte Strukturierung des Bewertungsproblems der Einsatz einer einfacheren Funktion möglich ist. Als Beispiel kann noch einmal die Bewertung von Energieeffizienzmaßnahmen herangezogen werden. So wäre es denkbar, daß Energieeffizienzmaßnahmen und Energieintensität einer Produktlebensphase zu einem künstlichen Kriterium zusammengezogen werden. Ein solches künstliches Kriterium wäre beispielsweise Energieeffizienzmaßnahme pro Einheit Energieintensität. In einem solchen Fall könnte u.U. eine Addition zur Aggregation der Teilnutzen eingesetzt werden.

Es sollte außerdem untersucht werden, ob das Problem nicht so strukturiert werden kann, daß nicht wenigstens ein Teil des Bewertungsproblems durch einfache Aggregationsfunktionen abgedeckt werden kann.

Die Strukturierung des Bewertungsproblems und die Aggregation hängen von den Präferenzen des Entscheiders ab. Im folgenden wird daher auf Präferenzen näher eingegangen.

---

263 Vgl. HEIJUNGS 1992a, S. 66. Es wird hier von einem Zeithorizont von 100 Jahren ausgegangen.

3.2 Arten von Präferenzen

Im ersten Teil wurde bereits einmal auf Indifferenzkurven zur graphischen Darstellung von Nutzenfunktionen eingegangen.[264] Die Form der Nutzenfunktionen und damit auch der Indifferenzkurven hängt von den Präferenzen des Entscheiders ab.[265] Die Zahl der möglichen verschiedenen Präferenzen ist unbeschränkt. Es kann allerdings zwischen einigen typischen Präferenzen unterschieden werden, die im folgenden anhand von Indifferenzkurven für den Fall von zwei Zielen erläutert werden.

In der Mikroökonomie wird üblicherweise von einem abnehmenden Grenznutzen und damit von konvexen Indifferenzkurven ausgegangen. Kurve 2 in Abbildung 18 gibt eine solche typische Indifferenzkurve wieder. Sie zeigt, daß es um so schwerer fällt, die bessere Erfüllung eines Zieles durch die Einbusse bei der Erreichung Erfüllung eines anderen Zieles zu substituieren, je stärker das erstere Ziel bereits erfüllt ist. Präferenzen bezüglich Maßnahmen zur Verminderung von Treibhausgasen und Maßnahmen zur Verminderung von Emissionen, die die Ozonschicht zerstören, werden beispielsweise oft diese Form aufweisen. Eine Unternehmung, die ihre Maßnahmen zum Schutz der Ozonschicht verstärkt, wird damit beispielsweise nachlassende Anstrengungen bei der Eindämmung der Treibhausgase kompensieren können. Je besser die Maßnahmen zum Schutz der Ozonschicht allerdings schon sind, desto weniger wird dies in den Augen der meisten Entscheider eine Kompensation nachlassender Anstrengungen bei der Eindämmung von Treibhausgasen rechtfertigen.

Gilt dies nicht, ist also eine Substitution eines Zieles durch ein anderes Ziel immer in einem gleichen Verhältnis möglich, ergibt sich Gerade 1 in Abbildung 18. Es wird davon gesprochen, daß es sich um vollständige Substitute handelt.[266] Ein Beispiel hierfür sind verschiedene Maßnahmen zur Reduzierung desselben Umweltproblems.[267] Vielen Entscheider dürfte es egal sein, wie ein Umweltproblem reduziert wird. Solche Entscheider sind gegenüber der Mischung der Maßnahmen zur Reduzierung des Umweltproblems indifferent. Sie würden

---

264 Vgl. Teil I/Abschnitt „2.2.5 Bewertungen durch Nutzenfunktionen".

265 Bei den hier diskutierten Präferenzen handelt es sich genaugenommen um Artenpräferenzen (vgl. zu den verschiedenen Präferenzarten Teil I/Abschnitt „2.2.2 Präferenzen"). Diese werden im folgenden der Einfachheit halber nur als Präferenzen bezeichnet.

266 Vgl. z.B. VARIAN 1989, S. 55 oder ein anderes grundlegendes Werk der Mikroökonomie.

267 Es wird hier davon ausgegangen, daß die Ziele mit Hinblick auf ihren Entlastungsbeitrag zu dem Umweltproblem skaliert werden.

bedenkenlos eine Maßnahme durch eine andere substituieren; die Indifferenzkurve nimmt die Form einer Geraden an.[268]

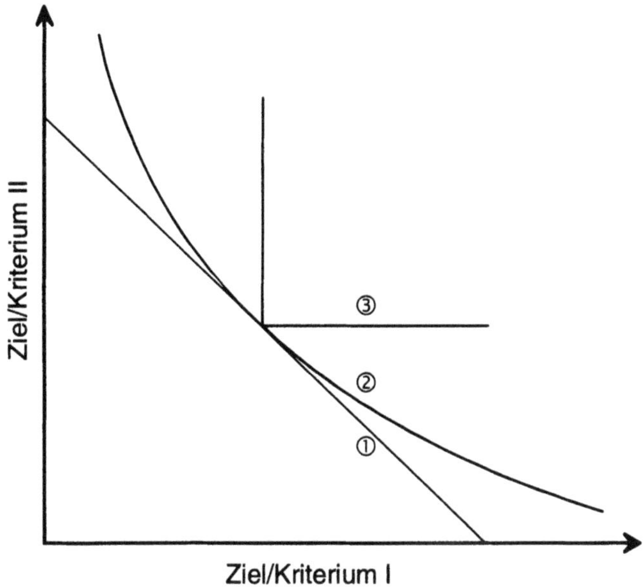

Abb. 18: Konvexe Indifferenzkurven

Ein anderes Extrem gibt Kurve 3 wieder. Hierbei müssen zwei Ziele in einem genau bestimmten Verhältnis erfüllt sein. Maßnahmen, die in einem bestimmten Verhältnis zueinander ergriffen werden müssen, sind ein Beispiel für perfekte Komplemente.[269] Die „Übererfüllung" eines einzelnen Ziels führt zu keiner weiteren Nutzensteigerung.

In der Mikroökonomie beschränkt man sich meist auf die Behandlung von konvexen Indifferenzkurven. Dies ist darauf zurückzuführen, daß man in der Regel von abnehmenden Grenznutzen ausgeht. Es ist aber durchaus denkbar, daß Indifferenzkurven eine konkave Form annehmen. Fällt bei konvexen Indifferenzkurven die Substitution zunehmend schwerer, so fällt bei konkaven Indifferenzkurven (vgl. z.B. Kurve 2 in Abbildung 19) die Substitution zunehmend leichter. Im Extremfall (Kurve 3 in Abbildung 19) reicht es, daß ein Ziel zu einem gewissen Grad erfüllt ist.

---

268 Es ist natürlich durchaus möglich, daß sich die Maßnahmen in bezug auf weitere Merkmale (z.B. Kosten) unterscheiden, die für den Entscheider von Bedeutung sind. Dies kann dazu führen, daß eine Maßnahme, z.B. weil sie kostengünstiger ist, vorgezogen wird.

269 Vgl. z.B. VARIAN 1989, S. 55f. oder ein anderes grundlegendes Werk der Mikroökonomie.

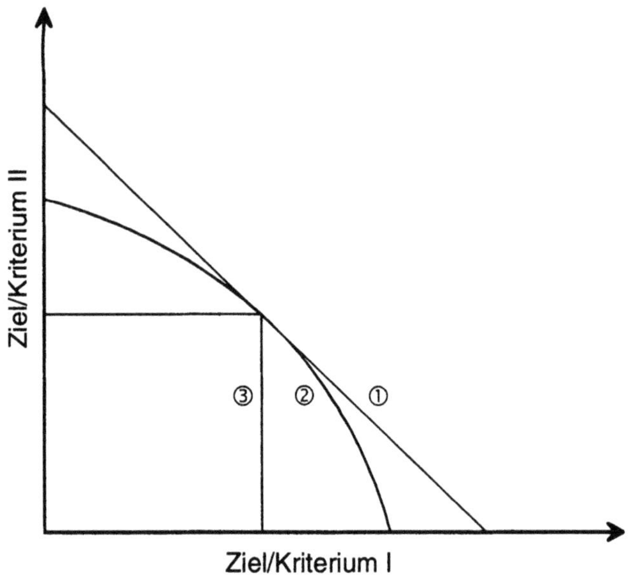

Abb. 19: Konkave Indifferenzkurven

Ein solcher Verlauf ist beispielsweise gegeben, wenn die betrachteten Ziele oder Kriterien Alternativen zueinander darstellen, die sich gegenseitig ausschließen. Einen solchen Zusammenhang kann es zum Beispiel beim Umgang von Unternehmen mit ökologieinduzierten Risiken geben. Eine Unternehmung kann beschließen, durch ein geeignetes Risikomanagement die Risiken auf ein akzeptables Niveau zu senken und sie selbst zu tragen. Alternativ hierzu kann sie sich auch gegen diese Risiken versichern. Geht man davon aus, daß sich das Risikomanagement nur unvollständig in einer Ermäßigung der Versicherungsprämie niederschlägt, stellen, aus Sicht der Unternehmung, die beiden Maßnahmen Alternativen dar, die sich gegenseitig in einem gewissen Maß ausschließen.

3.3 Nutzwertanalysen: Die Wahl der Praxis

3.3.1 Vorgehensweise

Auf die Vorgehensweise von Nutzwertanalysen wurde bereits im Rahmen der Beschreibung existierender Öko-Rating-Ansätze eingegangen.[270] Im folgenden wird daher nur noch insoweit auf sie eingegangen, als dies für einen Vergleich mit den im folgenden beschriebenen Bewertungsverfahren nötig ist.

Nutzwertanalysen gehen davon aus, daß alle Kriteriengruppen aus nur einem Kriterium bestehen. Diese Kriterien werden einzeln bewertet, woraus sich ein Teilnutzen ergibt. Der Nutzwert einer Alternative ergibt sich durch die Addition aller Teilnutzen, die durch Skalierungskoeffizienten „gewichtet" werden.

Beispiel:

In die Bewertung eines Unternehmens sollen als Kriterien die Qualität des Umweltmanagements („Umweltmanagement") und die Toxizität der Emissionen („Emissionen") eingehen. Die Messung der Zielerträge wird hier der Einfachheit halber als gelöst vorausgesetzt. Die Zielerfüllungsgrade werden für beide Kriterien auf kardinalen Skalen von 0 Punkte (schlechte Qualität des Umweltmanagements, hohe Toxizität) bis 100 Punkte (Gute Qualität des Umweltmanagements, niedrige Toxizität) festgehalten. Es wird außerdem bestimmt, daß die Skalierungskoeffizienten („Gewichte") beider Kriterien je 0,5 betragen sollen.

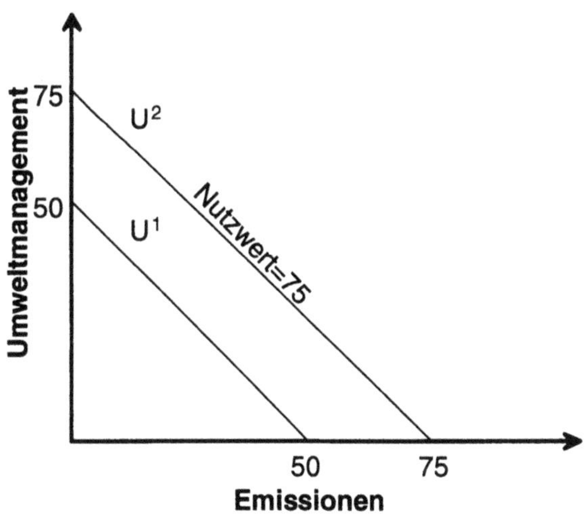

Abb. 20: Indifferenzkurven einfacher Nutzwertanalysen

[270] Siehe Teil II/Abschnitt „2.1.3 Präferenzen".

Abbildung 20 gibt exemplarisch durch den Verlauf der Indifferenzkurven die Präferenzen wieder, die durch das gewählte Verfahren modelliert werden. Die folgende Tabelle gibt Rechenbeispiele für einige mögliche Bewertungssituationen.

Nr.	Umweltmanagement	Emissionen	Gesamtnutzwert
1	30	80	55
2	30	30	30
3	80	80	80
4	75	80	77,5
5	76	80	78
6	25	50	37,5

Tabelle 5: Exemplarische Bewertungssituationen (einfache Nutzwertanalyse)

Wird beispielsweise das Umweltmanagement mit 30 Punkten und die Emissionen mit 80 Punkten bewertet (Beispiel Nr. 1), so ergibt sich ein Nutzwert von 55 Punkten ($0{,}5 \cdot 30 + 0{,}5 \cdot 80 = 55$). Die anderen Beispiele werden analog berechnet. Die Beispiele 4 und 5 zeigen beispielsweise, daß auch minimale Änderungen zu einer Veränderung des Nutzwertes führen. Die Beispiele werden bei der Besprechung der weiteren Bewertungsverfahren wieder aufgenommen werden.

3.3.2 Prämissen und geeignete Bewertungssituationen

Nutzwertanalysen erfreuen sich großer Beliebtheit, da sie es ermöglichen, alle Kriterien einzeln zu bewerten und die gewichteten Teilbewertungen durch einfache Addition zu einem Endergebnis zu aggregieren. Die Einfachheit der Handhabung erkaufen sie allerdings durch sehr restriktive Prämissen.[271]

Die wichtigsten Prämissen werden noch einmal in der folgenden Tabelle wiedergegeben.

---

[271] Vgl. zu den Prämissen Teil II/Abschnitt „2.1.3.1 Vorgehensweise und Prämissen von Nutzwertanalysen" und die dort zitierte Literatur.

Prämissen	**Nutzwertanalyse I**
Skalen	Kardinal (Verhältnisskalen)
Kriterien-/Zielbeziehungen	Nur Unabhängigkeit
„Gewichte“	Konstant
Transformation in eine einheitliche Einheit notwendig?	Ja

Tabelle 6: Prämissen der Nutzwertanalyse erster Generation

Die Kardinalität der Skalen setzt voraus, daß in bezug auf alle Kriterien und Ziele während aller Bewertungsschritte sinnvolle Aussagen über Abstände und, da es sich um Verhältnisskalen handeln muß, das absolute Niveau der Merkmalsausprägungen gemacht werden können. Fließt beispielsweise die Qualität des Umweltmanagements in die Bewertung mit ein, muß nicht nur der Unterschied zwischen der Qualität des Umweltmanagements zweier Unternehmen beziffert werden können. Es muß außerdem möglich sein, sinnvolle Aussagen über die absolute Höhe der Qualität des Umweltmanagements beider Unternehmen zu machen.[272]

Im Praxisgebrauch am wichtigsten ist die Prämisse der Unabhängigkeit zwischen Kriterien und Zielen. Diese Prämisse wurde weiter oben bereits intensiv diskutiert.[273] Jegliche Form von Synergien und Anergien kann durch die einfache Nutzwertanalyse beispielsweise nicht berücksichtigt werden. Die Indifferenzkurven einfacher Nutzwertanalysen verlaufen daher in der Form von Geraden (vgl. hierzu die in Abbildung 20 abgebildeten Indifferenzkurven). Ihre Steigung hängt von den Skalierungskoeffizienten ab.

Die Skalierungskoeffizienten, häufig auch als „Gewichte“ bezeichnet, müssen konstant sein.[274] Es gibt daher keine Möglichkeit, die situationspezifische Bedeutung einzelner Kriterien oder Ziele durch Veränderung der Skalierungskoeffizienten zu berücksichtigen. Einfache Nutzwertanalysen können daher nur in Situationen eingesetzt werden, in denen jedem Kriterium in jeder denkbaren Bewertungssituation eine gleich große Bedeutung zukommt.[275]

---

272 Gelingt es, Aussagen über die absolute Höhe zu machen, können natürlich auch Aussagen über die Abstände abgeleitet werden.

273 Vgl. hierzu den Abschnitt „2.1.3.1 Vorgehensweise und Prämissen von Nutzwertanalysen“, S. 57ff.

274 Dies kann letztlich auf die Unabhängigkeitsprämisse zurückgeführt werden.

275 Genauer ausgedrückt: Der Grenznutzen der einzelnen Kriterien ist konstant. Er entspricht der Höhe der jeweiligen Skalierungsfaktoren.

Alle Zielerfüllungsgrade und Teilnutzwerte müssen außerdem in einer einheitlichen Einheit und zwar in der Einheit des Nutzwertes vorliegen. Dies ist darauf zurückzuführen, daß jede Addition voraussetzt, daß die Summanden in einer gemeinsamen Einheit vorliegen. Dies dürfte zum Beispiel schwerfallen, wenn sowohl qualitative als auch quantitative Kriterien berücksichtigt werden müssen.

3.4 Nutzwertanalyse zweiter Generation: Die theoretische Weiterentwicklung

Als Reaktion auf die sehr restriktiven Annahmen der Nutzwertanalyse erster Generation hat Bechmann die Nutzwertanalyse zweiter Generation entwickelt.[276] Sie „bezahlt" für eine Lockerung der restriktiven Prämissen mit einem weniger einfachen, formalisierteren Vorgehen und weniger aussagekräftigen Ergebnissen. Die Nutzwertanalyse zweiter Generation erlaubt auch die Berücksichtigung von anderen Wertbeziehungen als Unabhängigkeit zwischen Kriterien.

An der Nutzwertanalyse zweiter Generation ist positiv hervorzuheben, daß sich ihr Vorgehen sehr stark an den inhaltlichen Überlegungen der Bewertung orientiert.

3.4.1 Vorgehensweise

Im Gegensatz zu Nutzwertanalysen erster Generation[277] setzt die Nutzwertanalyse zweiter Generation ordinale Skalen ein. Die Vorgehensweise der Nutzwertanalyse zweiter Generation kann zur Erläuterung anhand der folgenden fünf Schritte beschrieben werden:[278]

(1) Zuordnung der Zielerträge zu schwach ordinalen Wertausdrücken.
(2) Gruppierung der Kriterien/Kriterienbündel nach inhaltlichen Überlegungen hinsichtlich einer späteren Zusammenfassung.
(3) Angabe der inhaltlichen Wertbeziehungen zwischen Kriterien/Kriterienbündeln (Unabhängigkeit, Komplementarität, Konkurrenz, Mischformen).
(4) Gewichtung der Kriterien/Kriterienbündel.
(5) Definition des Aggregationsalgorithmus.

---

[276] Bechmann 1978a.

[277] Um eine Verwechslung zwischen der bisher beschriebenen Nutzwertanalyse und der im folgenden beschriebenen Nutzwertanalyse zweiter Generation zu vermeiden, wird erstere im folgenden als Nutzwertanalyse erster Generation, herkömmliche oder einfache Nutzwertanalyse bezeichnet.

[278] Bechmann nimmt eine etwas andere Beschreibung des Ablaufes vor (vgl. BECHMANN 1978a, S. 86f.). Der hier beschriebene Ablauf erlaubt ein leichteres Verständnis der der Nutzwertanalyse zweiter Generation inhärenten Logik.

Beispiel:

Das im Rahmen der Beschreibung der herkömmlichen Nutzwertanalyse betrachtete Beispiel[279] kann noch einmal aufgenommen werden. Es ergibt sich hierbei der folgende Ablauf.

(1) Es wird bestimmt, daß es vier Klassen zur Beurteilung des Umweltmanagements und der Emissionen geben soll. Es gelten für beide Kriterien die in der folgenden Abbildung wiedergegebenen Zuordnungen:

Punkte	**Klasse**
Bis 25	Katastrophal (1)
26 bis 50	Schlecht (2)
51 bis 75	Gut (3)
Ab 76	Exzellent (4)

Tabelle 7: Bewertungsklassen

(2) Die Kriterien sollen in einem einzigen Schritt zu einer Endbewertung zusammengefaßt werden. Es ergibt sich daher der in Abbildung 21 wiedergegebene Aufbau.

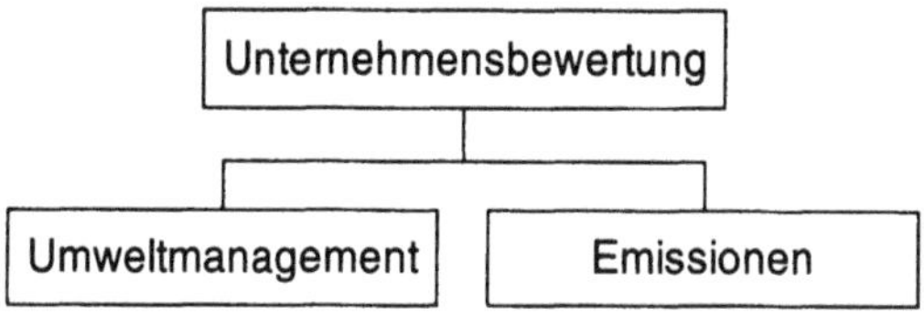

Abb. 21: Strukturierung des Bewertungsproblems

(3) Die Wertbeziehungen zwischen den Kriterien ergeben sich aus Tabelle 8.

---

[279] Vgl. Abschnitt „3.3.1 Vorgehensweise“.

	Umweltmanagement	Emissionen
Umweltmanagement	-	Komplementär für gute/exzellente Bewertung, sonst indifferent
Emissionen	Komplementär für gute/exzellente Bewertung, sonst indifferent	-

Tabelle 8: Wertbeziehungen zwischen Kriterien

(4) Es wird festgelegt, daß beide Kriterien gleich stark gewichtet werden sollen.

(5) Die Unternehmensbewertung soll ebenfalls anhand von vier Klassen bewertet werden. Tabelle 9 gibt den entsprechenden Aggregationsalgorithmus vor.

Unternehmens-bewertung	Hauptbedingung	Nebenbedingung
Exzellent (4)	$UM=4 \wedge EM=4$	-
Gut (3)	$UM \geq 3 \wedge EM \geq 3$	$UB \neq$ exzellent
Schlecht (2)	$UM \geq 2 \wedge EM \geq 2$; $UM=1 \wedge EM \geq 3$; $UM \geq 3 \wedge EM=1$	$UB \neq$ exzellent $UB \neq$ gut
Katastrophal (1)	Sonstige	$UB \neq$ exzellent $UB \neq$ gut $UB \neq$ schlecht

Tabelle 9: Aggregationsalgorithmen[280]

So gibt beispielsweise die erste Regel wieder, daß eine exzellente Bewertung nur erreicht werden kann, wenn sowohl die Bewertung des Umweltmanagements als auch der Emissionen exzellent sind. Diese Regeln werden in Abbildung 22 noch einmal in Matrixform wiedergegeben.

---

280 Legende: UB=Unternehmensbewertung, UM=Umweltmanagement, EM=Emissionen, $\wedge$ = und

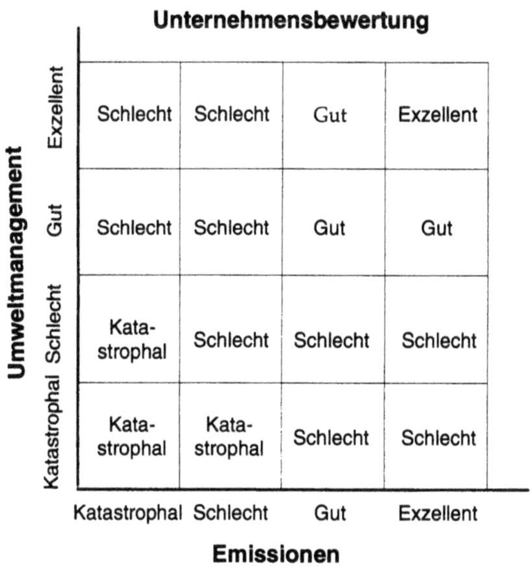

Abb. 22: Aggregationsalgorithmen (graphische Darstellung)

Tabelle 10 gibt die Ergebnisse für das hier vorgestellte Bewertungsverfahren wieder und stellt dies den Ergebnissen gegenüber, die mit der herkömmlichen Nutzwertanalyse ermittelt wurden. Um eine Vergleichbarkeit zu gewährleisten, wurden diese Ergebnisse denselben Bewertungsklassen[281] zugeordnet (vgl. letzte Spalte der Tabelle).

Wie die Tabelle zeigt, kommen die Bewertungsverfahren teilweise zu verschiedenen Ergebnissen. Besonders problematisch ist, daß es hierdurch zu einer Veränderung der Rangfolge kommen kann. Auf der Basis der Nutzwertanalyse erster Generation kommt man beispielsweise zum Ergebnis, daß Alternative sechs Alternative zwei vorzuziehen ist, während die Nutzwertanalyse zweiter Generation die zweite Alternative der sechsten Alternative vorzieht.[282]

---

[281] Vgl. für die Bewertungsklassen Tabelle 7, S. 105.

[282] Eine detaillierte vergleichende Analyse der Bewertungsergebnisse wird später (vgl. 3.5.4), nach der Vorstellung eines weiteren, neuen Bewertungsverfahren und dessen Anwendung auf dieses Beispiel, vorgenommen.

			Nutzwert-analyse zweiter Generation	Nutzwertanalyse erster Generation	
Nr.	**Emis-sionen (EM)**	**Umwelt-manage-ment (UM)**	**Unternehmens-bewertung**	**Zum Vergleich: 0,50·EM+0,50·UM**	**Unter-nehmens-bewertung**
1	30	80	Schlecht	55	Gut
2	30	30	Schlecht	30	Schlecht
3	80	80	Exzellent	80	Exzellent
4	75	80	Gut	77,5	Exzellent
5	76	80	Exzellent	78	Exzellent
6	25	50	Katastrophal	37,5	Schlecht

Tabelle 10: Exemplarische Bewertungssituationen (Nutzwertanalyse zweiter Generation)

3.4.2 Prämissen und geeignete Bewertungssituationen

Die wichtigsten Prämissen der Nutzwertanalyse zweiter Generation werden in der folgenden Tabelle den bereits diskutierten Prämissen der Nutzwertanalyse erster Generation[283] gegenübergestellt und anschließend diskutiert.

Prämissen	**Nutzwertanalyse II**	**Nutzwertanalyse I**
Skalen	Schwach ordinal	Kardinal (Verhältnisskalen)
Kriterien-/Zielbeziehungen	Alle Abhängigkeiten	Nur Unabhängigkeit
„Gewichte“	Variabel	Konstant
Transformation in eine einheitliche Einheit notwendig?	Nein	Ja

Tabelle 11: Prämissen der Nutzwertanalyse zweiter Generation

[283] Vgl. hierzu auch Tabelle 6, S. 103.

Im Gegensatz zur Nutzwertanalyse erster Generation ist eine Transformation der Zielerträge in Zielerfüllungsgrade im Rahmen der Nutzwertanalyse zweiter Generation nicht nötig. Die Zuordnungsvorschriften können direkt auf Zielerträgen beruhen, die auch in verschiedenen Einheiten vorliegen dürfen. Die ermittelten Zielerträge müssen auf schwach ordinale Skalen transformiert werden, was beim Vorliegen von kardinalen oder stark ordinalen Skalen allerdings kein Problem darstellt. Die Verwendung von schwach ordinalen Skalen führt dazu, daß weder Aussagen über Abstände zwischen Kriterienausprägungen noch über deren absolute Höhe gemacht werden müssen. Wird beispielsweise die Qualität des Umweltmanagements einer Unternehmung bewertet, muß der Bewerter es nur einer Qualitätsklasse zuordnen können. Aus der Sicht der verwendeten Skalen ist die Nutzwertanalyse zweiter Generation daher zwar grundsätzlich problemloser, die Ergebnisse sind allerdings auch weniger aussagekräftig.[284]

Die Aussagekraft ist auf der anderen Seite aber niedriger, da es wegen der schwach ordinalen Skalen nur eine endliche Zahl an möglichen Ergebnissen und damit an Differenzierungsmöglichkeiten gibt. Statt Indifferenzkurven, die eine unendlich hohe Anzahl von Punkten gleicher Bewertung miteinander verbinden, gibt es, wie Abbildung 23 zeigt, nur einige wenige „Indifferenzpunkte". Die Pfeile in dieser Abbildung deuten die Zuordnungsvorschrift an, die den Kriterienwerten solche „Indifferenzpunkte" zuordnet.

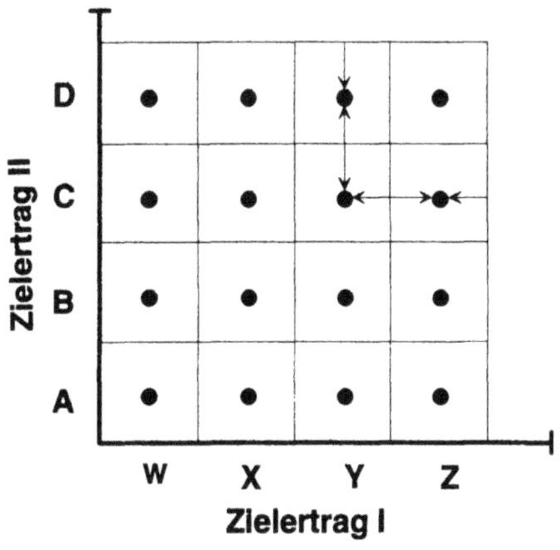

Abb. 23: Funktionsweise der Nutzwertanalyse zweiter Generation (graphische Darstellung)

---

284 Kardinale Skalen können problemlos in ordinale Skalen transformiert werden. Die Transformation von ordinalen Skalen in kardinale Skalen ist aber meist problematisch. Vgl. hierzu auch „Exkurs B: Skalentypen, Skalentransformationen".

Es können durch die Nutzwertanalyse zweiter Generation prinzipiell alle denkbaren Abhängigkeiten zwischen den Kriterien berücksichtigt werden. Es ist daher auch möglich, Kriterien bzw. Ziele zu berücksichtigen, die in einem komplementären oder konkurrenzierenden Verhältnis zueinander stehen. Es muß allerdings beachtet werden, daß die Komplexität der Modellierung ansteigt, je mehr Kriterien gleichzeitig betrachtet und je feiner die Klassen abgestuft werden sollen. Schon bei wenigen Kriterien und wenigen Klassen kann dieses Verfahren ein hohes Maß an Komplexität erreichen.[285]

Die Modellierung von Abhängigkeiten erlaubt zudem die variable Gewichtung von Kriterien und Zielen. Wird beispielsweise davon ausgegangen, daß ein qualitativ hochwertiges Umweltmanagement nur für den Fall von Bedeutung ist, daß eine Unternehmung sehr toxische Emissionen ausstößt, so sollte dem Umweltmanagement kein großes Gewicht beigemessen werden, wenn die Emissionen nur wenig giftig sind.

Die eingesetzten ordinalen Skalen lassen das Verfahren allerdings für die Lösung komplexer Teilbewertungen ungeeignet erscheinen. Soll nämlich anschließend beispielsweise eine herkömmliche Nutzwertanalyse zur Weiterverarbeitung eingesetzt werden, müssen die Ergebnisse von schwach ordinalen Skalen auf Verhältnisskalen transformiert werden. Dies ist oft nicht möglich.

Dieses Verfahren sollte daher grundsätzlich nur angewendet werden, wenn erstens Abhängigkeiten zwischen Kriterien vorliegen und somit eine herkömmliche Nutzwertanalyse nicht angewendet werden kann und zweitens die Kriterienwerte ohnehin auf schwach ordinalen Skalen vorliegen oder ihre Transformation auf schwach ordinale Skalen keine wesentliche Minderung der Aussagefähigkeit der Bewertungsergebnisse darstellt. Dies ist immer dann der Fall, wenn die Zugehörigkeit zu einer gewissen Klasse von Werten, nicht aber der Abstand zwischen den Werten von Bedeutung ist oder wenn gewisse Kriterien erfüllt werden müssen, der Grad der Über- oder Untererfüllung aber keinen zusätzlichen Nutzen verspricht. Ob ein solcher Fall gegeben ist, kann nicht formal, sondern muß auf der Basis inhaltlicher Überlegungen entschieden werden.[286]

---

[285] Werden beispielsweise zwei Kriterien je vier Klassen zugeordnet, müssen 16 mögliche Bewertungsfälle berücksichtigt werden. Soll die Genauigkeit verdoppelt werden und sollen zwei Kriterien je acht Klassen zugeordnet werden, ergeben sich bereits 64 und für drei Kriterien und je acht Klassen 512 zu berücksichtigende Bewertungsfälle.

[286] Vgl. hierzu auch den Umgang mit Ausschlußkriterien in der folgenden Fallstudie.

3.5 Scoringverfahren auf der Basis unscharfer Logik

Durch die Nutzwertanalyse zweiter Generation können Bewertungssituationen modelliert werden, bei denen herkömmliche Nutzwertanalysen versagen. Problematisch ist allerdings einerseits, daß die Ergebnisse nur auf schwach ordinalen Skalen vorliegen. Dies erschwert die Interpretation. Es ist andererseits zu bemängeln, daß das Verfahren, soll es über die Zuordnung von Alternativen in ein äußerst grobes Raster hinausgehen, sehr schnell an Komplexität gewinnt.

Im folgenden wird ein Verfahren vorgestellt, das, wie auch die Nutzwertanalyse zweiter Generation, die Berücksichtigung von Abhängigkeiten zuläßt. Ein wesentlicher Vorteil dieses Verfahrens ist, daß es zu kardinalen Ergebnissen führt, ohne die Komplexität im Vergleich zu einer äußerst „grobmaschigen" Nutzwertanalyse zweiter Generation wesentlich zu erhöhen.

Das hier vorgestellte neue Verfahren baut auf einem anderen Verständnis von Logik auf. Diese Logik - „Fuzzy Logic" - unterscheidet sich von der im westlichen Kulturkreis dominierenden Logik. Dies macht eine, im Vergleich zu den Erläuterungen der existierenden Verfahren, umfangreichere Darlegung notwendig. Erleichtert wird dies allerdings dadurch, daß Fuzzy Logic im Bereich der Steuerungstechnik gelegentlich schon angewandt wird.

Ein erster Abschnitt (3.5.1) zeigt, welches Problem durch den Einsatz von Fuzzy Logic im Bereich der Steuerungstechnik gelöst werden konnte und welche Parallelen es zu der hier vorliegenden Bewertungsproblematik gibt. Anschließend wird auf die der Fuzzy Logic zugrundeliegenden Philosophie (3.5.2) und ihre Anwendung in der Steuerungstechnik (3.5.3) näher eingegangen. Auch dieses Verfahren wird auf das schon bekannte Beispiel (3.5.4) angewandt und die Prämissen des Verfahrens (3.5.5) werden diskutiert.

3.5.1 Modellierung nicht-linearer Zusammenhänge: Das Beispiel Steuerungstechnik

Der Aufgabe der funktionalen Modellierung eines komplexen, d.h. nichtlinearen, Tatbestandes begegnet man auch in anderen Zusammenhängen. Hierbei ist besonders an die Steuerungstechnik zu denken, in der Funktionen gefunden werden müssen, die durch die Bewertung vorliegender Inputinformationen (Umweltzustände) auf eine geeignete Outputinformation (Steuerungsgröße) schließen.

Automatische Luftballonaufblasmaschine

Ein einfaches, aber aufschlußreiches Beispiel ist die Steuerung einer Luftballonaufblasmaschine, die lange Zeit durch eine herkömmliche funktionale Steuerung nicht gelang, obwohl diese „Aufgabe" schon innert kürzester Zeit

Automatische Luftballonaufblasmaschine

durch jedes Kind gelöst werden kann.[287] Ziel einer Luftballonaufblasmaschine ist es, Luftballons automatisch aufzublasen, ohne daß diese platzen. Wesentliche Inputinformationen sind die Spannung der Luftballonhaut und der Gegendruck beim Hineinblasen der Luft. Die Steuerung regelt (Outputinformation), wieviel noch hineingeblasen werden soll.

Besonders problematisch ist bei der hier beschriebenen Steuerung, daß nicht linear von den Inputinformationen auf die Outputinformationen geschlossen werden kann. So weiß beispielsweise jedes Kind, daß beim Aufblasen eines Luftballons am Anfang ein gewisser Anfangswiderstand überwunden werden muß, daß allerdings auch bei einem hohen Widerstand keine Gefahr des Platzens des Ballons besteht, solange die Außenhaut nicht sehr gespannt ist.

In den folgenden Abschnitten wird gezeigt werden, wie ein solches Alltagsproblem mit Hilfe von Fuzzy Logic gelöst werden kann.

Während die Steuerung einfacher, d.h. meist linearer, Prozesse normalerweise keine großen Probleme aufwirft, fällt die Steuerung komplexer, in der Regel meist nicht-linearer, Prozesse auch in der Steuerungstechnik schwer. Für einige Prozesse ist eine zufriedenstellende Steuerung lange Zeit überhaupt nicht gelungen. Dies war nicht darauf zurückzuführen, daß das nötige Expertenwissen zur Steuerung fehlte, da sich die meisten dieser Prozesse vorher schon zufriedenstellend manuell steuern ließen (vgl. hierzu auch das Beispiel einer Luftballonaufblasmaschine im obenstehenden Kasten). Die Modellierung einer geeigneten Funktion, die eine automatische Steuerung zuließ, gelang hingegen nicht.

Daß eine funktionale Formulierung des Expertenwissens nicht gelang, verwundert um so mehr, wenn man bedenkt, daß eine verbale Übertragung des Expertenwissens in der Regel keine größeren Probleme darstellt.

Ein wesentlicher Grund hierfür ist, daß Menschen „unscharf" denken, argumentieren und kommunizieren, während die Übertragung von Expertenwissen auf eine Steuerung „scharf" erfolgen muß.[288] Dies ist darauf zurückzuführen, daß die traditionelle Steuerungstechnik, wie auch alle anderen „traditionellen" Wissenschaften, auf „scharfer" Logik basieren. Auf der Basis der von Zadeh[289] entwickelten Fuzzy Logic („unscharfen Logik") wurden daraufhin eine unscharfe Steuerungstechnik („Fuzzy Control") entwickelt, die eine verein-

---

[287] Vgl. zur Problematik der Steuerung einer Luftballonaufblasmaschine auch DRÖSSER 1994, S. 7ff.

[288] Auf die Bedeutung Begriffe „scharf" und „unscharf" in diesem Zusammenhang wird im folgenden Kapitel näher eingegangen.

[289] Vgl. ZADEH 1965. Zadeh kann zwar als Erfinder der Fuzzy Logic bezeichnet werden, es haben allerdings andere Wissenschaftler bereits vor ihm auf die Diskrepanz zwischen „scharfen" Wissenschaften und „unscharfer" Logik hingewiesen (vgl. z.B. Black 1937).

fachte Umsetzung von Expertenwissen erlaubt und damit erst die Steuerung gewisser Prozesse erlaubte.

3.5.2 Fuzzy Logic: Die Philosophie

Zadeh, der Begründer der Fuzzy Logic, stellte fest, daß Objekte oft nicht eindeutig Mengen zugeordnet werden können.

Beispiel: Während man Hunde, Pferde und Vögel klar der Menge der Tiere zuordnen kann und Steine, Flüssigkeiten und Pflanzen ganz klar nicht zu der Menge der Tiere gehören, stößt man bei der Zuordnung von Seesternen und Bakterien beispielsweise schon auf Probleme.
Auf dasselbe Problem stößt man, wenn man entscheiden soll, ob die Zahl 10 zu der Menge der Zahlen gehört, die viel größer als die Zahl 1 sind.[290]

Dieser Umstand scheint auf den ersten Blick geradezu banal zu sein. Aus dem täglichen Leben sind Menschen es gewöhnt, mit solchen unklaren Zuordnungen umzugehen. Schnelle Autos, große Bäume, langweilige Vorlesungen und spannende Krimis sind Mengen, deren Elemente der Mengenbeschreibung mehr oder weniger entsprechen können.

Problematisch ist nun aber, daß die klassische, „scharfe" Logik eine teilweise Zugehörigkeit eines Elementes zu einer Menge nicht kennt. Es gilt der „Satz vom ausgeschlossenen Dritten" bzw. „Satz vom ausgeschlossenen Widerspruch".[291] Es existieren daher nur zwei Wahrheitswerte: Wahr oder falsch beziehungsweise „0" oder „1". Ein Element gehört zu einer Menge oder nicht - eine dritte Möglichkeit existiert nicht.

Die Fuzzy Logic läßt im Gegensatz zur klassischen Logik Zwischenzustände zu. Man könnte nun versucht sein zu argumentieren, daß auch die klassische Logik Zwischenzustände zuläßt, wenn man nur die Mengenbeschreibungen entsprechend anpaßt. Ist beispielsweise eine Vorlesung nicht langweilig genug, um wirklich gut auf die Mengenbeschreibung „langweilige Vorlesung" zu passen, so könnte man ja die neue Menge der „mittellangweiligen Vorlesung" kreieren,

---

290 Die Beispiele stammen von Zadeh selbst. Vgl. ZADEH 1965, S. 338.
Es geht in diesem Zusammenhang nicht um die Frage, ob man weiß oder nicht, daß es sich beispielsweise bei Seesternen um ein Tier oder eine Pflanze handelt. Die auf scharfer Logik basierenden Wissenschaften haben eindeutige Unterscheidungskriterien entwickelt, die zum Beispiel Seesterne der Menge der Tiere zuordnen. Im Vordergrund steht hier das menschliche Verständnis, das etwa im Fall der Seesterne zweifellos keine so eindeutige Zuordnung vornimmt.

291 Der Satz vom ausgeschlossenen Dritten („Tertium non datur") geht auf Aristoteles zurück und besagt, daß etwas immer eine Eigenschaft „A" oder die Eigenschaft „nicht A" hat. Eine andere Möglichkeit gibt es nicht. Der Satz vom ausgeschlossenen Widerspruch besagt, daß etwas außerdem nicht gleichzeitig die Eigenschaft „A" und „nicht A" haben kann.

die das Element besser beschreibt. In der praktischen Umsetzung (z.B. bei Steuer- und Regelungssystemen) wird in der Tat oft so vorgegangen. Aus der Sicht der Logik stellt dies aber keine Lösung dar. Erstens muß man nur eine etwas feinere Abstufung wählen, um vor demselben Problem wieder zu stehen und zweitens gehört eine mittellangweilige Vorlesung, auch wenn die Menge der mittellangweiligen Vorlesungen existiert, in einem gewissen Maß ja trotzdem zu der Menge der langweiligen Vorlesungen. Wie sich hier schon zeigt, ist eine große Stärke der Fuzzy Logic, daß sie mit nominalen und verbal formulierten Informationen besser umgehen kann als die traditionelle Logik und die auf dieser Logik aufbauenden Verfahren.

Es wird außerdem ein weiterer Vorteil deutlich: Während die scharfe Logik „konstruktionsbedingt" immer wieder künstliche und willkürliche Grenzfälle schafft, geht die Fuzzy Logic mit diesen Fällen „natürlicher" um.

Beispiel: Untersucht man, welche Branchen energieintensiv sind, so muß in der klassischen Logik eine „künstliche" Grenze gezogen werden. Dies führt dazu, daß beispielsweise eine Branche, die 100 Energieeinheiten pro 100 Euro Wertschöpfung verbraucht, als energieintensiv bezeichnet wird, während eine Branche, die nur eine Einheit weniger Energie verbraucht, nicht mehr als energieintensiv angesehen wird.

In der Fuzzy Logic werden sogenannte „Zugehörigkeitsgrade" bestimmt, die wiedergeben, in welchem Maße ein Element einer solchen unscharfen Menge angehört. Die Zugehörigkeit wird auf dem Intervall [0,1] festgelegt[292] und durch den griechischen Buchstaben μ wiedergegeben. Ein Element mit dem Zugehörigkeitsgrad $\mu=0$ gehört einer Menge von Elementen gar nicht und ein Element mit $\mu=1$ einer Menge von Elementen vollständig an. Ein Element mit einem Zugehörigkeitsgrad von beispielsweise $\mu=0{,}95$ gehört der Menge in einem starken Maße an. Wie sich hier schon andeutet, umfaßt Fuzzy Logic die klassische scharfe Logik, die aus der Sicht der Fuzzy Logic nur einen Sonderfall darstellt.

Beispiel: Überträgt man das obige Beispiel der „energieintensiven Branchen" auf die Fuzzy Logic, so ergibt sich folgendes Bild. Anstatt Branchen vollständig oder gar nicht zu der Menge der energieintensiven Branchen zu zählen, werden ihnen Zugehörigkeitsgrade zugeordnet, die angeben, in welchem Maße sie zu der Menge der energieintensiven Branchen gehören. Einer Branche, die 90 Energieeinheiten pro 100 Euro Wertschöpfung verbraucht, würde beispielsweise ein Zugehörigkeitsgrad von $\mu=0{,}90$ zugeordnet. Eine Branche, die nur eine Energieeinheit weniger verbraucht, würde immerhin noch einen Zugehörigkeitsgrad von beispielsweise $\mu=0{,}89$ erreichen.

[292] Vgl. ZADEH 1965, S. 339.

Hieraus resultiert letztendlich auch eine verbesserte Umsetzungsmöglichkeit von Expertenwissen. Dies zeigt sich, sobald eine Abweichung zwischen dem konkret zu bewertenden Zustand und dem formulierten (und modellierten) Expertenwissen besteht. Während eine auf Basis scharfer Logik formulierte Regel nur „ganz oder gar nicht" angewendet werden kann, kann eine auf unscharfer Logik basierende Regel auch nur teilweise zum Tragen kommen. Dies gleicht sehr viel mehr der menschlichen Art und Weise, Regeln einzusetzen.

Die Zulassung unscharfer Mengen hat weitreichende Konsequenzen auf einige traditionelle Gebiete der Mathematik. So müssen traditionelle Konzepte beispielsweise der Mengenlehre neu formuliert werden.[293] Interessant ist in diesem Zusammenhang, daß dabei die gewohnte Eindeutigkeit, mit der diese Fragen in der traditionellen Logik entschieden werden können, in der Fuzzy Logic (meist) nicht mehr existiert. Oft existieren mehrere verschiedene Konzepte parallel. Positiv ist in diesem Zusammenhang zu vermerken, daß sich hierdurch eine große Anpassungsfähigkeit der Fuzzy Logic ergibt.

3.5.3 Fuzzy Control: Die Anwendung

Aus der klassischen Logik sind Schemata bekannt, die zur Gewinnung von Schlußfolgerungen eingesetzt werden. Bei diesen Schemata wird von Prämissen auf Konklusionen geschlossen. Das bekannteste Schema wird als „Modus Ponens" bezeichnet.[294] Diesem Schema liegt folgende Logik zugrunde: Ist eine erste Aussage wahr und folgt eine zweite Aussage aus der ersten Aussage, so ist auch die zweite Aussage wahr. Dieser Zusammenhang wird oft in der folgenden Form geschrieben:

---

[293] Als Beispiel kann hier das Konzept der Schnittmenge angeführt werden. Auf der Basis der klassischen scharfen Logik gehört ein Element immer dann einer Schnittmenge zweier Mengen an, wenn es beiden Mengen angehört. Ein roter VW Käfer gehört sowohl der Menge der roten Autos als auch der Menge der langsamen Autos an. Er befindet sich deshalb auch in der Schnittmenge der roten, langsamen Autos. Da die klassische Logik nur ein Sonderfall der Fuzzy Logic ist, gehört der Käfer auch in der Fuzzy Logic der Schnittmenge der roten, langsamen Autos mit einem Zugehörigkeitsgrad von $\mu=1$ an, wenn er der Menge der roten Autos mit einem Zugehörigkeitsgrad von $\mu=1$ und der Menge der langsamen Autos mit einem Zugehörigkeitsgrad von $\mu=1$ angehört.
Wie verhält es sich aber nun, wenn der rote Käfer der Menge der roten Autos nur mit einem Zugehörigkeitsgrad von $\mu=0{,}9$ (z.B. ein rot-brauner Käfer) und der Menge der langsamen Autos nur mit einem Zugehörigkeitsgrad von $\mu=0{,}7$ (z.B. ein frisierter Käfer) angehört? Mit welchem Zugehörigkeitsgrad gehört der Käfer der Schnittmenge der roten, langsamen Autos an?
Auf diese Fragen wird später detaillierter eingegangen werden.

[294] Vgl. zum Modus Ponens z.B. DRÖSSER 1994, S. 52ff.

A

A → B

B

Über dem waagrechten Strich stehen die Prämissen und unter dem Strich die Konklusion.

Beispiel: Unternehmung A ist energieintensiv.
Wenn eine Unternehmung energieintensiv ist, dann belastet sie die Umwelt stark.
Unternehmung A belastet die Umwelt stark.

Es muß allerdings darauf hingewiesen werden, daß es sich nur um ein Schlußfolgerungsschema handelt. Eine in dieser Art aufgebaute Schlußfolgerung kann durchaus formal korrekt und inhaltlich falsch sein. Eine energieintensive Unternehmung, die beispielsweise ihren Energiebedarf durch geothermische Energiequellen decken kann, belastet unter Umständen die Umwelt nur wenig. Obige Schlußfolgerung würde zu einem Fehlschluß führen.

Richtig interessant wird der Modus Ponens nun aber erst, wenn verschiedene Argumente (Mengen) in den Prämissen miteinander verknüpft werden. Hierbei können verschiedene Argumente sprachlich mit Ausdrücken wie „und" oder „oder" verbunden werden. Statt einer einzigen Prämisse erhält man einen ganzen Bedingungsteil, der aus mehreren Prämissen bestehen kann. Das Pendant aus der Mengenlehre sind hier Schnitt- und Vereinigungsmenge.[295] Dies kann an einem Beispiel erläutert werden.

Beispiel: Gegeben seien die folgenden Prämissen bzw. Konklusion: Wenn eine Unternehmung energieintensiv ist UND wenig regenerative Energieträger einsetzt, dann belastet sie die Umwelt stark.
Es sei außerdem gegeben: Unternehmung A ist energieintensiv und setzt wenig regenerative Energieträger ein. Unternehmung B ist nicht energieintensiv und setzt viele („nicht wenige") regenerative Energieträger ein. Unternehmung C ist nicht energieintensiv und setzt wenige regenerative Energieträger ein.
Es zeigt sich, daß sich nur Unternehmung A in der Schnittmenge derjenigen Unternehmen wiederfindet, die energieintensiv sind und wenig regenerative Energieträger einsetzen. Nur für diese Unter-

---

[295] Wobei im Fall der Vereinigungsmenge hier vorausgesetzt wird, daß es sich um ein „einschließendes oder" handelt.

nehmung läßt sich auf der Basis der Prämissen die Konklusion treffen, daß sie die Umwelt stark belastet.[296]

Beim Modus Ponens wird auf der Basis von Prämissen auf eine Konklusion geschlossen. Bei der Fuzzy Logic kann eine Prämisse auch nur teilweise erfüllt sein. Es stellt sich die Frage, ob der Modus Ponens trotzdem eingesetzt werden kann und ob und wie er gegebenenfalls anzupassen wäre.

In der oben eingeführten Schreibweise läßt sich dieser Zusammenhang wie folgt schreiben:[297]

X ist A'

Wenn X ist A, dann Y ist B

Y ist B'

Wie groß ist nun aber B'?

Wie wird außerdem vorgegangen, wenn zwei (oder) mehr Mengen miteinander verknüpft werden, die jeweils in unterschiedlichem Maß erfüllt sind?

Beispiel: Gegeben seien die folgenden Prämissen bzw. Konklusion: Wenn eine Unternehmung energieintensiv ist UND keine regenerativen Energieträger einsetzt, dann belastet sie die Umwelt stark.

Es sei nun aber folgende Situation gegeben: Eine Unternehmung ist „mittel" energieintensiv und setzt „mittel" viele regenerative Energieträger ein. Eine andere Unternehmung ist energieintensiv und setzt keine regenerativen Energieträger ein.

Läßt sich auf der Basis der Prämissen eine Konklusion darüber treffen, welche Unternehmung wie stark die Umwelt belastet? Welche?

Eine eindeutige Antwort auf diese Frage existiert, wie sehr oft in der Fuzzy Logic, nicht. Eine Anforderung, die an mögliche Lösungen zu stellen ist, ist aber, daß sie mit der Lösung der scharfen Logik kompatibel sein soll; sie soll die scharfe Lösung umfassen. Es wird nun angenommen, daß die Konklusion in demselben Ausmaß wie die Prämisse erfüllt ist.[298]

---

296 Es ist in diesem Zusammenhang anzumerken, daß sich für die anderen Unternehmen keinerlei Konklusion treffen läßt. In Abschnitt „3.5.3.1 Bestimmung der Regelbank" wird hierauf kurz eingegangen (Vgl. besonders den Kasten „Bijunktion, Subjunktion, vollständige Subjunktion", S. 120.).

297 BÖHME 1993, S. 263.

298 Es handelt sich auch hier wieder nur um eine Vereinbarung. Andere Vorgehensweisen sind denkbar.

Für das obige Beispiel würde das bedeuten, daß etwa eine Unternehmung, die „mittel“ energieintensiv ist und „mittel“ viele regenerative Energieträger einsetzt, auch eine Note erhalten wird, die einer „mittel starken“ Belastung der Umwelt entspricht.

Nun liegen die Argumente aber nicht als unscharfe Zugehörigkeitsgrade zu Prämissen vor. Es ist bisher nicht klar, wie die Zugehörigkeitsgrade der Prämissen genau auf die Konklusion übertragen werden sollen. Außerdem ist man nicht an unscharfen Zugehörigkeitsgraden zu Konklusionen, sondern an klaren, d.h. scharfen, Konklusionen interessiert. Wie erhält man aber ein solches scharfes Ergebnis genau?

Analoge Fragen entstehen auch bei der unscharfen Regelungstechnik („Fuzzy Control“). Für unscharfe Regler ist eine entsprechende Vorgehensweise entwickelt worden (siehe auch Abbildung 24), die auch im Rahmen einer unscharfen Wertsynthese angewandt werden kann. Es kann zwischen den vier Bereichen

- Bestimmung der Regelbank (Abschnitt 3.5.3.1),
- Fuzzifizierung, d.h. „Unscharfmachung“ der Prämissen (Abschnitt 3.5.3.2),
- Inferenz, d.h. Ermittlung der Zugehörigkeitsgrade der Prämissen und ihrer Übertragung auf die Konklusion (Abschnitt 3.5.3.3) und
- Defuzzifizierung, d.h. „Scharfmachung“ der Konklusion (Abschnitt 3.5.3.4)

unterschieden werden.

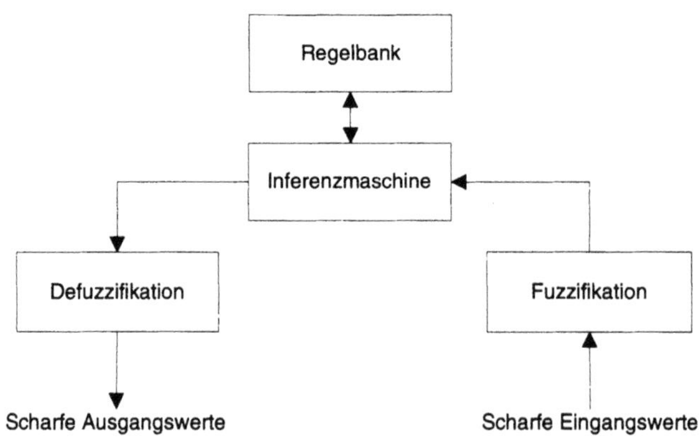

Abb. 24: Vorgehensweise von Fuzzy Control[299]

[299] Vgl. BOTHE 1993, S. 138.

Im folgenden wird auf die generelle Vorgehensweise aller vier Bereiche eingegangen. Im Exkurs A werden einige alternative Methoden vorgestellt.

3.5.3.1 Bestimmung der Regelbank

Das für eine präferenzgerechte Wertsynthese notwendige Expertenwissen wird in einer sogenannten „Regelbank" durch einfache „Wenn-dann"-Sätze (Modus Ponens) abgebildet.

Die Regeln bestehen, wie bereits erwähnt, aus einem Bedingungs- und einem Konsequenzenteil. Im Bedingungsteil können mehrere Prämissen mit Hilfe logischer Beziehungen miteinander kombiniert werden. Als logische Beziehungen kommen die aus der Mengenlehre bekannten grundlegenden Beziehungen[300]

- und (Konjunktion),
- oder (einschließendes oder, Adjunktion)

  und als Kombination von Konjunktion und Adjunktion
- entweder-oder (ausschließendes oder)

  oder Kombinationen aus ihnen in Frage.[301]

In den meisten Fällen werden die Prämissen durch eine Konjunktion miteinander verbunden. Welche logische Beziehung zur Verbindung der Prämissen zum Tragen kommt, muß inhaltlich entschieden werden. Gerade aus informationsökonomischer Sicht kann es unter Umständen manchmal ratsam sein, ein ein- oder ausschließendes „oder" statt mehreren „und"-Regeln einzusetzen.

Die Regeln können einfach in der Form:

„Wenn erste Bedingung und/oder/entweder-oder zweite Bedingung.....Dann Konklusion"

festgehalten werden.

Es muß in diesem Zusammenhang beachtet werden, daß eine auf diese Art und Weise formulierte Regel, im Gegensatz zu einer funktionalen Modellierung der Wertsynthese, nur einige Punkte mit einem gewissen Bewertungsniveau abbildet, nicht aber eine abschließende Aufzählung aller Punkte eines gewissen Bewertungsniveaus liefert. Eine Regel modelliert daher eine Subjunktion, während eine Funktion eine Bijunktion modelliert.[302] Eine Funktion hat daher eine stärkere Aussagekraft, da sie aussagt, daß es keine weiteren, d.h. nicht durch die Funktion erfaßten, Kombinationen von Argumenten mit einem gegebenen Bewertungsniveau gibt.[303]

---

300 Vgl. für Konjunktion und Adjunktion beispielsweise KAHLERT/FRANK 1994, S. 22ff.

301 Auf die Möglichkeit, die genannten Operatoren zu kombinieren, wird in Exkurs B/Abschnitt „3 Parametrisierte Operatoren" näher eingegangen.

302 Vgl. hierzu auch BÖHME 1993, S. 254.

303 Eine Funktion ist nicht zuletzt deswegen aber sehr viel schwieriger zu modellieren.

Dieser Unterschied ist insofern von Bedeutung, da durch das Auslassen einer Regel ein nicht definierter Bereich entstehen kann, für den keine Aussage möglich ist. Einen möglichen Ausweg stellt die vollständige Subjunktion dar, durch die die „Wenn-dann" Sätze auf „Wenn-dann-sonst" erweitert werden und auf diese Weise mehrere Subjunktionen miteinander verbunden werden können (vgl. hierzu auch den folgenden Kasten).

Bijunktion, Subjunktion, vollständige Subjunktion

Soll beispielsweise die Geschwindigkeit eines Fahrzeuges durch eine Steuerung automatisch reguliert werden und wird hierzu eine Funktion eingesetzt, so darf davon ausgegangen werden, daß diese Funktion alle möglichen Kombinationen berücksichtigt, die beispielsweise zu dem Schluß kommen, daß das Fahrzeug langsam fahren muß. Es handelt sich dann um eine Bijunktion. Basiert die Steuerung hingegen auf Regeln, so darf nicht ohne weiteres angenommen werden, daß jede einzelne Regel abschließend Aufschluß darüber gibt, ob das Fahrzeug langsam fahren muß.

Heißt eine Regel beispielsweise „Wenn die Straße naß ist, dann muß das Fahrzeug langsam fahren", kann noch nicht darauf geschlossen werden, daß das Fahrzeug nicht langsam fahren muß, da die Straße nicht naß ist. Es ist durchaus möglich, daß der Verkehr (bei trockener Straße) dicht ist und das Fahrzeug deshalb langsam fahren muß. Es liegt eine Subjunktion vor.

Eine Annäherung an die Aussagekraft der Bijunktion wird erreicht, indem alle relevanten Fälle als Subjunktionen formuliert werden und durch Wenn-dann-sonst miteinander verbunden werden. Es existiert in einem solchen Regelsystem für jede Situation, in der das Auto langsam fahren muß, eine Regel. Dies kann als vollständige Subjunktion bezeichnet werden. Der zugrundeliegende Aufbau ist beispielsweise aus den meisten Programmiersprachen (z.B. Basic: If-then-else) bekannt.

Es muß daher darauf geachtet werden, daß alle möglicherweise vorkommenden Fälle in der Regelbank berücksichtigt werden. Tritt eine Bewertungssituation ein, die in der Regelbank nicht berücksichtigt worden ist, kann es zu keiner richtigen Bewertung kommen.

3.5.3.2 Fuzzifizierung

Zur Bewertung muß die Regelbank auf die vorliegenden Alternativen angewandt werden. Die bei den verschiedenen Alternativen vorliegenden Argumente werden in der Regel mehr oder weniger stark von den Prämissen der Regelbank abweichen.

Im Rahmen der Fuzzifizierung muß nun festgestellt werden, zu welchem Grad die einzelnen Prämissen der Regeln erfüllt sind. Der Grad der Zugehörigkeit wird gewöhnlich, wie erwähnt, auf dem Intervall [0,1] festgelegt. Dazu werden in der Regel vorab sogenannte Zugehörigkeitsfunktionen bestimmt, die eine eindeutige Zuordnung zu den unscharfen Mengen der Prämissen erlauben. Die Form der

Zugehörigkeitsfunktion orientiert sich hierbei wiederum an inhaltlichen Aspekten. Abbildung 25 gibt einen möglichen Verlauf einer Zugehörigkeitsfunktion wieder, die die Zugehörigkeit zu einer unscharfen Menge mit der Umschreibung „ungefähr ein Meter" darstellt.

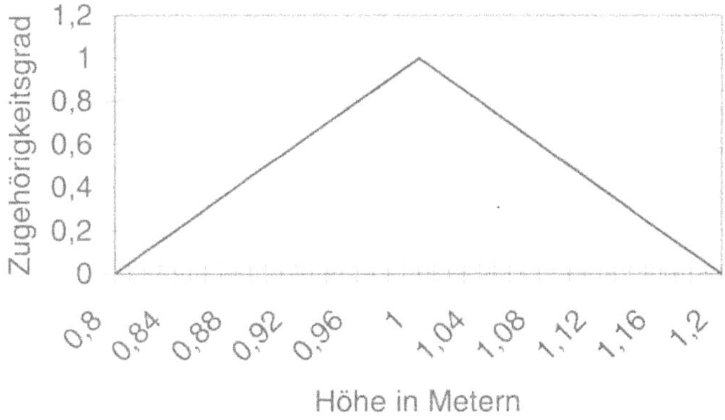

Abb. 25: Zugehörigkeitsfunktion „ungefähr ein Meter"

Wird nun beispielsweise eine Zugehörigkeitsfunktion für eine unscharfe Menge gesucht, die verbal mit „genau ein Meter" umschrieben werden kann, so käme hierfür etwa eine Zugehörigkeitsfunktion in Betracht, wie sie in Abbildung 26 abgebildet ist. Ein Vergleich beider Abbildungen zeigt, daß beispielsweise eine Höhe von 90 Zentimetern einen höheren Zugehörigkeitsgrad in bezug auf die unscharfe Menge „ungefähr einen Meter hoch" als auf die unscharfe Menge „genau ein Meter hoch" aufweist. Dies dürfte dem Empfinden der meisten Menschen entsprechen.

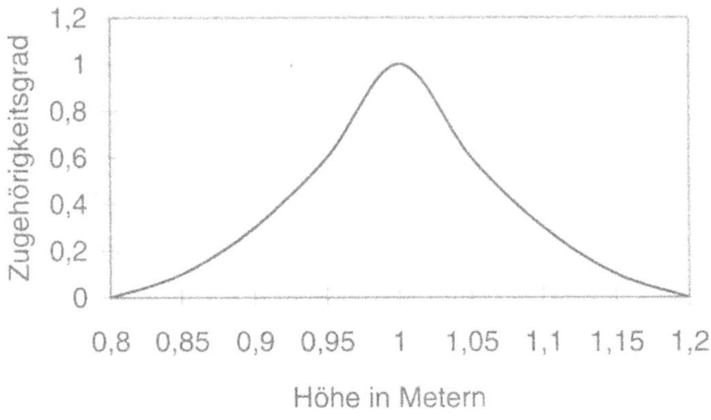

Abb. 26: Zugehörigkeitsfunktion „genau ein Meter"

In der Regel existieren nicht nur eine, sondern mehrere Regeln und infolgedessen auch mehrere unscharfe Mengen zur Beschreibung der Prämissen. Hierbei ist es sinnvoll, daß sich die unscharfen Mengen überlappen.

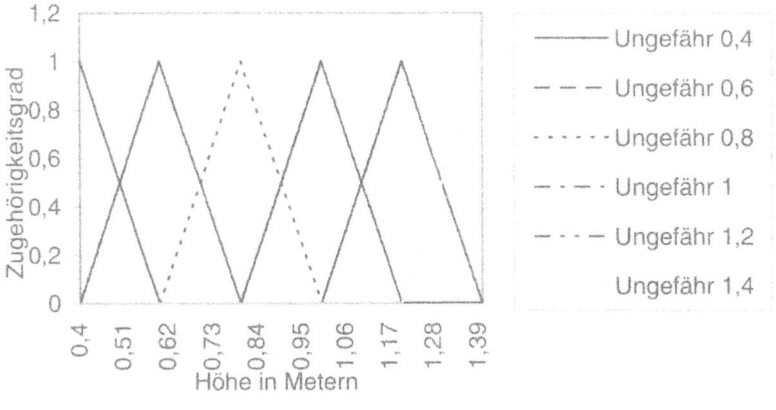

Abb. 27: Zugehörigkeitsfunktionen mehrerer unscharfer Mengen

Eine Darstellungsweise, die sich als sehr praktikabel herausgestellt hat, da die Summe aller Zugehörigkeitsgrade für alle Kriterienwerte immer eins ist, ist in Abbildung 27 wiedergegeben.

3.5.3.3 Inferenz

Sind die Zugehörigkeitsgrade der Alternativen zu den unscharfen Mengen der Prämissen durch den vorangegangenen, zweiten Arbeitsschritt bestimmt worden, wird in diesem Arbeitsschritt von den Zugehörigkeitsgraden zu den unscharfen Mengen der Prämissen auf die Zugehörigkeitsgrade der Konklusionen geschlossen.

Ist eine der im ersten Arbeitsschritt (Bestimmung der Regelbank) formulierten Regeln beispielsweise:

WENN Umweltbelastung hoch UND Umweltmanagement schlecht
DANN
Bewertung schlecht

formuliert worden und wurden im zweiten Arbeitsschritt (Fuzzifizierung) die Zugehörigkeitsgrade

$$\mu(\text{Umweltbelastung hoch})=0{,}7$$
$$\mu(\text{Umweltmanagement schlecht})=0{,}3$$

festgestellt, so muß in diesem Arbeitsschritt nun bestimmt werden, welcher Zugehörigkeitsgrad der Konklusion „Bewertung schlecht" zugeordnet werden kann.

Eine erste im Rahmen der Fuzzy Logic meist getroffene, sinnvolle Übereinkunft ist, wie erwähnt, daß die Konklusionen im selben Maß wie der Bedingungsteil erfüllt sei. Auf der Basis dieser Übereinkunft können die Zugehörigkeitsgrade der Konklusionen für den Fall bestimmt werden, daß es nur eine Prämisse gibt. Besteht der Bedingungsteil aber aus mehreren Prämissen, die in unterschiedlichem Ausmaß erfüllt sind (wie im obigen Beispiel), ist der Zugehörigkeitsgrad der Konklusion auf der Basis dieser Übereinkunft nicht eindeutig bestimmbar. In welchem Maße der Bedingungsteil insgesamt erfüllt ist, hängt dabei von der inhaltlichen Verbindung zwischen den einzelnen Prämissen ab. Die inhaltliche Verbindung zwischen den einzelnen Prämissen kann, wie oben bereits beschrieben[304], auf die drei grundlegenden Beziehungen „und", „oder" oder „entweder-oder" und Kombinationen aus ihnen zurückgeführt werden. Tabelle 12 gibt die beschriebenen Verbindungsmöglichkeiten mit ihren aus der klassischen Mengenlehre bekannten Umschreibungen und Notationen und der populärsten Umsetzung in der Fuzzy Logic wieder.[305] Die hier beschriebene Umsetzung umfaßt nur den Fall, in dem der Bedingungsteil aus zwei Prämissen besteht.[306]

---

304 Vgl. hierzu Abschnitt „3.5.3.1 Bestimmung der Regelbank".

305 „Entweder-oder" kann wiederum aus den beiden Operatoren für die Schnitt- und die Vereinigungsmenge abgeleitet werden. Es wird häufig durch Max(a,b)-Min(a,b) umgesetzt.

306 Eine Verallgemeinerung auf n Prämissen ist möglich, fällt aber wesentlich schwerer und wird daher in diesem Abschnitt nicht vorgenommen. Vgl. hierfür „Exkurs A: Erweiterung Fuzzy Logic".

Verbale Umschreibung	Bezeichnung in der Mengenlehre	Beschreibung in Mengenlehre	Fuzzy-logische Umsetzung
A und B	Schnittmenge	$A \cap B$	MIN (a,b)
A oder B	Vereinigungs-menge	$A \cup B$	MAX (a,b)
Nicht A	Komplement	$\overline{A}$	1-a

Tabelle 12: Scharfe und unscharfe Verknüpfung von Mengen (Übersicht)[307]

In dem oben angeführten Beispiel werden die Prämissen durch ein verbales „und" verbunden. Dies ist auch inhaltlich sinnvoll, da Unternehmen, die eine schlechte Bewertung erhalten, ja beide Bedingungen (starke Umweltbelastung und schlechtes Umweltmanagement) erfüllen sollen. Eine Unternehmung, die sich durch ein schlechtes Umweltmanagement auszeichnet, die Umwelt allerdings auch nur wenig belastet, soll nach den hier modellierten Präferenzen eine gute Bewertung erhalten. Wird der MIN-Operator zur Feststellung des Zugehörigkeitsgrades des Bedingungsteiles eingesetzt, ergibt sich eine Zugehörigkeit von insgesamt 0,3 zum Bedingungsteil und auf der Basis der Konvention, daß die Zugehörigkeit zur Konklusion der Zugehörigkeit des Bedingungsteils entspricht, auch ein Zugehörigkeitsgrad von 0,3 zur unscharfen Menge „Bewertung schlecht".

Die beschriebene Vorgehensweise der Inferenz muß für alle der im ersten Arbeitsschritt bestimmten Regeln durchgeführt werden. Am Ende der Inferenz stehen die Zugehörigkeitsgrade zu allen Konklusionen der im ersten Arbeitsschritt festgelegten Regeln fest.

3.5.3.4 Defuzzifizierung

Auch wenn die Zugehörigkeitsgrade zu den Konklusionen schon erste Vorstellungen über das Ergebnis zu vermitteln vermögen, ist doch das Ziel, ein „scharfes" Ergebnis zu erhalten. Die Transformation von Zugehörigkeitsgraden zu unscharfen Ergebnismengen zu einem scharfen Ergebnis wird in diesem Schritt, der Defuzzifizierung, vorgenommen.

Zur Defuzzifizierung existieren verschiedene Methoden. Welche Methode zur Anwendung gelangt, muß auf der Basis inhaltlicher Gesichtspunkte und

[307] Vgl. für die fuzzy-logische Umsetzung etwa KAHLERT/FRANK 1994, S. 23, 25.

Erfahrungswerte entschieden werden. Die in diesem Zusammenhang anzustellenden Überlegungen ähneln prinzipiell den Überlegungen, die bereits für die Fuzzifizierung angestellt werden mußten. Statt unscharfe Zugehörigkeitsgrade zu scharfen Argumenten finden zu müssen, werden jetzt scharfe Konklusionen zu unscharfen Zugehörigkeitsgraden gesucht.

Die einfachste Methode, die im folgenden näher vorgestellt werden wird, wird als „Singletons" bezeichnet und entspricht der Vorgehensweise bei der Errechnung eines gewogenen Mittels.[308] Hierbei werden die Werte, die einem Zugehörigkeitsgrad von $\mu=1$ einer unscharfen Menge entsprechen, mit dem ermittelten Zugehörigkeitsgrad gewichtet. Dies setzt natürlich voraus, daß gegebenenfalls den qualitativen Konsequenzen quantitative Konsequenzen zugeordnet worden sind.

Erweitert man das vorangegangene Beispiel dahingehend, daß durch die Inferenz die in Tabelle 13 abgebildeten Zugehörigkeitsgrade zu drei Konklusionen ermittelt worden sind, so errechnet sich die scharfe Konklusion der Bewertung als:

$$\text{Bewertung} = \frac{0{,}3 \cdot 0 + 0{,}3 \cdot 50 + 0{,}0 \cdot 100}{0{,}3 + 0{,}3 + 0{,}0} = 25 \cdot$$

Konklusion (qualitativ)	Konklusion (quantitativ)	Zugehörigkeitsgrad
Schlecht	0	0,3
Mittel	50	0,3
Gut	100	0,0

Tabelle 13: Zugehörigkeitsgrade zu Konklusionen (Übersicht)

3.5.4 Beispiel

Das im Rahmen der Erläuterung der herkömmlichen Nutzwertanalyse und der Nutzwertanalyse zweiter Generation herangezogene Beispiel[309] läßt sich auch zur Vorstellung des hier eingeführten Verfahrens verwenden.

---

[308] Weitere Defuzzifizierungsmethoden werden im Exkurs A vorgestellt (siehe Exkurs A/Abschnitt „4 Weitere Defuzzifizierungsmethoden").

[309] Vgl. hierzu zur Nutzwertanalyse erster Generation „3.3.1 Vorgehensweise", S. 101f. und zur Nutzwertanalyse zweiter Generation „3.4.1 Vorgehensweise", S. 104ff.

Hierbei kann nach den vier aus Fuzzy Control bekannten Schritten

- Bestimmung der Regelbank,
- Fuzzifizierung,
- Inferenz und
- Defuzzifizierung

vorgegangen werden.

Als **Regelbank** können die bereits für die Nutzwertanalyse zweiter Generation verwendeten Zuordnungen verwendet werden, die in Abbildung 28 noch einmal wiedergegeben werden.[310] Es handelt sich bei allen Regeln um mit dem sprachlichen „und" verknüpfte Regeln.

Läge also beispielsweise eine „exzellente" Bewertung des Umweltmanagements und eine gute Bewertung der Emissionen vor, so würde die Unternehmung mit „gut" bewertet werden.

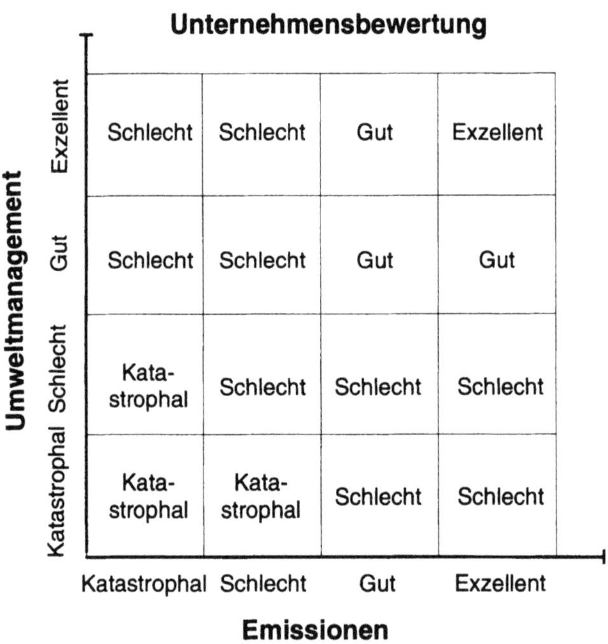

Abb. 28: Aggregationsalgorithmen (Wiederholung)

[310] Abbildung 28 ist identisch mit Abbildung 22 und wird nur wegen der besseren Übersichtlichkeit noch einmal wiedergegeben.

Die **Fuzzifizierung** der Prämissen kann für beide Kriterien anhand der in Abbildung 29 abgebildeten Zugehörigkeitsfunktionen vorgenommen werden. Eine Bewertung der Kriterien mit 50 Punkten, wäre beispielsweise mit einem Zugehörigkeitsgrad von 0,5 als gut und mit einem Zugehörigkeitsgrad von 0,5 als schlecht zu bezeichnen.

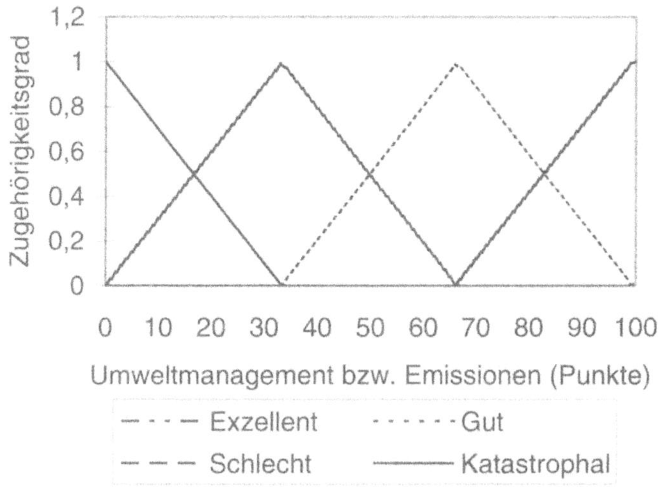

Abb. 29: Graphische Darstellung von Zugehörigkeitsfunktionen zur Fuzzifizierung

Unterstellt man wieder die im Rahmen der Erläuterung der beiden anderen Verfahren zugrundegelegten Kriterienwerte, ergeben sich durch die **Inferenz** die in Tabelle 14 wiedergegebenen Zugehörigkeitsgrade zu den einzelnen unscharfen Mengen. Die Übertragung der Zugehörigkeitsgrade zu den Konklusionen wird für eines der gewählten Beispiele (hervorgehoben) durch Abbildung 30 gezeigt.

Umweltmanagement/ Emissionen	Katastrophal	Schlecht	Gut	Exzellent
30/80	0,10/0,00	0,90/0,00	0,00/0,58	0,00/0,42
30/30	0,10/0,10	0,90/0,90	0,00/0,00	0,00/0,00
80/80	0,00/0,00	0,00/0,00	0,58/0,58	0,42/0,42
75/80	0,00/0,00	0,00/0,00	0,73/0,58	0,27/0,42
76/80	**0,00/0,00**	**0,00/0,00**	**0,70/0,58**	**0,30/0,42**
25/50	0,25/0,00	0,75/0,50	0,00/0,50	0,00/0,00

Tabelle 14: Zugehörigkeitsgrade zu Konklusionen

Da davon ausgegangen wird, daß die Prämissen durch ein verbales „und" miteinander verbunden sind, wird jeweils der kleinste Prämissenwert auf die Konklusion übertragen. In den Klammern werden die Punktzahlen angegeben, die bei einem Zugehörigkeitsgrad von eins erzielt werden sollen.

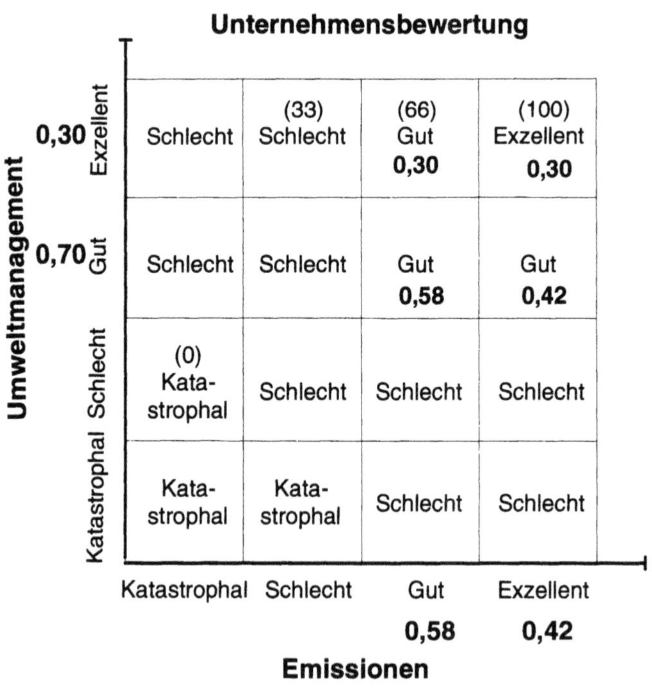

Abb. 30: Regeln zur Unternehmensbewertung (mit Zugehörigkeitsgraden)

Zur **Defuzzifizierung** wird hier auf das erläuterte Singleton-Verfahren zurückgegriffen.[311] Geht man davon aus, daß die in Abbildung 29 wiedergegebene Zuordnung auch für die unscharfen Ergebnismengen gilt, errechnet sich das scharfe Ergebnis wie folgt:

$$\text{Nutzwert} = \frac{0{,}3 \cdot 66 + 0{,}42 \cdot 66 + 0{,}58 \cdot 66 + 0{,}3 \cdot 100}{0{,}3 + 0{,}42 + 0{,}58 + 0{,}3} = 72{,}3$$

Das Umweltmanagement wird beispielsweise unter anderem mit einem Zugehörigkeitsgrad von 0,3 als „exzellent" bewertet. Die Emissionen sind mit einem Zugehörigkeitsgrad von 0,58 „gut". Der Konklusion „gut" wird daher ein Zugehörigkeitsgrad von 0,3 zugeordnet. Einer vollständig (Zugehörigkeitsgrad von μ=1) „guten" Konklusion entsprechen 66 Punkte. Diese werden daher mit einem Zugehörigkeitsgrad von 0,3 gewichtet.

Für die anderen Zahlenbeispiele ergeben sich die in Tabelle 15 wiedergegebenen Ergebnisse:

Nr.	Umwelt-management	Emissionen	Fuzzy-logisches Scoring	Nutzwert-analyse erster Generation	Nutzwert-analyse zweiter Generation
1	30	80	33	55	Schlecht
2	30	30	15	30	Schlecht
3	80	80	74	80	Exzellent
4	75	80	71,9	77,5	Gut
5	**76**	**80**	**72,3**	**78**	**Exzellent**
6	25	50	28	37,5	Katastrophal

Tabelle 15: Bewertungsergebnisse (Ergebnisse aller drei Verfahren)

Der Vergleich der mit den verschiedenen Verfahren ermittelten Ergebnisse zeigt, daß sie zu teilweise deutlich unterschiedlichen Ergebnissen führen. Keines der Verfahren liefert per se richtige oder falsche Ergebnisse. Ob die Ergebnisse richtig sind, hängt davon ab, ob die modellierten Präferenzen den Präferenzen des Entscheiders entsprechen.

[311] Vgl. hierzu den Abschnitt „3.5.3.4 Defuzzifizierung", S. 124f.

Liegen nun Präferenzen vor, die den in Abbildung 28 wiedergegebenen Präferenzen entsprechen, muß eine Nutzwertanalyse erster Generation zumindest bisweilen zu falschen Ergebnissen führen. Ein solches nicht präferenzgerechtes Ergebnis liegt beispielsweise in der Situation vor, in der ein schlechtes Umweltmanagement bei mit „exzellent“ bewerteten Emissionen vorliegt (Beispiel 1).[312] Die Bewertung auf der Basis einer herkömmlichen Nutzwertanalyse kommt zu dem Ergebnis, daß eine gute Unternehmensbewertung vorläge. Die hier angenommenen Präferenzen des Entscheiders schließen dies allerdings aus. Ein schlechtes Umweltmanagement bei „exzellenten“ Emissionen muß demnach zu einer schlechten Unternehmensbewertung führen. Dieses Beispiel zeigt auch, daß eine Anpassung der Skalierungsfaktoren keine mögliche Lösung ist. Die Skalierungsfaktoren können zwar so angepaßt werden, daß diese Bewertungssituation richtig bewertet wird. Wird dieses Verfahren mit den entsprechenden Skalierungsfaktoren aber beispielsweise auf eine Situation angewandt, in der ein gutes Umweltmanagement und als „schlecht“ bewertete Emissionen vorliegen, wird dies zu einem noch stärkeren Bewertungsfehler führen.

Wie das Beispiel auch zeigt, ist ein Vorteil der Nutzwertanalysen erster Generation, daß kleine Änderungen der Bewertungssituation auch zu kleinen Änderungen des Bewertungsergebnisses führen. Im Gegensatz hierzu führen solche Situationen im Fall der Nutzwertanalyse zweiter Generation zu keinen Änderungen (Zuordnung zu derselben Bewertungsklasse) oder zu einem diskreten Sprung in eine neue Bewertungsklasse (vgl. Beispiele 4, 5).

3.5.5 Prämissen und geeignete Bewertungssituationen

Die wichtigsten Prämissen des fuzzy-logischen Scoring werden in Tabelle 16 den bereits diskutierten Prämissen der Nutzwertanalysen erster und zweiter Generation gegenübergestellt und anschließend diskutiert.

[312] Zur Interpretation der Punkte wird auf die Einteilung in Tabelle 7, S. 105 verwiesen.

Prämissen	Fuzzy-logisches Scoring	Nutzwert-analyse II	Nutzwertanalyse I
Skalen	Kardinal (oder schwächer)	Schwach ordinal	Kardinal (Verhältnisskalen)
Kriterien-/Zielbeziehungen	Alle Abhängigkeiten	Alle Abhängigkeiten	Nur Unabhängigkeit
„Gewichte"	Variabel	Variabel	Konstant
Transformation in eine einheitliche Einheit notwendig?	Nein	Nein	Ja

Tabelle 16: Prämissen des fuzzy-logischen Scorings (Vergleich)

Wie auch die Nutzwertanalyse zweiter Generation greift das fuzzy-logische Scoring direkt auf Zielerträge zurück. Eine Transformation in Zielerfüllungsgrade ist nicht notwendig. Dieses Bewertungsverfahren kann ebenfalls jede denkbare Abhängigkeit modellieren. Dies ermöglicht, im Gegensatz zur Nutzwertanalye erster Generation, auch eine variable Gewichtung. Wie bei Nutzwertanalysen erster Generation und im Gegensatz zur Nutzwertanalyse zweiter Generation kann dabei auf kardinale Skalen zurückgegriffen werden.[313] Eine Transformation in eine einheitliche Einheit ist, wie bei der Nutzwertanalyse zweiter Generation und im Gegensatz zur Nutzwertanalyse erster Generation nicht notwendig. Fuzzy-logisches Scoring weist eine höhere Komplexität als herkömmliche Nutzwertanalysen auf. Es ist aber, bei vergleichbarer Aussagekraft, immer weniger komplex als eine entsprechende Modellierung mittels einer Nutzwertanalyse zweiter Generation. Dies ist darauf zurückzuführen, daß für eine vergleichbare Aussage gleich viele oder weniger Indifferenzpunkte festgelegt werden müssen, als durch die Nutzwertanalyse zweiter Generation nötig ist. Abbildung 31 gibt das Verfahren noch einmal graphisch wieder.

---

[313] Genaugenommen können, im Gegensatz zu den Nutzwertanalysen erster und zweiter Generation, sogar mehrere verschiedene Skalen durch dieses Verfahren kombiniert werden. Die Bewertungsergebnisse liegen auf jeden Fall auf Verhältnisskalen vor. Ob eine solche Kombination zulässig ist, muß aber grundsätzlich unter inhaltlichen Gesichtspunkten entschieden werden.

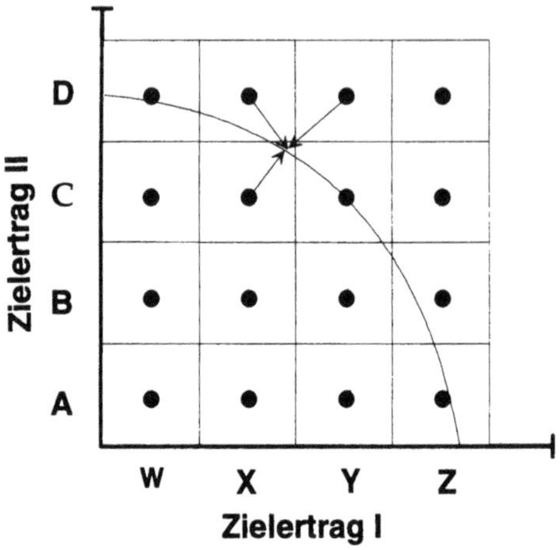

Abb. 31: Darstellung der Vorgehensweise des fuzzy-logischen Scoring

Die Abbildung zeigt, wie durch Interpolation mehrerer Indifferenzpunkte eine Indifferenzkurve konstruiert wird. Kommt ein konkreter Punkt auf genau einem der Indifferenzpunkte zu liegen, unterscheiden sich scharfe und unscharfe Logik nicht. Es fließt in diesem Fall nur dieser eine Punkt in die Bewertung ein. In allen anderen Fällen kommen mehrere angrenzende Punkte zum Tragen.

Fuzzy-logisches Scoring kann in allen Situationen eingesetzt werden, in denen auch Nutzwertanalysen zweiter Generation eingesetzt werden können. Mit Ausnahme von Situationen, in denen explizit schwach ordinale Skalen zum Einsatz kommen sollen, ist es Nutzwertanalysen zweiter Generation zudem grundsätzlich überlegen.

Vorteilhaft ist zudem, daß die kardinalen Ergebnisse problemlos zum Beispiel durch Nutzwertanalysen erster Generation weiterverarbeitet werden können.

Das hier eingeführte fuzzy-logische Scoring ist für Bewertungssituationen geeignet, die sich durch Abhängigkeiten zwischen den Kriterien/Zielen auszeichnen. Solche Bewertungssituationen liegen zum Beispiel vor, wenn die Effektivität eines Kriteriums von einem weiteren Kriterium abhängt. Im Gegensatz zu funktionalen Modellierungen läßt es auch interessierten Laien eine angemessene Modellierung in diesen Bewertungssituationen zu. Es läßt sich auch in Situationen einsetzen, in denen die Prämissen von Nutzwertanalysen erster Generation gegeben sind. In diesen Situationen sollte allerdings darauf verzichtet werden, da einfache Scoringverfahren durch ihre geringere Komplexität zweifellos besser geeignet sind.

4 Aufbau eines handlungsorientierten Öko-Ratings - Ein Ablaufschema

In diesem Teil der Arbeit wurde gezeigt, wie man von Entscheidungszielen auf Kriterien schließen kann. Es wurde außerdem dargelegt, wie das Bewertungsproblem in Teilbewertungsprobleme aufgeteilt, wie diese Teilprobleme bewertet und die Ergebnisse präferenzgerecht aggregiert werden können. Im folgenden soll nun schematisch aufgezeigt werden, wie ein typischer Ablauf bei der Entwicklung eines Öko-Ratings aussehen kann.

Die Orientierung an Zielen und Präferenzen, Umweltzuständen und Alternativen und die Existenz verschiedener Bewertungsverfahren führt dazu, daß der Ablauf weniger formalistisch angegeben werden kann, als dies beispielsweise möglich ist, wenn ausschließlich Nutzwertanalysen erster Generation eingesetzt werden.

Der erste Schritt bei der Entwicklung eines Öko-Ratings ist die *Analyse der vorliegenden Entscheidungssituation.* Diese Analyse muß grundsätzlich aus der Perspektive des Entscheiders durchgeführt werden. Diese Analyse kann sich wiederum an den vier Komponenten einer jeden Entscheidung, d.h. Zielen, Präferenzen, Alternativen und Umweltzuständen, orientieren.

Auf der Basis der Analyse der Entscheidungssituation kann in einem zweiten Schritt die dem Öko-Rating zugrundezulegende *Bewertungsaufgabe beschrieben und abgegrenzt* werden. Hierbei muß beispielsweise abgeklärt werden, ob eine Voll- oder Teilbewertung vorgenommen werden soll. Während in eine Vollbewertung alle Ziele eingehen, die durch die Entscheidung erreicht werden sollen, bewertet eine Teilbewertung nur Teilaspekte. Sollen durch eine Investitionsentscheidung beispielsweise „ökologische" und ökonomische Ziele erreicht werden, so muß entschieden werden, ob das Öko-Rating sich auf die „ökologischen" Ziele konzentriert oder ob auch ökonomische Ziele berücksichtigt werden sollen.[314] Es ist unerläßlich, daß in diesem Schritt geklärt wird, ob zwischen dem Entscheider und der Ratingorganisation Übereinstimmung über Umfang und Aussagekraft des Ratings besteht.

Im folgenden Schritt wird das eigentliche *Bewertungsmodell entwickelt.* Die Form des Bewertungsmodells hängt dabei von den beschriebenen vier Entscheidungskomponenten ab. Es ist in diesem Zusammenhang zu beachten, daß es sich hierbei um eine rekursive Modellierung handelt, da die vier Komponenten meist interdependent sind.[315] So hängen beispielsweise die zu berücksichtigenden

[314] Hierbei muß natürlich untersucht werden, ob eine Trennung zwischen der „ökologischen" und der ökonomischen Bewertung überhaupt möglich ist, d.h. ob Separabilität dieser Ziele vorliegt.

[315] Vgl. auch EISENFÜHR/WEBER 1994, S. 32ff.

Umweltzustände von den berücksichtigten Alternativen ab. Auf der anderen Seite hängt die Frage, welche Alternativen erwogen werden sollten, nicht zuletzt davon ab, welche Umweltzustände als relevant betrachtet werden. Es kommt in der Praxis außerdem oft vor, daß im Rahmen der Abgrenzung der zu betrachtenden Alternativen weitere relevante Ziele identifiziert werden.[316] Im Rahmen dieses Bewertungsschritts werden die Bewertungskriterien und die Art und Weise ihrer Aggregation bestimmt.

Die *eigentliche Bewertung* wird im folgenden Schritt durchgeführt. Hierzu werden die Kriterienausprägungen ermittelt und (schrittweise) zu einer Gesamtbewertung aggregiert. Es ist außerdem unabdingbar, daß die so ermittelten Bewertungsergebnisse einer Plausibilitätsüberprüfung unterworfen werden. Fehlbewertungen, dies sind in erster Linie Bewertungen, die den Zielen und Präferenzen des Entscheiders widersprechen, müssen zu einer Anpassung des Bewertungsmodells führen.[317] Der in der Praxis zu beobachtende unkritische Umgang mit Ratingergebnissen ist in diesem Zusammenhang als besonders bedenklich zu bezeichnen.

Die Ratingergebnisse führen im weiteren erstens zu einer Entscheidung und zweitens zu einer Handlung.

Abbildung 32 gibt die genannten Schritte noch einmal in einer Übersicht wieder.

---

[316] Vgl. KEENEY 1996, S. 48f. Hierbei sollte allerdings darauf geachtet werden, daß die neuen Ziele wirklich vom Entscheider verfolgt werden.

[317] Es muß vorgängig natürlich überprüft werden, ob die Fehlbewertung nicht auf andere Gründe, wie z.B. falsche Kriterienwerte, zurückzuführen ist.

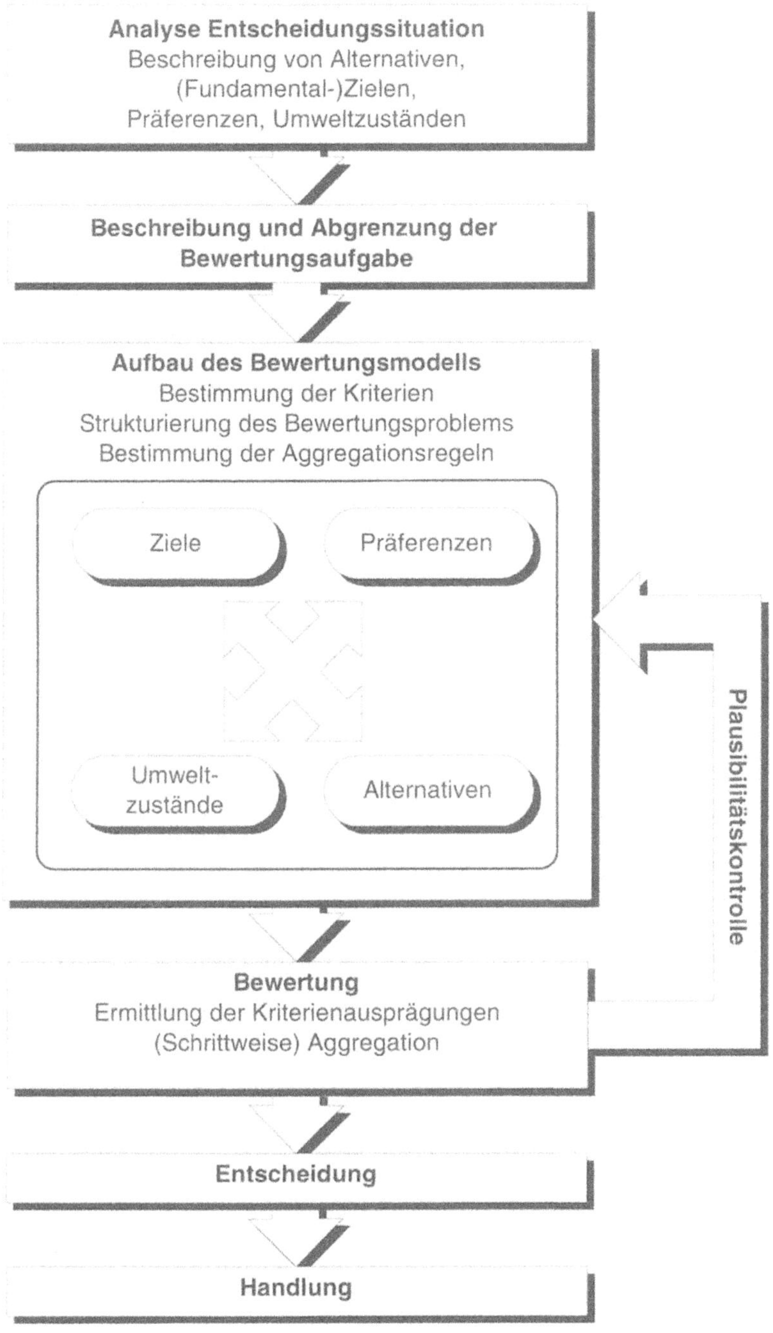

Abb. 32: Ablaufschema (Übersicht)

Teil IV: Fallstudie

In diesem Teil wird anhand einer Fallstudie aufgezeigt, wie bei der Lösung einer konkreten Bewertungsaufgabe vorgegangen werden kann. Dabei wird analog zu dem am Ende des letzten Teils der Arbeit entwickelten Ablaufschema vorgegangen.[318] Das hier untersuchte Beispiel hat realtypischen Charakter. Die hierbei zu lösenden Bewertungsprobleme entsprechen weitgehend denjenigen, denen man in der Praxis beim Aufbau eines Öko-Ratings begegnet. Das hier gewählte Beispiel unterscheidet sich von in der Praxis vorzufindenden Bewertungsproblemen nur durch seinen reduzierten Umfang. Es werden keinerlei praxisferne Annahmen getroffen. Die in dieser Fallstudie vorgenommenen Berechnungen können durch eine handelsübliche Tabellenkalkulation automatisiert werden. Soll eine große Anzahl von Bewertungen durchgeführt werden, beschränkt sich der Aufwand für die Berechnungen auf das Eingeben der Kriterienausprägungen.

1 Analyse der Entscheidungssituation

Ein institutioneller Investor (Entscheider) möchte neben rein ökonomischen Kriterien in seinen Investmententscheidungen auch „ökologische“ Aspekte einfließen lassen. Dazu wendet er sich beispielsweise an seine Bank, die ein entsprechendes Öko-Rating aufbauen soll. In einem ersten Schritt wird sich die Bank Klarheit über die vorliegende Entscheidungssituation verschaffen, indem sie in Zusammenarbeit mit dem Investor Alternativen, Ziele, Präferenzen und Umweltzustände der Entscheidungssituation beschreibt. Erfahrungsgemäß handelt es sich hierbei meist noch nicht um detaillierte Angaben.

[318] Auf Entscheidung und Handlung wird im Rahmen der Fallstudie nicht näher eingegangen.

Ziele — Der Investor möchte durch seine Entscheidung sowohl ein ökonomisches, als auch ein „ökologisches" Fundamentalziel erreichen. Das ökonomische Fundamentalziel (Z1)[319] besteht in der Erzielung einer hohen Rendite. Der Investor möchte andererseits, dies stellt das „ökologische" Ziel (Z2) dar, daß nur in Unternehmen investiert werden soll, die aus Sicht des Investors ökologisch vorteilhaft sind.

Präferenzen — In bezug auf die beiden Fundamentalziele ist es der Wunsch des Investors, daß grundsätzlich nur in Unternehmen investiert wird, die hinsichtlich beider Fundamentalziele gewissen Mindestansprüchen genügen. Er möchte auf diese Weise vermeiden, in ein Unternehmen zu investieren, das beispielsweise ökologisch sehr vorteilhaft, aber ein aus ökonomischer Sicht schlechtes Investment ist. Über diese Mindestansprüche hinaus darf es in einem gewissen Rahmen zu einer Kompensation beider Ziele kommen. Ein solcher Investor akzeptiert also beispielsweise, daß eine Unternehmung, die ökologisch weniger attraktiv als eine andere Unternehmung ist, dieser unter Umständen vorgezogen wird, wenn sie dies durch eine bessere ökonomische Bewertung ausgleichen kann. In welchem Maße dies möglich ist, wird durch die Präferenzen bestimmt.

Alternativen — Es soll grundsätzlich nur in die Aktien von börsenkotierten Unternehmen investiert werden. Hinsichtlich geographischer Verteilung und Branchenzugehörigkeit bestehen, mit Ausnahme der durch die Ziele formulierten, keinerlei Einschränkungen.

Umweltzustände — Investor und Bank kommen zu dem Schluß, daß die „ökologische" Bewertung der Unternehmen auch von der Entwicklung der Umweltprobleme (z.B.: Treibhauseffekt, Abbau der Ozonschicht) abhängt. Eine Unternehmung, die stark zum Treibhauseffekt beiträgt, wird beispielsweise besser bewertet werden, wenn sich in Zukunft herausstellt, daß der Treibhauseffekt weniger stark als befürchtet ausfällt. Als relevante Umweltzu-

[319] Im Rahmen der Ausarbeitung eines solchen Bewertungsverfahrens werden i.d.R. von jedem Fundamentalziel mehrere Instrumentalziele und von jedem Instrumentalziel oft auch mehrere Kriterien abgeleitet. Die Fülle an Zielen und Kriterien erschwert die Übersicht. Es hat sich daher in der Praxis gezeigt, daß es sinnvoll ist, eine Notation einzuführen, die jedes Ziel bzw. Kriterium eindeutig vorgelagerten Zielen zuordnet. Das ökonomische Fundamentalziel wird daher hier mit Z1 bezeichnet. Ein von diesem Ziel abgeleitetes Instrumentalziel wird z.B. als Z11 und ein Kriterium zu dessen Messung als K111 bezeichnet.

stände werden in bezug auf die „ökologische" Bewertung daher vor allem die Entwicklung der Umweltprobleme identifiziert.

2 Beschreibung und Abgrenzung der Bewertungsaufgabe

Während durch die Entscheidung sowohl ein ökonomisches als auch ein „ökologisches" Ziel verfolgt wird, nimmt das Öko-Rating ausschließlich eine „ökologische" Bewertung von Unternehmen vor. Das Ergebnis dieser Bewertung wird mit dem Ergebnis einer ökonomischen Bewertung verbunden, die selbst nicht Gegenstand dieser Bewertung ist. Es wird daher im folgenden nur eine Teilbewertung diskutiert.

3 Aufbau des Bewertungsmodells

3.1 Instrumentalziel-/Kriteriengenerierung

Ausgangspunkt für die Generierung der Instrumentalziele bzw. der Kriterien sind selbstverständlich die Fundamentalziele. Da die ökonomischen Ziele durch die bestehende Investmentanalyse ausreichend abgedeckt werden und nicht Inhalt dieser Bewertung sind, wird im weiteren nur noch das „ökologische" Fundamentalziel näher betrachtet. Es ist nun notwendig, das ökologische Ziel weiter zu spezifizieren. In Zusammenarbeit mit dem Investor wird festgestellt, daß zwischen zwei Arten von „ökologischen" Zielen unterschieden werden kann. Er möchte einerseits grundsätzlich nicht (Ausschlußkriterium) in Unternehmen investieren, die Techniken einsetzen, die er als besonders risikohaft empfindet (Z21). Er möchte andererseits in Unternehmen investieren, die im Branchenvergleich besonders „ökologisch effizient" sind (Z22). Beide Instrumentalziele müssen weiter präzisiert werden.

In bezug auf das Ziel „Keine Risikotechnologien" (Z21) zeigt sich beispielsweise, daß der Investor die durch Kernkraft (Z211), Chlorchemie (Z212) und Gentechnologie (Z213) eingesetzten Techniken als zu risikohaft ablehnt. Diese Instrumentalziele sind noch nicht ausreichend operabel, um eine Messung der Zielerreichung zu erlauben. Es müssen daher noch entsprechende Kriterien gefunden werden.

Hierzu müssen in einem ersten Schritt die Instrumentalziele weiter präzisiert werden. So stellt sich beispielsweise die Frage, ob sich die Ablehnung der Kernkraft auf die Produktion von Elektrizität durch Kernkraft beschränkt, oder ob sie beispielsweise auch den Bau von Kernkraftwerken oder den Einsatz von

Elektrizität, die durch Kernkraft produziert wurde, umfaßt. Der Investor beschließt nun beispielsweise, daß sich seine Ablehnung der Kernkraft auf den Bau von Kernkraftwerken (ohne Zulieferindustrie) und die Produktion von Elektrizität durch Kernkraft beschränkt. Im Fall der Chlorchemie und der Gentechnologie soll nur der direkte Einsatz der Technologien sanktioniert werden.

In einem zweiten Schritt muß nun noch geklärt werden, wie die Instrumentalziele durch konkrete Kriterien umgesetzt werden können. Es bietet sich in diesem Zusammenhang an, künstliche Kriterien einzusetzen. So kann beispielsweise die mit diesen Technologien geschaffene Wertschöpfung mit der gesamten Wertschöpfung der Unternehmung ins Verhältnis gesetzt werden. Zur Messung der Zielerfüllung kann daher zwischen den Kriterien

- Prozentualer Anteil der Wertschöpfung aus dem Bau von Kernkraftwerken (K2111),
- Prozentualer Anteil der Wertschöpfung aus Elektrizität aus Kernkraft (K2112),
- Prozentualer Anteil der Wertschöpfung aus Chlorchemie (K2121) und
- Prozentualer Anteil der Wertschöpfung aus Gentechnologie (K2131)

unterschieden werden.

Das Ziel „ökologisch effizient" kann beispielsweise durch Orientierung an einzelnen Umweltproblemen präzisiert werden. Da Umweltprobleme als relevante Umweltzustände identifiziert worden sind, erleichtert dieses Vorgehen außerdem ihre Berücksichtigung. Es wird festgestellt, daß der Investor den Treibhauseffekt (Z221) und den Abbau der Ozonschicht (Z222) als besonders dringende Umweltprobleme empfindet. Zur Bewertung des Beitrags der Unternehmung zu diesen Umweltproblemen werden die Beiträge von Unternehmung (Z2212, Z2222) und Branche (Z2211, Z2221) miteinander verglichen.

Diese Instrumentalziele müssen auch hier wieder durch Kriterien näher präzisiert werden. Es bietet sich an, die Umweltprobleme auf die verursachenden Emissionen zurückzuführen. In diesem Zusammenhang sind beispielsweise Kohlendioxid- (K22111, K22121) und Methanemissionen (K22112, K22122) als Verursacher des Treibhauseffekts und CFC-11- (K22211, K22221) und HCFC-Emissionen (K22212, K22222) als Verursacher des Abbaus der stratosphärischen Ozonschicht zu nennen.[320] Diese Emissionen können, um Unternehmen verschiedener Größe einfacher vergleichen zu können, mit der Wertschöpfung ins Verhältnis gesetzt werden. Es werden also wiederum künstliche Kriterien eingesetzt.

Abbildung 33 gibt noch einmal einen Überblick über die entwickelten Instrumentalziele und Kriterien.

---

[320] Es kann eine Fülle weiterer verursachender Emissionen identifiziert werden. Hierauf wird in diesem Zusammenhang, um das Beispiel nicht unnötig zu verkomplizieren, verzichtet.

Abb. 33: Mögliche Instrumentalziele und Kriterien eines Investors (Übersicht)

3.2 Feststellung der Präferenzen/Strukturierung

Nachdem Instrumentalziele und Kriterien generiert worden sind, muß im folgenden, zweiten Schritt das Bewertungsproblem präferenzgerecht strukturiert werden. Hierzu wird untersucht, welche Kriterien und Ziele separat und welche gemeinsam bewertet werden dürfen bzw. müssen. Wie diese Bewertung genau vorzunehmen ist, wird bei der anschließend folgenden Umsetzung durch Wertfunktionen entschieden. Es bietet sich an, bei der Strukturierung des Bewertungsproblems „bottom-up" vorzugehen. Abbildung 34 nimmt noch einmal den Aufbau aus Abbildung 33 auf und identifiziert acht Bereiche, die in diesem Zusammenhang von besonderem Interesse sind. Die Ausführungen der folgenden Abschnitte orientieren sich an diesem Aufbau.

(1) Abstrahiert man von möglichen Synergie- oder Anergieeffekten, die die Wirksamkeit von Emissionen mindern oder ansteigen lassen, hängt der Beitrag einer Unternehmung oder Branche zu einem bestimmten Umweltproblem nur von der Menge der emittierten Emission ab. Die Emissionen können daher zur Ermittlung der Unternehmens- bzw. Branchenbelastung separat bewertet und anschließend die Ergebnisse addiert werden.

(2) Ein anderes Bild ergibt sich in bezug auf die Bewertung der Unternehmens- und Branchenbelastung. Ob eine Unternehmensbelastung als hoch oder tief betrachtet wird, hängt von der Höhe der Branchenbelastung ab. Eine Unabhängigkeit ist also nicht gegeben; Unternehmens- und Branchenbelastung dürfen nicht separat betrachtet werden.

(3) In bezug auf die Zusammenfassung der „Treibhauseffekt-Effizienz" und die „Ozonabbau-Effizienz" zu dem Ziel „Ökologisch effizient" sind verschiedene Präferenzen denkbar. Es ist beispielsweise möglich, daß ein Entscheider grundsätzlich eine schlechte Bewertung vergeben möchte, wenn eine der vorangegangenen Teilbewertungen schlecht ist. In einem solchen Fall wäre keine Unabhängigkeit gegeben.

Es wird hier davon ausgegangen, daß Unabhängigkeit besteht.[321] Dies bedeutet, daß eine gewisse Kompensation zwischen den Zielen möglich ist.

---

[321] Es könnte natürlich argumentiert werden, daß dies an dieser Stelle keine sinnvolle Annahme sei. Tragen beispielsweise ein Unternehmen und eine Branche kaum zu einem Umweltproblem bei, so würden Unternehmen „belohnt", die in bezug auf dieses Umweltproblem besser als die Branche abschneiden, gleichzeitig bei dem eigentlichen Umweltproblem aber „versagen".
Es handelt sich hierbei aber um keine Frage, die objektiv gelöst werden kann. Die Bewertung muß sich an den (subjektiven) Präferenzen des jeweiligen Entscheiders orientieren.

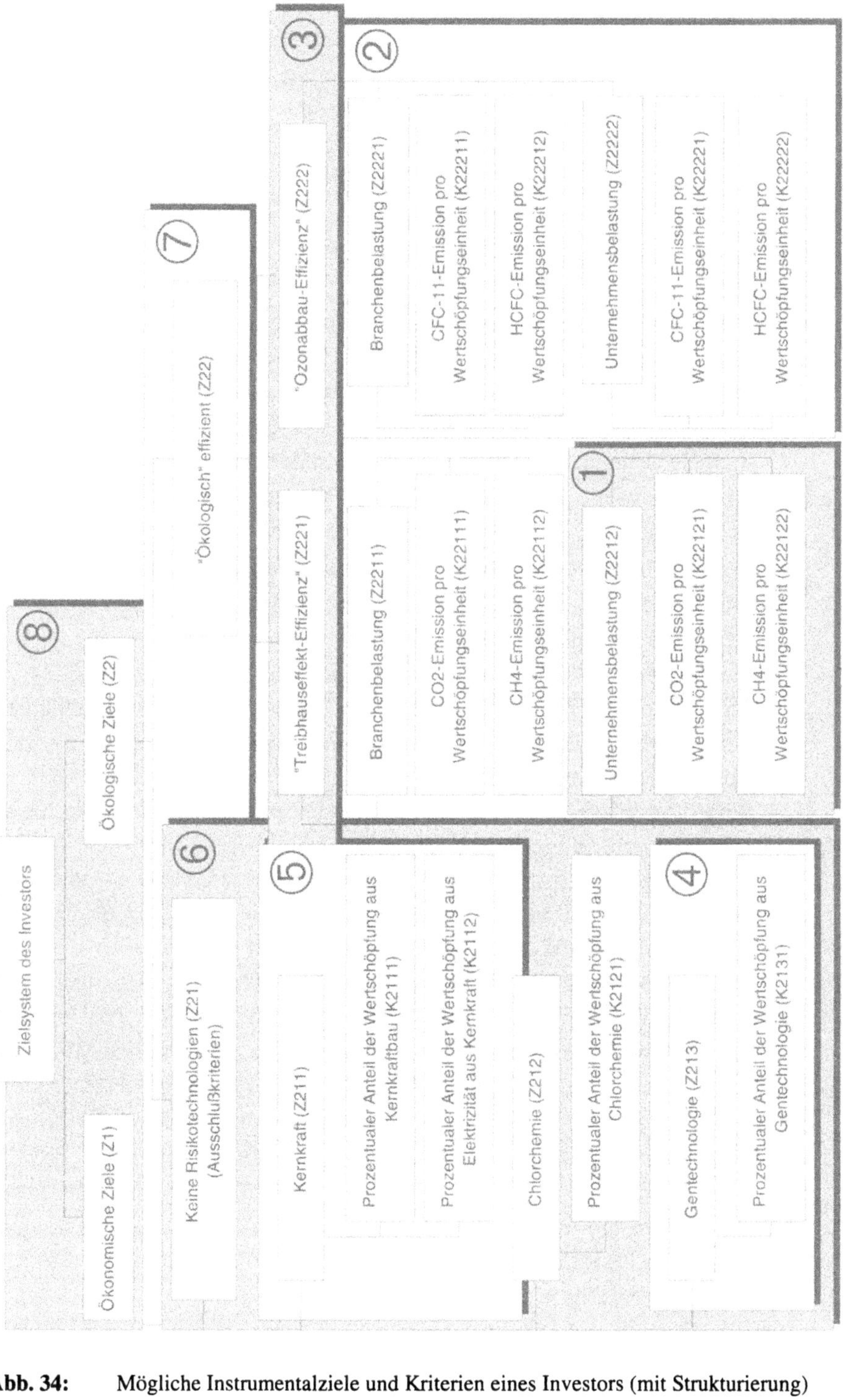

Abb. 34: Mögliche Instrumentalziele und Kriterien eines Investors (mit Strukturierung)

(4), (5) Die Bewertung der einzelnen Ausschlußkriterien kann ebenfalls unabhängig von den anderen Kriterien vorgenommen werden.[322] So hängt die Bewertung des Ausschlußkriteriums Chlorchemie beispielsweise nicht von dem Ausschlußkriterium Gentechnologie ab.

Im Fall der Kernkraft, in der zwei Kriterien zur Ermittlung der Zielerfüllung herangezogen werden, kann davon ausgegangen werden, daß die beiden Kriterien unabhängig voneinander sind. Aus der Sicht des Entscheiders dürften beide Kriterien wohl je eine gleich hohe Bedeutung haben.

(6) Bei der Bewertung der Ausschlußkriterien als ganzes liegt hingegen wohl keine Unabhängigkeit vor. Ein kleiner Beitrag zu einem Ausschlußkriterium wird wohl stärker sanktioniert werden, wenn bereits erhebliche Beiträge zu den anderen Ausschlußkriterien geleistet worden sind, als wenn die Unternehmung sonst „sündenfrei" ist. Aus der Sicht des Investors wiegt zum Beispiel ein Wertschöpfungsanteil der Gentechnologie von 4% wohl schwerer, wenn die Unternehmung außerdem einen Wertschöpfungsanteil von jeweils ebenfalls 4% in Kernkraft und Chlorchemie hat, als wenn dies der einzige Ausschlußbereich ist, in dem die Unternehmung tätig ist.

(7) Auch in der Verbindung zwischen den Ausschlußkriterien (Z21) und dem Ziel „ökologisch effizient" (Z22) kann von keiner Unabhängigkeit ausgegangen werden. Dem Charakter von Ausschlußkriterien entspricht, daß Unternehmen, die deutlich gegen diese verstoßen haben, von der Bewertung ausgeschlossen werden. Die Gewichtung des Ziels „ökologisch effizient" wird in einem solchen Fall auf null gesenkt. Es zählt in einem solchen Fall nur noch das Ziel „Keine Risikotechnologien" und dieses führt in einem solchen Fall zu einem Ausschluß der Unternehmung. Die beiden Ziele können daher nicht separat bewertet werden.

(8) Auch in bezug auf ökonomische und ökologische Ziele liegt keine Unabhängigkeit vor. Es wurde bereits festgehalten, daß sowohl in bezug auf die ökonomischen als auch die ökologischen Ziele gewisse Mindestanforderungen erfüllt sein müssen, bevor eine Alternative berücksichtigt werden darf. Verfehlt also beispielsweise eine Alternative diese kritische Mindestzielerfüllung des ökonomischen oder des ökologischen Ziels, so sinkt die Bedeutung des anderen Zieles auf null. Ganz egal, wie gut die Unternehmung in bezug auf das andere Ziel ist, es kann nicht berücksichtigt werden.

[322] Kriterien, deren Erfüllung dazu führt, daß die Unternehmen, unabhängig von der Erfüllung anderer Kriterien, als mögliche Alternativen ausgeschlossen werden, werden als Ausschlußkriterien bezeichnet.

3.3 Umsetzung durch Wertfunktionen

In diesem Abschnitt wird diskutiert, wie die Wertfunktionen aussehen müssen, die die diskutierten Präferenzen abbilden. Hierbei wird dem Aufbau des vorangegangenen Abschnitts gefolgt.

(1) Bewertung der Unternehmens- und Branchenbelastungen

Die Bewertung der Unternehmens- (Z2211, Z2221) und Branchenbelastungen (Z2212, Z2222) fällt leicht, da hierzu jeweils Nutzwertanalysen erster Generation, also additive Wertfunktionen, verwendet werden können. Es müssen allerdings noch die Skalierungskoeffizienten bestimmt werden. Die Skalierungskoeffizienten geben in diesem Fall den relativen Beitrag einer Einheit einer Emission im Vergleich zu einer Referenzemission zu einem Umweltproblem wieder. So ist beispielsweise bekannt, daß eine Tonne Methan rund elfmal stärker zum Treibhauseffekt beiträgt als eine Tonne Kohlendioxid.[323] Die Methanemissionen werden in diesem Zusammenhang in der Regel auf CO_2-Äquivalente umgerechnet.[324]

Rechnet man den HCFC-Beitrag zum Abbau der Ozonschicht auf CFC-11-Äquivalente[325] um, so ergibt sich ein Beitrag von 0,055 CFC-11 Äquivalenten pro Einheit HCFC.[326]

Die Wertfunktion, die den absoluten Beitrag einer Branche zum Treibhauseffekt wiedergibt, ist daher:

GWP (in Tonnen)=1·CO_2-Emissionsmenge in die Luft+11·CH_4-Emissionsmenge in die Luft

mit: GWP=Global Warming Potential in CO_2-Äquivalenten, CO_2- und CH_4-Emissionen in Tonnen.

Entsprechend gilt folgende Wertfunktion zur Ermittlung des absoluten Beitrags einer Branche zum Abbau der Ozonschicht:

ODP (in Tonnen)=1·CFC-11-Emission in die Luft+0,055·HCFC-Emission in die Luft

mit: ODP= Ozone Depletion Potential in CFC-11-Äquivalenten, CFC-11- und HCFC-Emissionen in Tonnen.

Zur Ermittlung des relativen Beitrags der Branche wird der absolute

---

[323] Vgl. HEIJUNGS 1992, S. 66. Es wird hier wiederum von einem Zeithorizont von 100 Jahren ausgegangen.

[324] Es wäre natürlich auch möglich, die CO_2-Emissionen in CH_4-Äquivalente umzurechnen. In diesem Fall ergäbe sich ein Skalierungskoeffizient von 1/11 für die Skalierung der CO_2-Emissionen.

[325] CFC ist die heute gebräuchliche englische Bezeichnung für Fluorchlorkohlenwasserstoff (FCKW).

[326] Vgl. HEIJUNGS 1992, S. 67. Es wird hier davon ausgegangen, daß es sich bei den HCFC um HCFC-22 handelt.

Beitrag durch die Wertschöpfung der Branche dividiert.

Zur Berechnung der Unternehmensbelastung wird analog vorgegangen.

(2) **Bewertung der Unternehmens- und Branchenbelastungen in bezug auf die „Treibhauseffekt-Effizienz“ und die „Ozonabbau-Effizienz“**

In bezug auf die Bewertung der Unternehmens- und Branchenbelastung wurde festgestellt, daß keine Unabhängigkeit vorliegt. Eine einfache Addition oder Subtraktion ist daher keine sinnvolle Lösung dieses Bewertungsproblems. Es ist aber möglich und sinnvoll, die Unternehmensbelastung durch die Branchenbelastung zu dividieren. Ein Ergebnis, das größer als eins ist, sagt aus, daß die Unternehmung die Umwelt in bezug auf dieses eine Umweltproblem pro Wertschöpfungseinheit stärker als die Branche belastet. Ein Ergebnis von unter eins gibt an, daß die relative Belastung durch die Unternehmung unter dem Branchendurchschnitt liegt.

Zur Bewertung des Ziels „Treibhauseffekt-Effizienz“ (Z221) wird also beispielsweise die Unternehmensbelastung (Z2212) durch die Branchenbelastung (Z2211) dividiert.

(3) **Bewertung der „Treibhaus-Effizienz“ und der „Ozonabbau-Effizienz“ in bezug auf das Ziel „ökologisch effizient“**

Da hier davon ausgegangen wird, daß die beiden Kriterien unabhängig voneinander sind, kann eine herkömmliche Nutzwertanalyse eingesetzt werden. Die beiden Ziele werden hier „gleichgewichtet“. Es werden also als Skalierungskoeffizienten je 0,5 eingesetzt.

Wird beispielsweise festgestellt, daß die Unternehmung einen Beitrag zum Treibhauseffekt leistet, der 50% über dem Niveau der Branche liegt, dafür aber nur halb so stark wie die Branche zum Ozonabbau beiträgt, so ergibt sich eine Bewertung von eins in bezug auf das Ziel „ökologisch effizient“ ($0{,}5 \cdot 1{,}5 + 0{,}5 \cdot 0{,}5 = 1$).

(4), (5) **Bewertung der Kriterien Kernkraft, Chlorchemie und Gentechnologie**

Die Ausschlußkriterien können, wie festgestellt wurde, separat bewertet werden. Die zwei Kriterien des Ausschlußkriteriums „Kernkraft“ sind, wie ebenfalls gezeigt wurde, gleichfalls unabhängig und können einfach addiert werden. Eine Unternehmung, die beispielsweise 2% ihrer Wertschöpfung mit der Produktion von Elektrizität auf der Basis von Kernkraft und 3% mit dem Bau von Kernkraftwerken erzielt, weist einen Wertschöpfungsanteil von 5% im Bereich des Ausschlußkriteriums „Kernkraft“ (Z211) auf.

Die herkömmliche Art und Weise des Umgangs mit den einzelnen Ausschlußkriterien ist es, zu überprüfen, ob ein kritischer Wert (z.B. 5% Wertschöpfungsanteil der Kernkraft) überschritten worden ist. Ist dies der Fall, wird die betroffene Unternehmung als Alternative ausgeschlossen. Ist dieser Wert hingegen nicht überschritten, wird mit der Analyse fortgefahren. Eine explizite Berücksichtigung der Ausschlußkriterien findet danach nicht mehr statt. Es handelt sich um eine sogenannte Satisfizierungsvorschrift.[327] Eine Satisfizierungsvorschrift fordert nur das Erreichen bzw. hier das Unterschreiten einer festgesetzten Zielgröße. Dieses Vorgehen ist in diesem Zusammenhang aber wenig sinnvoll. Ganz offensichtlich haben Ausschlußkriterien für einen Entscheider eine hohe Bedeutung. Unternehmen bei einem kritischem Wertschöpfungsanteil von 5% mit 5,1% auszuschließen, aber bei 4,9% unverändert zu berücksichtigen, entspricht den Präferenzen der meisten Entscheider sicherlich nicht.

Die Präferenzen der meisten Entscheider werden durch die in Abbildung 35 wiedergegebene Funktion zu der unscharfen Menge „Ausschluß erfüllt" wahrscheinlich weitaus besser abgebildet. Legt man diese unscharfe Menge zugrunde, gehört eine Unternehmung, die einen Wertschöpfungsanteil von 4,9 an einem Ausschlußkriterium aufweist, mit einem Zugehörigkeitsgrad von 0,98 zu der unscharfen Menge „Ausschluß erfüllt". Ab 5% Wertschöpfungsanteil gehört die Unternehmung dieser Menge vollständig an. Die Funktion bildet eine sogenannte Extremierungsvorschrift ab.[328] Im Gegensatz zu einer Satisfizierungsvorschrift stellt sie auf das Erreichen eines Maximum bzw. eines Minimums ab.

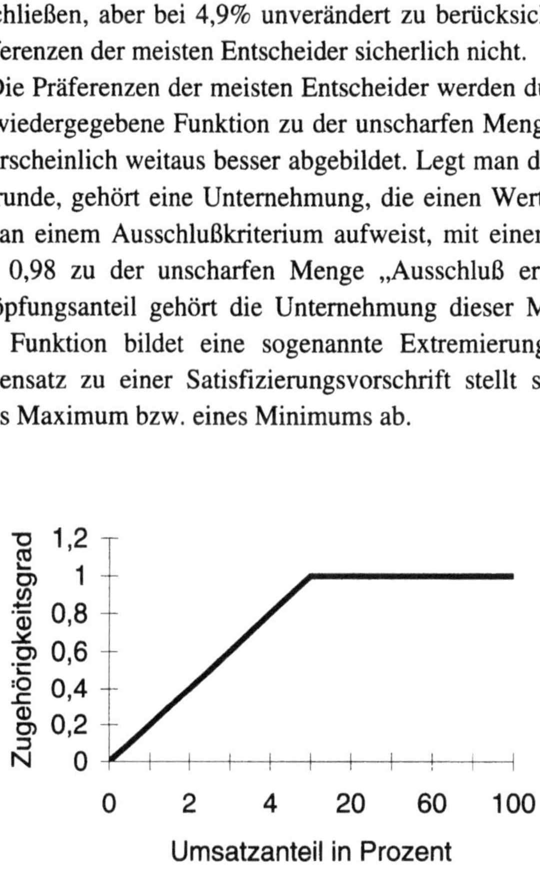

Abb. 35: Zugehörigkeitsgrad „Ausschluß erfüllt"

Einem Wertschöpfungsanteil von 2% entspräche beispielsweise einem

327 Vgl. zu Satisfizierungsvorschriften SALIGER 1993, S. 24.
328 Vgl. zu Extremierungsvorschriften SALIGER 1993, S. 24.

Zugehörigkeitsgrad von 0,4 zu der unscharfen Menge „Ausschluß erfüllt".

(6) **Bewertung aller Ausschlußkriterien zu dem Ziel „Keine Risikotechnologien"**

Es stellt sich nun die Frage, wie, unter Berücksichtigung der Präferenzen des Entscheiders, die Ausschlußkriterien zum Ziel *„Keine Risikotechnologien"* aggregiert werden können. Die Regelbank für diese Aggregation besteht aus nur einer einzigen Regel:

Wenn Kernkraft = „Ausschluß erfüllt" ODER Chlorchemie = „Ausschluß erfüllt" ODER Gentechnologie= „Ausschluß erfüllt" DANN Keine Risikotechnologien= „Ausschluß"

Diese Regel gibt wieder, daß eine Unternehmung von der Bewertung ausgeschlossen sein soll, wenn sie in einem der drei Ausschlußbereiche mehr als 5% Wertschöpfungsanteil hat.

Würde man im Gegensatz hierzu eine Nutzwertanalyse erster Generation einsetzen, käme es zu einer, durch den Entscheider zweifellos nicht gewollten, Kompensation zwischen den einzelnen Ausschlußkriterien. 10% Wertschöpfungsanteil im Bereich der Kernkraft, 2% im Bereich der Chlorchemie und keinerlei Wertschöpfung im Bereich der Gentechnologie würden beispielsweise bei Skalierungskoeffizienten von jeweils 1/3 zu einem durchschnittlichen Wertschöpfungsanteil von 4% und damit zu keinem Ausschluß der Unternehmung führen.

Eine andere Möglichkeit wäre, im Sinne des linguistischen „oder", nur den maximalen Wert zu betrachten. Dies Vorgehen ist insofern problematisch, als daß dadurch nicht zwischen Unternehmen unterschieden wird, die in bezug auf alle Ausschlußkriterien gleich schlecht abschneiden und Unternehmen, die nur einen „Ausreißer" aufweisen. Eine Unternehmung, die im Kernkraftbereich einen Wertschöpfungsanteil von 4% hat, aber keinerlei Wertschöpfung im Bereich von Chlorchemie und Gentechnologie macht, erhielte dieselbe Bewertung wie eine Unternehmung, die in allen drei Bereichen einen Wertschöpfungsanteil von 4% hat.

Ein Operator, der mehrere Faktoren berücksichtigt, ist die „algebraische Summe".[329] Für n Faktoren ergibt sich der Zugehörigkeitsgrad zu der unscharfen Ergebnismenge durch:

$$1-\prod_{i=1}^{n}(1-x_i)$$

mit: n=Zahl der berücksichtigten Kriterien, x_i=Zugehörigkeitsgrad des

[329] Dieser Operator wird im Exkurs A näher vorgestellt.

Kriteriums i.

Es werden nicht nur alle Faktoren berücksichtigt, es ist außerdem gesichert, daß das Ausschlußkriterium erfüllt ist, sobald ein Faktor der unscharfen Menge „Ausschluß erfüllt" mit einem Zugehörigkeitsgrad von eins angehört. Der Operator umfaßt somit die auf traditioneller, scharfer Logik basierenden Ergebnisse.

Da nur eine unscharfe Ergebnismenge („Ausschluß") vorliegt, kann der Zugehörigkeitsgrad zu der unscharfen Ergebnismenge problemlos interpretiert werden. Eine Defuzzifizierung ist daher nicht unmittelbar notwendig. So entspricht ein Zugehörigkeitsgrad von eins dem Ausschluß der Unternehmung. Ist der Zugehörigkeitsgrad null, hat die Unternehmung in allen drei Bereichen einen Wertschöpfungsanteil von null. Ein Zugehörigkeitsgrad zwischen null und eins besagt, daß die Unternehmung zwar im Bereich der Ausschlußkriterien tätig ist, daß dies aber nicht den vollkommenen Ausschluß der Unternehmung rechtfertigt. Je höher die Wertschöpfungsanteile in den drei kritischen Bereichen sind, desto höher ist auch der Zugehörigkeitsgrad. Höhere Zugehörigkeitsgrade sollen, den Präferenzen des Entscheiders entsprechend, zu einer stärkeren Sanktionierung führen. Wie die Umsetzung dieser Präferenz erreicht werden kann, wird im folgenden Punkt untersucht.

(7) Bewertung der Ziele „Keine Risikotechnologien" und „ökologisch effizient"

In diesem Bewertungsschritt wird die ökologische Effizienz der Unternehmung unter Berücksichtigung der Ausschlußkriterien bewertet. Im Gegensatz zu der „traditionellen" Vorgehensweise, in der erst die Ausschlußkriterien betrachtet werden und anschließend die Bewertung in bezug auf die übrigen Ziele vorgenommen wird, wird hier eine simultane Bewertung vorgenommen, da keine Unabhängigkeit vorliegt.

Die Bewertungsregeln werden durch die in Tabelle 17 abgebildete Regelbank wiedergegeben.[330]

[330] Es wären natürlich noch andere Regeln denkbar. Es wäre z.B. möglich, daß ein Entscheider die Präferenz äußert, daß umweltfreundlichere Unternehmen weniger stark für einen Verstoß gegen die Ausschlußkriterien sanktioniert werden, als umweltbelastendere Unternehmen.

	Umweltbelastung		
	Unterdurch-schnittlich	Durch-schnittlich	Überdurch-durchschnittlich
Ausschluß	Schlecht (0)	Schlecht (0)	Schlecht (0)
Kein Ausschluß	Sehr gut (100)	Durchschnitt-lich (50)	Schlecht (0)

Tabelle 17: Bewertungsregeln

Die unscharfe Menge „Kein Ausschluß" ist als Komplementärmenge zu der unscharfen Menge „Ausschluß" zu verstehen. Es handelt sich bei allen Verknüpfungen um „und"-Verknüpfungen. Zur Umsetzung der „und"-Verknüpfungen soll der MIN-Operator eingesetzt werden.

Eine durchschnittliche Bewertung in bezug auf das Ziel „ökologisch effizient" und keinerlei Wertschöpfung in den drei Risikobereichen führt nach diesen Regeln beispielsweise zu einer durchschnittlichen Bewertung, die 50 Punkten entspricht.[331]

Die Regeln sehen vor, daß eine Unternehmung, die gegen die Ausschlußkriterien verstößt, grundsätzlich mit 0 Punkten bewertet wird. Die Ergebnisse sind daher kompatibel mit der traditionellen Vorgehensweise bei der Bewertung von Ausschlußkriterien.

Die beste Bewertung (100 Punkte) wird erreicht, wenn die Unternehmung keinerlei Wertschöpfung in den drei kritischen Bereichen erzielt und gleichzeitig die Umwelt unterdurchschnittlich belastet.

Durch die vorangegangene Bewertung der Ausschlußkriterien liegt der Zugehörigkeitsgrad zu der unscharfen Menge „Ausschluß" bereits vor. Der Zugehörigkeitsgrad zu der unscharfen Menge „Kein Ausschluß" ergibt sich durch Bildung der Komplementärmenge. Es soll in diesem Zusammenhang gelten, daß ein Element in dem Maße einer Komplementärmenge angehört, in dem es einer Menge nicht angehört.[332] Es gilt daher:

$$\mu(\text{KeinAusschluß}) = 1 - \mu(\text{Ausschluß}).$$

Weist eine Unternehmung also beispielsweise Umsätze in den drei kritischen Bereichen auf, die zu einem Zugehörigkeitsgrad von 0,7 zu der

331 Vgl. hierzu das schraffierte Feld in Tabelle 17.

332 Vgl. hierzu auch Tabelle 12, S. 124.

unscharfen Ergebnismenge „Ausschluß“ führen, so entspricht der Zugehörigkeitsgrad zu der unscharfen Ergebnismenge „Kein Ausschluß“ 0,3.

Die Zugehörigkeit zu den unscharfen Mengen, die die Umweltbelastung beschreiben, ist nicht ganz so offensichtlich. Bei der Bewertung der verschiedenen Umweltprobleme wurde allerdings festgehalten, daß die relative Unternehmensbelastung durch die relative Branchenbelastung dividiert werden soll. Beträgt die entsprechende Kennzahl eins, entspricht die Belastung dem Branchendurchschnitt. Es kann in diesem Fall davon gesprochen werden, daß die Unternehmung die Umwelt (im Vergleich zur Branche) durchschnittlich belastet. Der Zugehörigkeitsgrad zu der unscharfen Menge „durchschnittliche Belastung“ ist in einem solchen Fall eins und die Zugehörigkeitsgrade zu den beiden anderen Mengen null.

Das bestmögliche Ergebnis ist logischerweise, daß eine Unternehmung keinerlei Beitrag zu einem Umweltproblem leistet. Die Kennzahl ist dann null. Die Belastung der Umwelt durch die Unternehmung ist in einem solchen Fall klar unterdurchschnittlich. Der Zugehörigkeitsgrad zu der unscharfen Menge „unterdurchschnittliche Belastung“ entspricht eins. Die Umweltbelastung kann in einem solchen Fall weder als durchschnittlich oder überdurchschnittlich bezeichnet werden. Die Zugehörigkeitsgrade zu diesen unscharfen Mengen sind null.

Es muß nun noch festgelegt werden, ab welcher Höhe die Belastung der Umwelt durch die Unternehmung als klar (Zugehörigkeitsgrad von eins) überdurchschnittlich bezeichnet werden soll. Es wird festgelegt, daß dies der Fall sein soll, wenn die Belastung der Umwelt durch die Unternehmung zweimal höher als der Branchendurchschnitt ist. Eine darüber hinausgehende Belastung der Umwelt entspricht natürlich ebenfalls einer überdurchschnittlichen Belastung. Die Zugehörigkeitsgrade zu den beiden anderen unscharfen Mengen entsprechen in diesem Bereich selbstverständlich null.

Abbildung 36 gibt die entsprechenden Zugehörigkeitsfunktionen wieder.

Die Zugehörigkeitsgrade zu den unscharfen Ergebnismengen geben einen ungefähren Eindruck über das Ergebnis dieser Teilbewertung. Um die Ergebnisse einfacher interpretieren zu können, bietet es sich aber an, die Zugehörigkeitsgrade zu den unscharfen Ergebnismengen in ein scharfes Ergebnis umzurechnen, d.h. das Ergebnis zu defuzzifizieren. Hierzu soll das Singletonverfahren eingesetzt werden.

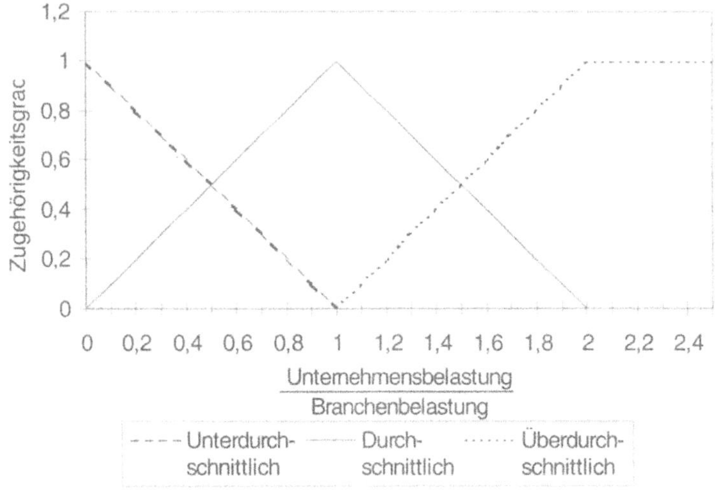

Abb. 36: Zugehörigkeitsfunktionen Unternehmens- relativ zu Branchenbelastung

(8) Bewertung der ökologischen und der ökonomischen Ziele

Im letzten Bewertungsschritt werden ökologische und ökonomische Ziele zu einer Endbewertung verbunden. Die in Tabelle 18 wiedergegebene Regelbank gibt die entsprechenden Regeln wieder.

		Ökologische Ziele		
		Schlecht	Gut	Sehr gut
Ökonomische Ziele	Schlecht	Ausschluß (0)	Ausschluß (0)	Ausschluß (0)
	Gut	Ausschluß (0)	Mittel (50)	Gut (75)
	Sehr gut	Ausschluß (0)	Gut (75)	Sehr gut (100)

Tabelle 18: Regelbank

Es handelt sich bei den Verknüpfungen jeweils um „und“-Verknüpfungen. Zu ihrer Umsetzung wird jeweils der MIN-Operator eingesetzt.

Die Regeln sehen, den Präferenzen des Entscheiders entsprechend, vor, daß eine Unternehmung gewissen ökologischen und ökonomischen Mindestansprüchen genügen muß, um in der Entscheidung berücksichtigt zu werden. Sind diese Mindestansprüche erfüllt, können grundsätzlich in einem gewissen Rahmen ökologische und ökonomische Ziele miteinander kompensiert werden.

Die Regelbank legt sowohl für die Beschreibung der ökologischen als auch für die Beschreibung der ökonomischen Ziele jeweils drei unscharfe Mengen fest.

Die vorangegangene ökologische Bewertung gibt die (scharfen) Ergebnisse auf einer Skala von null bis 100 wieder. Es wird davon ausgegangen, daß die Ergebnisse der ökonomischen Bewertung, die nicht Teil dieser Bewertung ist, ebenfalls auf einer Skala von null bis 100 vorliegen. Zur Fuzzifizierung können für beide Ziele die in Abbildung 37 wiedergegebenen Zugehörigkeitsfunktionen eingesetzt werden.

Da das Ergebnis wiederum als Zugehörigkeitsgrade zu mehreren unscharfen Mengen vorliegt, ist es sinnvoll, das Ergebnis zu defuzzifizieren. Hierzu wird das Singletonverfahren eingesetzt. Alle hierzu notwendigen Angaben können Tabelle 18 entnommen werden.

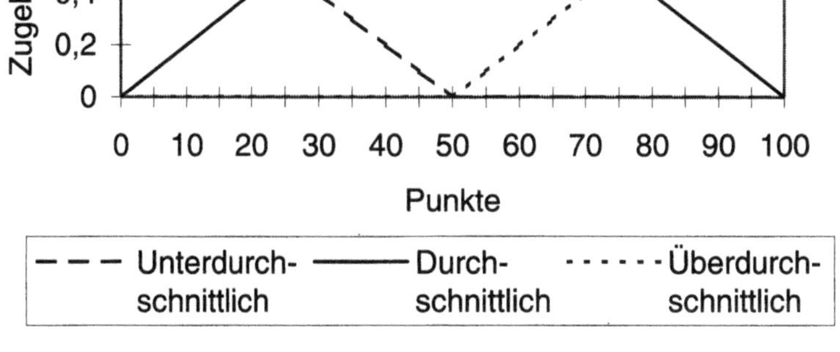

Abb. 37: Zugehörigkeitsfunktionen für die Fuzzifizierung ökologischer und ökonomischer Prämissen

4 Bewertung

Im folgenden wird an einem Beispiel eine Bewertung vorgenommen. Die hier angenommenen Kriterienausprägungen können aus Tabelle 19 entnommen werden.

Kriterium	**Ausprägung**
Kernkraftbau (K2111) in Prozent der gesamten Wertschöpfung	1%
Elektrizität aus Kernkraft (K2112) in Prozent der gesamten Wertschöpfung	2%
Chlorchemie (K2121) in Prozent der gesamten Wertschöpfung	0%
Gentechnologie (K2131) in Prozent der gesamten Wertschöpfung	2%
CO_2-Emissionen - Unternehmen (K22121) in Tonnen pro Wertschöpfungseinheit	0,1
CH_4-Emissionen - Unternehmen (K22122) in Tonnen pro Wertschöpfungseinheit	0,05
CO_2-Emissionen - Branche (K22111) in Tonnen pro Wertschöpfungseinheit	0,15
CH_4-Emissionen - Branche (K22112) in Tonnen pro Wertschöpfungseinheit	0,04
CFC-11-Emissionen - Unternehmen (K22221) in Tonnen pro Wertschöpfungseinheit	0,1
HCFC-Emissionen - Unternehmen (K22222) in Tonnen pro Wertschöpfungseinheit	0,3
CFC-11-Emissionen - Branche (K22211) in Tonnen pro Wertschöpfungseinheit	0,2
HCFC-Emissionen - Branche (K22212) in Tonnen pro Wertschöpfungseinheit	0,15
Ergebnis der ökonomischen Bewertung in Bewertungspunkten	80

Tabelle 19: Kriterienausprägungen

Der Aufbau dieses Abschnittes entspricht dem Aufbau, der für die Ermittlung der Präferenzen[333] und der Wertfunktionen[334] gewählt wurde. Für die in diesem Abschnitt zugrundegelegten Präferenzen und angewendeten Wertfunktionen wird daher auf die vorangegangenen zwei Abschnitte verwiesen. Anhand einer Graphik wird vor jeder Teilbewertung jeweils gezeigt, welche Teilbewertung vorgenommen wird.[335] Es wird außerdem das Bewertungsergebnis (fett gedruckt) vorweggenommen.

(1) Bewertung der Unternehmens- und Branchenbelastungen

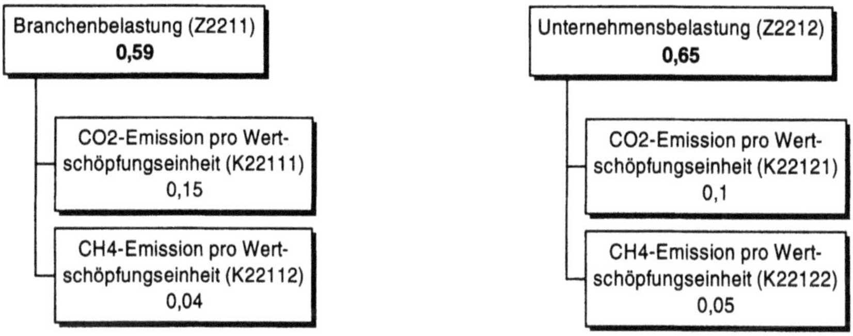

Abb. 38: Teilbewertungen „Branchenbelastung (GWP)" und „Unternehmensbelastung (GWP)"

Zur Ermittlung des Beitrages zum *Treibhauseffekt* werden die Methanemissionen in Kohlendioxidäquivalente durch die im vorangegangenen Abschnitt erwähnte Wertfunktion umgerechnet. Der Beitrag zum Treibhauseffekt wird auch als Global Warming Potential (GWP) bezeichnet. Hier wird allerdings nicht der absolute Beitrag, sondern der relative Beitrag, d.h. der Beitrag pro Wertschöpfungseinheit berechnet. Dies erlaubt, Unternehmen unterschiedlicher Größe bzw. Unternehmen mit der ganzen Branche zu vergleichen.

Die Unternehmens- bzw. Branchenbelastung entspricht:

Unternehmensbelastung (GWP)$=0{,}1+11\cdot 0{,}05=0{,}65$

Branchenbelastung (GWP)$=0{,}15+11\cdot 0{,}04=0{,}59$

Die Berechnung des Beitrags der Unternehmen bzw. der Branchen zum *Abbau der Ozonschicht* ergibt sich analog zur vorstehenden Berechnung. Der Beitrag

---

333 Vgl. Abschnitt „3.2 Feststellung der Präferenzen/Strukturierung".

334 Vgl. Abschnitt „3.3 Umsetzung durch Wertfunktionen".

335 Vgl. für eine graphische Übersicht über das ganze Bewertungsproblem auch Abbildung 33.

zum Abbau der Ozonschicht wird auch als Ozone Depletion Potential (ODP) bezeichnet.

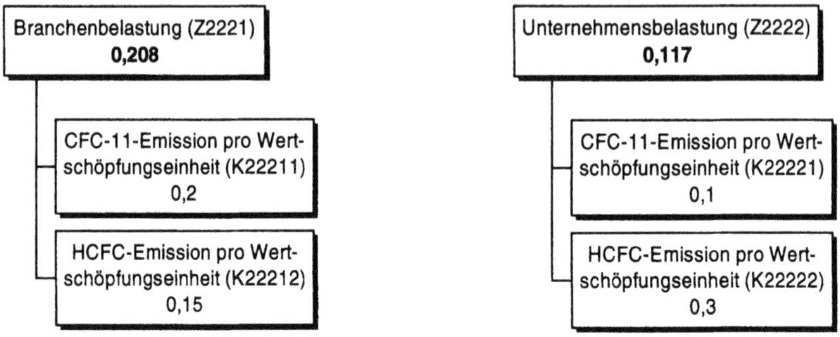

Abb. 39: Teilbewertungen „Branchenbelastungen (ODP)" und „Unternehmensbelastungen (ODP)"

Es wird wiederum für Branchen und Unternehmen der relative Beitrag, d.h. der Beitrag pro Wertschöpfungseinheit berechnet.

Die Unternehmens- bzw. Branchenbelastung entspricht:

Unternehmensbelastung (ODP)$=0{,}1+0{,}055 \cdot 0{,}3=0{,}117$

Branchenbelastung (ODP)$=0{,}2+0{,}055 \cdot 0{,}15=0{,}208$

(2) Bewertung der „Treibhaus-„ bzw. „Ozonabbaueffizienz"

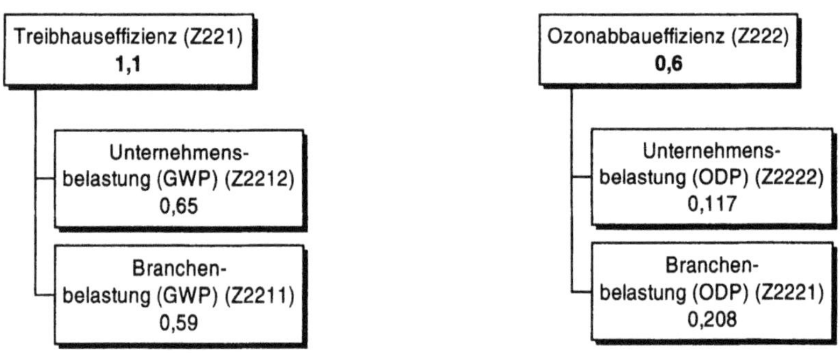

Abb. 40: Teilbewertungen „Treibhauseffizienz" und „Ozonabbaueffizienz"

Durch diese Teilbewertung wird ermittelt, wie hoch der Beitrag der Unternehmung zu den Umweltproblemen Treibhauseffekt und Abbau der Ozonschicht relativ zur gesamten Branche ist.

Wie im vorangegangenen Abschnitt festgestellt wurde, ergibt sich die „Treibhaus-„ bzw. „Ozonabbaueffizienz" durch Division der Unternehmens- durch die Branchenbelastung.

Die „Treibhaus-„ bzw. „Ozonabbaueffizienz" entspricht daher:

„Treibhauseffizienz"=0,65/0,59=1,1

„Ozonabbaueffizienz"=0,117/0,208=0,6

Die betrachtete Unternehmung ist daher weniger effizient als die Branche in bezug auf den Treibhauseffekt aber effizienter in bezug auf den Beitrag zum Abbau der Ozonschicht. Sie leistet also einen unterdurchschnittlich großen Beitrag zu diesem Umweltproblem.

(3) Bewertung in bezug auf das Ziel „ökologisch effizient"

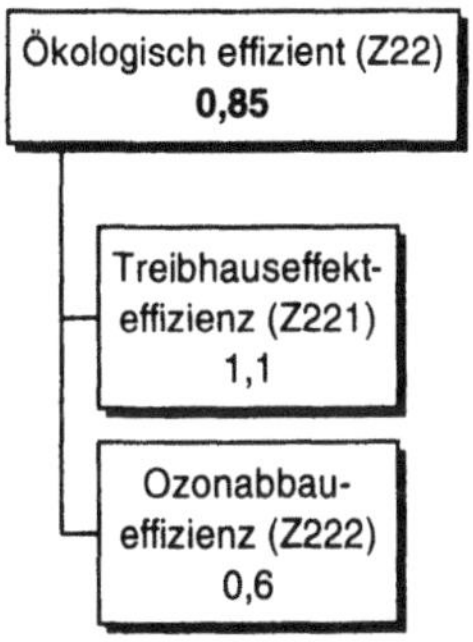

Abb. 41: Teilbewertung „ökologisch effizient"

Diese Teilbewertung faßt den Beitrag des Unternehmens zu den zwei Umweltproblemen relativ zur Branche zu einer einzigen Bewertung zusammen.

Wie bei der Formulierung der Wertfunktionen festgestellt werden konnte, kann für diese Teilbewertung eine herkömmliche Nutzwertanalyse eingesetzt werden. Die Skalierungskoeffizienten betragen je 0,5.

Die Bewertung des Ziels „ökologisch effizient" entspricht daher:

$0{,}5 \cdot 1{,}1 + 0{,}5 \cdot 0{,}6 = 0{,}85$

Unter der Voraussetzung, daß diese „Gleichskalierung" der Umweltprobleme den Präferenzen des Entscheiders entspricht, kann daher festgehalten werden, daß die Unternehmung insgesamt einen unterdurchschnittlichen Beitrag zu den zwei relevanten Umweltproblemen leistet.

(4), (5) Bewertung der Ausschlußkriterien

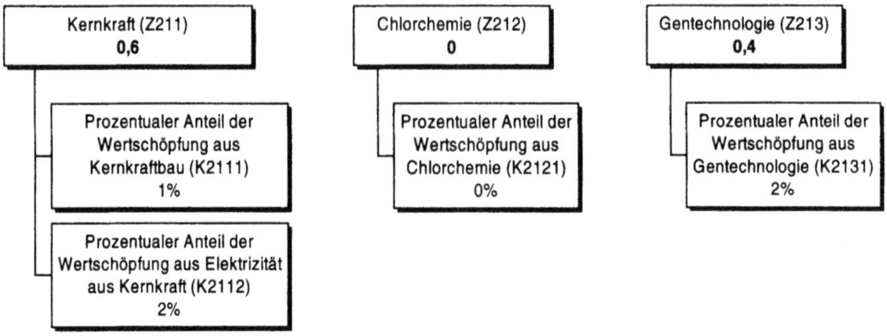

Abb. 42: Teilbewertungen „Kernkraft", „Chlorchemie" und „Gentechnologie"

Im Rahmen dieser Teilbewertung werden die drei Ausschlußkriterien Kernkraft, Chlorchemie und Gentechnologie bewertet.

Im Bereich der *Kernkraft* ergibt sich ein Wertschöpfungsanteil von insgesamt 3%, der aus 1% Wertschöpfungsanteil im Bereich des Baus von Kernkraftwerken und 2% Wertschöpfungsanteil aus der Produktion von Elektrizität durch Kernkraftwerke resultiert. Daß die Wertschöpfungsanteile einfach addiert werden dürfen, wurde bei der Formulierung der Wertfunktionen festgestellt. Ein Wertschöpfungsanteil von 3% entspricht einem Zugehörigkeitsgrad von 0,6 zu der unscharfen Menge „Ausschluß erfüllt". Dieser Zugehörigkeitsgrad kann aus Abbildung 35 (S. 147) abgelesen werden.

Da die Unternehmung keinerlei Wertschöpfung mit *Chlorchemie* erzielt, ergibt sich in diesem Bereich ein Zugehörigkeitsgrad von 0 zu der unscharfen Menge Ausschluß erfüllt.

Im Bereich der *Gentechnologie* ergibt sich mit einem Wertschöpfungsanteil von 2% ein Zugehörigkeitsgrad von 0,4 zu der unscharfen Menge „Ausschluß erfüllt".

(6) Bewertung der Ausschlußkriterien

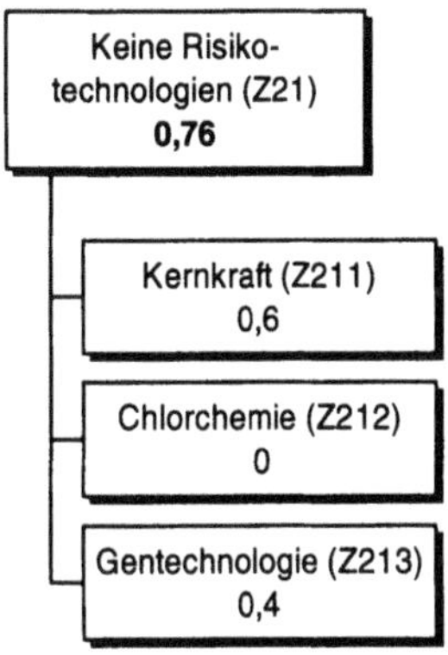

Abb. 43: Teilbewertung „Keine Risikotechnologien“

Die drei im vorangegangenen Bewertungsschritt einzeln beurteilten Ausschlußkriterien werden durch die hier vorgenommene Bewertung zu dem Ziel „Keine Risikotechnologien“ zusammengefaßt.

Setzt man, wie im Rahmen der Bestimmung der Wertfunktionen vorgeschlagen wurde, die algebraische Summe zur Bewertung der Ausschlußkriterien ein, ergibt sich ein Zugehörigkeitsgrad von 0,76 zu der unscharfen Menge „Ausschluß“ $(1-((1-0{,}4)\cdot(1-0{,}0)\cdot(1-0{,}6))=0{,}76)$. Die Interpretation dieses Zugehörigkeitsgrades stellt kein Problem dar; eine Defuzzifizierung ist nicht nötig.

Diese Alternative wird daher nicht von der weiteren Bewertung ausgeschlossen. Hierzu müßte der Zugehörigkeitsgrad eins betragen. Die nicht unerhebliche Wertschöpfung, die in den vom Entscheider als kritisch eingestuften Geschäftsfeldern erzielt wird, fließt allerdings durch den nächsten Bewertungsschritt in die weitere Bewertung ein.

(7) Bewertung der Ziele „Keine Risikotechnologien" und „ökologisch effizient"

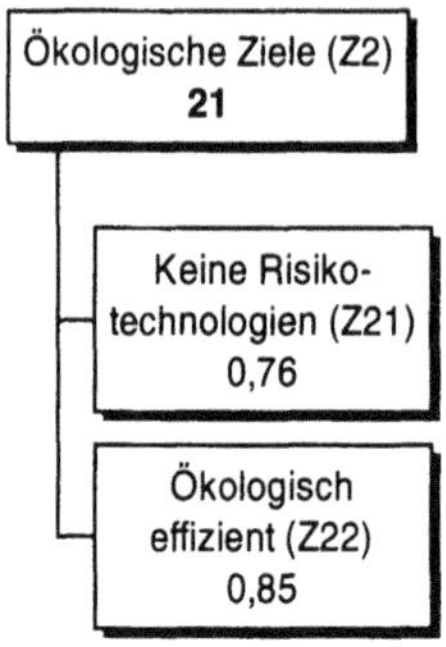

Abb. 44: Teilbewertung „ökologische Ziele"

Mit dem hier vorgenommenen Bewertungsschritt findet die rein „ökologische" Bewertung ihren Abschluß. Hierzu werden die Bewertungen der Ausschluß-kriterien (Ziel: „Keine Risikotechnologien") und der Beiträge des Unternehmens relativ zur Branche zu den Umweltproblemen (Ziel: „Ökologisch effizient") zu einer einzigen Bewertung zusammengefaßt.

Die Regeln können Tabelle 17 (S. 150) des vorangegangenen Abschnitts entnommen werden.

Der Zugehörigkeitsgrad zu der unscharfen Menge „Ausschluß" liegt als Ergebnis des vorangegangenen Bewertungsschritts vor. Er beträgt 0,76. Der Zugehörigkeitsgrad zu der unscharfen Menge „Kein Ausschluß" beträgt 0,24. Er ergibt sich als Komplement (1-0,76=0,24).

Für die Umweltbelastung (Bewertungsschritt 3) wurde ein Koeffizient von 0,85 ausgerechnet. Aus Abbildung 36 (S. 152) können die folgenden Zugehörigkeits-grade abgelesen werden:

Umweltbelastung		
Unterdurchschnittlich	Durchschnittlich	Überdurchschnittlich
0,15	0,85	0

Tabelle 20: Zugehörigkeitsgrade zu „Umweltbelastung"

Der von der Unternehmung ausgehende Beitrag zu den beiden Umweltproblemen kann daher als „leicht unterdurchschnittlich" bezeichnet werden.

Tabelle 21 nimmt die Regelbank aus Tabelle 17 noch einmal auf. Sie gibt die besprochenen Zugehörigkeitsgrade zu den Prämissen wieder und ordnet den unscharfen Ergebnismengen Zugehörigkeitsgrade zu. Da es sich um eine „und-Verknüpfung" handelt und vereinbarungsgemäß der MIN-Operator eingesetzt wird, entspricht der Zugehörigkeitsgrad einer unscharfen Ergebnismenge jeweils dem minimalen Zugehörigkeitsgrad der betroffenen Spalte bzw. Zeile. Aus dem Zugehörigkeitsgrad von 0,15 zu der Prämisse „unterdurchschnittliche" Umweltbelastung und dem Zugehörigkeitsgrad von 0,76 zu der Prämisse „Ausschluß" resultiert auf diese Weise beispielsweise ein Zugehörigkeitsgrad von 0,15 zu der unscharfen Ergebnismenge „schlecht".

		Umweltbelastung		
		Unterdurchschnittlich	Durchschnittlich	Überdurchschnittlich
	μ	0,15	0,85	0,0
Ausschluß	0,76	0,15 Schlecht (0)	0,76 Schlecht (0)	0,0 Schlecht (0)
Kein Ausschluß	0,24	0,15 Sehr gut (100)	0,24 Durchschnittlich (50)	0,0 Schlecht (0)

Tabelle 21: Bewertungsregeln mit Zugehörigkeitsgraden der Prämissen und Ergebnismengen

Eine Interpretation einzig und allein auf der Basis der Zugehörigkeitsgrade zu den unscharfen Ergebnismengen fällt schwer. Es ist daher sinnvoll, durch Defuzzifizierung das unscharfe Ergebnis in ein scharfes Ergebnis umzurechnen. Hierzu wird vereinbarungsgemäß das Singletonverfahren eingesetzt.

Es ergibt sich das folgende scharfe Ergebnis:

$(0{,}15\cdot 0+0{,}76\cdot 0+0{,}15\cdot 100+0{,}24\cdot 50)/(0{,}15+0{,}76+0{,}15+0{,}24)=21$.

Wie die Zugehörigkeitsgrade zu den unscharfen Ergebnismengen bereits vermuten ließen, erzielt die Unternehmung mit 21 Punkten ein unterdurchschnittliches „ökologisches" Bewertungsergebnis.

(8) Bewertung der ökonomischen und ökologischen Ziele

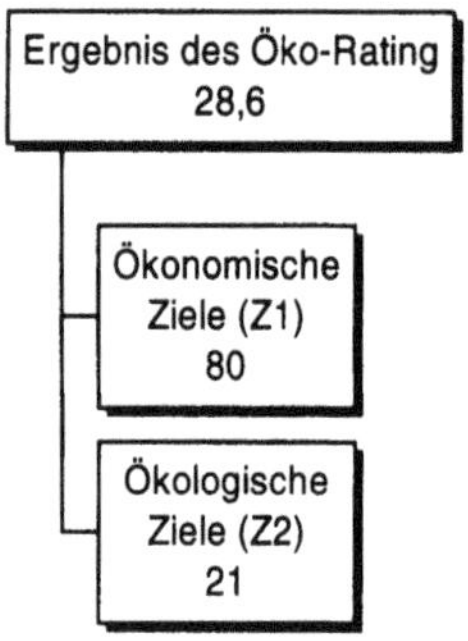

Abb. 45: Teilbewertung „Ergebnis des Öko-Ratings“

In diesem letzten Bewertungsschritt wird das Ergebnis der „ökologischen“ Bewertung (siehe vorangegangenen Bewertungsschritt) mit dem Ergebnis der ökonomischen Bewertung, die nicht Teil dieses Öko-Ratings ist, verbunden.

Die für diese Bewertung anzuwendenden Regeln können aus Tabelle 18 (S. 152) entnommen werden. Die Zugehörigkeitsgrade zu den Prämissen ergeben sich aus Abbildung 37 (S. 153). Da zur Beschreibung beider Prämissen jeweils drei unscharfe Mengen zum Einsatz kommen und da die scharfen Prämissen jeweils auf einer Skala von null bis 100 vorliegen, kann für beide Prämissen auf dieselbe Abbildung zurückgegriffen werden.

Tabelle 22 gibt die Zugehörigkeitsgrade der Ergebnisse der ökologischen und der ökonomischen Bewertung zu den unscharfen Mengen, die die Prämissen beschreiben, wieder.

	Punkte	**Schlecht**	**Gut**	**Sehr gut**
Ökologische Bewertung	21	0,58	0,42	0
Ökonomische Bewertung	80	0	0,4	0,6

Tabelle 22: Zugehörigkeitsgrade zu „ökologische“ und „ökonomische Bewertung“

Tabelle 23 nimmt die Regeln aus Tabelle 18 (S. 152) auf und ordnet die Zugehörigkeitsgrade der Prämissen den einzelnen Konklusionen zu. Da es sich um „und“-Verknüpfungen handelt, werden den Konklusionen jeweils die minimalen Zugehörigkeitsgrade der Prämissen zugeordnet.

			Ökologische Ziele		
			Schlecht	Gut	Sehr gut
		μ	0,58	0,42	0
Ökonomische Ziele	Schlecht	0	0 Ausschluß (0)	0 Ausschluß (0)	0 Ausschluß (0)
	Gut	0,4	0,4 Ausschluß (0)	0,40 Mittel (50)	0 Gut (75)
	Sehr gut	0,6	0,58 Ausschluß (0)	0,42 Gut (75)	0 Sehr gut (100)

Tabelle 23: Regelbank (mit Zugehörigkeitsgraden)

Auch in diesem letzten Bewertungsschritt ist für eine einfache Interpretation des Ergebnisses wieder eine Defuzzifizierung notwendig. Hierzu kann wieder das Singletonverfahren eingesetzt werden. Es ergibt sich die folgende „scharfe" Konklusion:

$(0{,}4 \cdot 0+0{,}58 \cdot 0+0{,}40 \cdot 50+0{,}42 \cdot 75)/(0{,}4+0{,}58+0{,}4+0{,}42)=28{,}6$

Die hier angenommene gute ökonomische Bewertung führt daher zu einer leichten Verbesserung des Ergebnisses.

Tabelle 24 gibt noch einmal eine Übersicht über die Kriterienausprägungen der hier untersuchten Unternehmung und das Ratingergebnis (Beispiel I). In den folgenden vier Beispielen werden einige Kriterienwerte (schattierte Flächen) verändert, um die Auswirkungen auf das Ratingergebnis aufzeigen zu können.

Beispiel II zeigt, daß ein Ansteigen des Anteils der Wertschöpfung aus dem Bau von Kernkraftwerken von 1% auf 4% dazu führt, daß das Unternehmen ausgeschlossen wird (null Punkte). Dies ist darauf zurückführen, daß sich mit dem Wertschöpfungsanteil von 2% aus der Produktion von Elektrizität durch Kernkraft ein „Kernkraftanteil" von 6% an der Wertschöpfung ergibt. Dies übersteigt die festgelegte Grenze von 5% Wertschöpfungsanteil und führt zum Ausschluß der Unternehmung. Ein solcher Ausschluß würde auch dann resultieren (nicht abgebildet), wenn gleichzeitig der Anteil der Gentechnologie an der Gesamtwertschöpfung auf 0% reduziert würde. Es entspricht dem Charakter von Ausschlußkriterien, daß das Überschreiten der kritischen Grenze eines Kriteriums zum Ausschluß der Unternehmung führt.

	Beispiele				
Kriterium	I (Referenz)	II	III	IV	V
Kernkraftbau (K2111)	**1%**	4%	1%	1%	0%
Elektrizität aus Kernkraft (K2112)	**2%**	2%	2%	2%	0%
Chlorchemie (K2121)	**0%**	0%	0%	0%	0%
Gentechnologie (K2131)	**2%**	2%	2%	2%	0%
CO_2-Emissionen - Unternehmen (K22121)	**0,1**	0,1	0,6	0,1	0,1
CH_4-Emissionen - Unternehmen (K22122)	**0,05**	0,05	0,05	0,05	0,05
CO_2-Emissionen - Branche (K22111)	**0,15**	0,15	0,15	0,15	0,15
CH_4-Emissionen - Branche (K22112)	**0,04**	0,04	0,04	0,1	0,04
CFC-11-Emissionen - Unternehmen (K22221)	**0,1**	0,1	0,1	0,1	0,1
HCFC-Emissionen - Unternehmen (K22222)	**0,3**	0,3	0,3	0,3	0,3
CFC-11-Emissionen - Branche (K22211)	**0,2**	0,2	0,2	0,2	0,2
HCFC-Emissionen - Branche (K22212)	**0,15**	0,15	0,15	0,15	0,15
Ergebnis der ökonom. Bewertung	**80**	80	80	80	80
Öko-Rating	**28,6**	**0**	**0**	**31,1**	**35,3**

Tabelle 24: Kriterienausprägungen und Bewertungsergebnisse fünf verschiedener Unternehmungen[336]

Ein Ausschluß der Unternehmung erfolgt laut den Präferenzen des Entscheiders auch, wenn sie gewisse ökologische oder ökonomische Mindestansprüche nicht erfüllen kann. Ein solcher Fall liegt in Beispiel III vor. In diesem

[336] Die Kriterienwerte liegen in den in Tabelle 19, S. 154 angegebenen Dimensionen vor.

Beispiel ist die Unternehmung weitaus CO_2-intensiver als die Branche. Dies führt dazu, daß sie den ökologischen Mindestansprüchen nicht entspricht. Sie wird dementsprechend mit null Punkten bewertet.

Beispiel IV zeigt die Auswirkungen, die eine „Verschlechterung" der Branchensituation hat. Diese führt dazu, daß die Belastung der Unternehmung relativ zur Branche sinkt und schlägt sich dementsprechend in einer verbesserten Bewertung der Unternehmung wieder.

Anhand des letzten Beispiels (Beispiel V) wird deutlich, welchen Effekt die Ausschlußkriterien auf die Bewertung haben. Unterscheidet sich eine Unternehmung im Vergleich zur Referenzunternehmung nur dadurch, daß sie keinerlei Beitrag zu einem der Ausschlußkriterien leistet, resultiert eine wesentlich bessere Bewertung.

5 Analyse des Öko-Ratings der Fallstudie

Vergleicht man die hier vorgenommene Bewertung mit Ratings, die auf Nutzwertanalysen erster Generation basieren, fallen einige erwähnenswerte Unterschiede auf:

- Im Gegensatz zu bestehenden Verfahren, die Ausschlußkriterien als Satisfizierungsvorschriften modellieren, werden diese hier als Extremierungsvorschriften aufgefaßt. Dies dürfte in den meisten Fällen den Präferenzen der Entscheider besser gerecht werden, da für diese Ausschlußkriterien eine hohe (negative) Bedeutung haben dürften. Um dies zu berücksichtigen, muß ein Verfahren eingesetzt werden, das die Berücksichtigung von Abhängigkeiten erlaubt.
- Durch die Art und Weise der hier vorgenommenen Bewertung der Ausschlußkriterien wird berücksichtigt, in welchem Ausmaß sie erfüllt sind. Auf diese Weise kommt es nicht zu einer, in den meisten Fällen nicht zu rechtfertigenden, Begünstigung von Alternativen, die zu vielen Ausschlußkriterien einen kleinen Beitrag leisten im Vergleich zu Alternativen, die zu einem einzigen Ausschlußkriterium einen größeren Beitrag leistet. Es ist trotzdem sichergestellt, daß eine Unternehmung, die eine kritische Wertschöpfungsgrenze in einem der drei Bereiche überschreitet (hier: 5%), ausgeschlossen wird.
- Auch wenn die Ausschlußkriterien nicht stark genug erfüllt sind, um die Alternative zu eliminieren, fließen sie in die Bewertung mit ein. Dies dürfte den Präferenzen der meisten Entscheider besser gerecht werden, als die herkömmliche Art ihrer Berücksichtigung.
- Das Rating stellt einerseits sicher, daß die Alternativen ökologische und ökonomische Mindestansprüche erfüllen. Andererseits erlaubt es aber, wenn

die Mindestansprüche erfüllt sind, in einem gewissen Rahmen eine Kompensation zwischen den Zielen. Dies ließe sich zwar prinzipiell auch im Rahmen herkömmlicher Nutzwertanalysen durch Satisfizierungsvorschriften erreichen, würde allerdings zu künstlichen Grenzfällen führen.

- Besonders in den Teilbewertungen, in denen wegen der Präferenzen des Entscheiders Abhängigkeiten modelliert werden müssen, ist der Aufwand höher als beim Einsatz herkömmlicher Nutzwertanalysen. Durch Fuzzy Logic lassen sich die Bewertungen in diesen Fällen in mehrere Teilschritte unterteilen, die sich durch eine niedrige Komplexität auszeichnen.
- Der niedrigen Komplexität der einzelnen Teilschritte steht allerdings ein Anstieg der Komplexität des gesamten Verfahrens im Vergleich zu den Nutzwertanalysen erster und zweiter Generation durch den Anstieg der Zahl der insgesamt durchzuführenden Bewertungsschritte gegenüber.
- Durch Anpassung der einzelnen Teilschritte kann das Bewertungsverfahren außerordentlich flexibel auf verschiedene Bewertungssituationen abgestimmt werden. Dem Vorteil dieser Flexibilität steht als Nachteil gegenüber, daß beim Aufbau des Verfahrens laufend inhaltliche Entscheide getroffen werden müssen. Diese Flexibilität kann u.U. einen Bewerter überfordern.
- In bezug auf die Kommunizierbarkeit dieses Verfahrens ergibt sich ein gemischtes Bild. Einerseits lassen sich die berücksichtigten Ziele durch „Wenn-dann-Sätze“ recht einfach kommunizieren. Die Kommunikation der genauen Art und Weise der Aggregation der Informationen ist andererseits deutlich schwieriger als im Fall der Nutzwertanalysen erster und zweiter Generation.

Teil V: Zusammenfassung

Die Zerstörung der natürlichen Umwelt führt zu einer Verknappung des ehemals freien Guts „Umwelt". Wird aus einem freien ein knappes Gut, muß es neben anderen knappen Gütern in Entscheidungen berücksichtigt werden, wenn es nicht zu Wohlfahrtsverlusten kommen soll. Um entscheiden, also zwischen Alternativen wählen zu können, müssen die Alternativen bewertet werden. Existierende Bewertungsinstrumente wie beispielsweise Öko-Bilanzen sind hierfür allerdings ungeeignet, wenn sich die Entscheidungen auf ganze Unternehmen und nicht nur auf einzelne Produkte oder Prozesse beziehen. Um diese Lücke zu schließen, wurde in der Praxis das sogenannte Öko-Rating entwickelt.

Soll eine Bewertung entscheidungsunterstützend wirken, muß sie sich an den Bedürfnissen des Entscheiders orientieren. Hierzu gehört nicht nur, daß ausschließlich Informationen in die Bewertung einbezogen werden, die aus Sicht des Entscheiders relevant sind; die Informationen müssen auch richtig interpretiert werden. Die Interpretation findet in der Art und Weise der Aggregation der Informationen ihren Niederschlag. Eine Analyse existierender Öko-Rating-Ansätze zeigt, daß sich die Auswahl der berücksichtigten Informationen nicht an den Bedürfnissen der Entscheider orientiert. Existierende Öko-Rating-Ansätze greifen durch den Einsatz einfacher Nutzwertanalysen auf additive Wertfunktionen zur Aggregation zurück. Der Einsatz einer Funktion zur Aggregation der Informationen kann notwendig sein, wenn Bewertungen von verschiedenen Personen durchgeführt werden, eine große Anzahl von Alternativen bewertet werden müssen oder Bewertungen zeitversetzt durchgeführt werden. Mit dem unkritischen Rückgriff auf die Spezialform der additiven Wertfunktion verstoßen die existierenden Öko-Ratings allerdings häufig gegen deren restriktive Prämissen, zum Beispiel gegen die Prämisse der Unabhängigkeit der Kriterien. Sind diese Prämissen in einer Bewertungssituation nicht gegeben, hängen also beispielsweise die Kriterien voneinander ab, drohen Fehlbewertungen.

Der Grund für die in der Praxis vorzufindende willkürliche Aggregation der Informationen ist einerseits in dem mangelnden Verständnis für die Bedeutung präferenzgerechter Aggregation von Informationen zu suchen. Andererseits fehlt ein pragmatisches Bewertungsverfahren mit weniger restriktiven Prämissen.

Die Arbeit hakt hier in zweifacher Weise ein. Es wird einerseits gezeigt, wie von einer Entscheidungssituation auf Bewertungsziele und -kriterien geschlossen werden kann. Hierdurch kann sichergestellt werden, daß die für eine Bewertung relevanten Ziele identifiziert werden können und Eingang in die Bewertung finden.

Es wird andererseits ein pragmatisches, neues Bewertungsverfahren vorgestellt, das auf weniger restriktiven Prämissen aufbaut und damit eine präferenzgerechte Aggregation auch in Situationen ermöglicht, in denen beim Einsatz existierender Verfahren die Gefahr von Fehlbewertungen besteht. Daß das neue Bewertungsverfahren auf weicheren Prämissen aufbauen kann, ohne dermaßen an Komplexität zu gewinnen, daß es praxisuntauglich wird, ist darauf zurückzuführen, daß es auf unscharfer Logik statt auf der üblicherweise eingesetzten scharfen Logik aufbaut. Während scharfe Logik auf eindeutigen, scharfen Zuordnungen basiert, paßt sich unscharfe Logik besser an das menschliche Denken an, das meist unscharfe Zuordnungen vornimmt.

Die Fallstudie zeigt einige Vorteile eines solchen „unscharfen" Bewertungsverfahrens anhand eines einfachen Beispiels auf. Das Verfahren demonstriert seine Überlegenheit beispielsweise beim Umgang mit Ausschlußkriterien. Durch Ausschlußkriterien werden Alternativen eliminiert, die vorab definierten Anforderungen nicht entsprechen. Herkömmliche Verfahren untersuchen, da sie keine Abhängigkeiten modellieren können, die Ausschlußkriterien isoliert von den anderen Bewertungskriterien. Sie nehmen eine scharfe Trennung zwischen aus- und einzuschließenden Alternativen vor. Das hier vorgestellte „unscharfe" Bewertungsverfahren läßt einen graduellen Übergang zu. Auf diese Art und Weise kann berücksichtigt werden, ob eine Alternative nur knapp einem Ausschluß entgangen oder aus Sicht der Ausschlußkriterien vollkommen problemlos ist.

Eine scharfe Trennung zwischen aus- und eingeschlossenen Unternehmen im Rahmen eines Öko-Ratings dürfte nur in den wenigsten Fällen den Präferenzen der Entscheider, zum Beispiel den Präferenzen von Investoren, entsprechen. Es dürfte meist präferenzgerechter sein, ein Unternehmen um so mehr auszuschließen, je näher es an die Grenze eines absoluten Ausschlusses kommt. Ist bei einem teilweisen Ausschluß noch eine Kompensation möglich, so kann ein vollständiger Ausschluß nicht mehr aufgewogen werden. Die Präferenzgerechtigkeit des Verfahrens wird auf diese Weise gesteigert. Hierbei bleiben die Ergebnisse kompatibel mit den Ergebnissen eines scharfen Bewertungsverfahrens. Eine Alternative, die durch ein scharfes Bewertungsverfahren ausgeschlossen würde, wird auch durch das entsprechende unscharfe Bewertungsverfahren eliminiert.

Ermöglicht wird dies durch die Fähigkeit des Verfahrens, Abhängigkeiten zu berücksichtigen. Experten zeichnen sich dadurch aus, daß sie zwischen relevanten und irrelevanten Informationen unterscheiden und die relevanten Informationen situationsabhängig richtig gewichten können. Liegen solche Abhängigkeiten vor, wird ihre Modellierung zur notwendigen Bedingung, um Expertenwissen richtig abbilden zu können.

Eine Schwäche weist dieses Verfahren allerdings bei seiner Kommunizierbarkeit auf. So lassen sich zwar recht einfach die berücksichtigten Ziele und Präferenzen verbal beschreiben. Soll allerdings die exakte Art und Weise der Aggregation der Informationen erläutert werden, muß eine große Zahl an Bewertungsschritten erläutert werden. Dies kann sich besonders dann als Nachteil herausstellen, wenn zwischen dem Entscheider und dem Bewerter eine Vertragsbeziehung besteht, die durch hohe Agency-Kosten gekennzeichnet ist.

Das hier vorgestellte Bewertungsverfahren läßt sich auch auf andere, nicht ökologieorientierte Bewertungssituationen anwenden. Es erlaubt auch in komplexen Bewertungssituationen signifikante Aussagen zu treffen, ohne an Präzision zu verlieren.

Analog zu dem von Zadeh formulierten und dieser Arbeit vorangestellten Inkompatibilitätsprinzip schließen sich Relevanz und Präzision von Bewertungsergebnissen um so stärker aus, je komplexer Bewertungssituationen werden. Das hier vorgestellte Bewertungsverfahren vermag diese Rivalität zwar nicht aufzuheben. Es erlaubt aber die durch die Konkurrenz von Relevanz und Präzision gesetzten Grenzen eines jeden Bewertungsverfahrens zu erweitern. Dies eröffnet das Potential für bessere ökologieorientierte Bewertungen. Führt dies zu einer Verbesserung von Entscheidungen und Handlungen, können Wohlstandsgewinne realisiert werden.

Exkurs A: Erweiterung Fuzzy Logic

1 Weitere Operatoren

Im Rahmen der Erläuterung der Inferenz wurde vorgeschlagen, zur fuzzy-logischen Umsetzung von Schnitt- und Vereinigungsmenge auf den MIN-beziehungsweise den MAX-Operator zurückzugreifen.[337] In der Tat erfreuen sich diese Operatoren in der Praxis zu diesem Zweck großer Beliebtheit. Es sollte aber nicht vergessen werden, daß es weitere Operatoren zur Modellierung dieser Konzepte gibt (Tabelle 25). Über ihren Einsatz ist wie immer auf der Basis inhaltlicher Überlegungen zu entscheiden.

Name des Operators	„Und“	„Oder“
Algebraische(s) Produkt/Summe	$x \cdot y$	$x + y - x \cdot y$
Beschränkte Differenz/Summe[338]	$\max(0, x + y - 1)$	$\min(1, x + y)$
Drastische(s) Produkt/Summe	x für y=1 y für x=1 0 sonst	x für y=0 y für x=0 1 sonst

Tabelle 25: Fuzzy-logische Operatoren[339]

Interessant ist, daß die genannten Operatoren Schnitt- bzw. Vereinigungsmenge gleich stark oder stärker als Min- bzw. Max-Operator modellieren. Hierbei ergibt sich folgende Rangfolge

337 Vgl. Teil III/Abschnitt „3.5.3.3 Inferenz“.

338 Dieser Operator wird auch als „Abgeschnittene Differenz“/“Abgeschnittene Summe“ oder Lukasiewicz-und bzw. -oder bezeichnet (vgl. z.B. KAHLERT/FRANK 1994, S. 107).

339 Die hier beschriebenen Operatoren findet man beispielsweise in: BÖHME 1993, S. 43ff.

Min-Operator $\geq$ Algebraisches Produkt $\geq$ Beschränkte Differenz $\geq$ Drastisches Produkt

beziehungsweise

Max-Operator $\leq$ Algebraische Summe $\leq$ Beschränkte Summe $\leq$ Drastische Summe.[340]

Die folgende Tabelle zeigt das Verhalten der Operatoren anhand zweier Beispiele.

	μ(x)=0,3; μ(y)=0,8		**μ(x)=0; μ(y)=1**	
	„Und"	„Oder"	„Und"	„Oder"
Min-/Max-Operator	0,3	0,8	0	1
Algebraische(s) Produkt/Summe	0,24	0,86	0	1
Beschränkte Differenz/Summe	0,1	1	0	1
Drastische(s) Produkt/Summe	0	1	0	1

Tabelle 26: Fuzzy-logische Operatoren (Beispiele)

Wie das zweite Beispiel der vorstehenden Tabelle zeigt, sind die Ergebnisse aller Operatoren mit den Ergebnissen scharfer Logik kompatibel.

2 Verallgemeinerung auf den n-Faktorenfall

Bei der bisherigen Untersuchung fuzzy-logischer Operatoren wurde nur der Fall betrachtet, in dem zwei unscharfe Mengen miteinander verknüpft werden. Dieser Sonderfall soll nun auf den n-Faktorenfall verallgemeinert werden. Wurde also bisher beispielsweise betrachtet, wie man den Zugehörigkeitsgrad eines Autos zu der Menge der roten und langsamen Autos bestimmt, soll nun untersucht werden, wie man den Zugehörigkeitsgrad eines Autos zu der Menge der roten, langsamen und preiswerten Autos festsetzt.

MIN- und MAX-Operatoren können zwar, rein technisch betrachtet, wiederum eingesetzt werden, sie stellen aber oft keine befriedigende Lösung dar. Dies ist darauf zurückzuführen, daß sie bei der Verarbeitung mehrerer Faktoren nur zwei Faktoren, nämlich den kleinsten und den größten berücksichtigen. Ein solcher Fall wird exemplarisch in Tabelle 27 vorgeführt. Intuitiv würde man wohl davon ausgehen, daß die erste Alternative mehr dem Idealbild eines roten, langsamen und preiswerten Autos entspricht als die zweite Alternative. Da sich der Zugehörig-

340 Vgl. BÖHME 1993, S. 52.

keitsgrad für die unscharfe Menge „preiswert" aber in beiden Fällen zwischen den Zugehörigkeitsgrade für die unscharfen Mengen „rot" und „langsam" befindet, geht er in beiden Fällen bei Einsatz von MIN- und MAX-Operatoren nicht in die Berechnung des Zugehörigkeitsgrades für die unscharfe Ergebnismenge ein.

Alternative	Zugehörigkeitsgrad „rot"	Zugehörigkeitsgrad „langsam"	Zugehörigkeitsgrad „preiswert"	Zugehörigkeitsgrad Ergebnismenge (MAX)	Zugehörigkeitsgrad Ergebnismenge (MIN)
1	0,8	0,2	0,7	0,8	0,2
2	0,8	0,2	0,3	0,8	0,2

Tabelle 27: MIN- und MAX-Operator bei drei Faktoren

Von denen im vorangegangenen Abschnitt neu eingeführten Operatoren läßt sich aber beispielsweise das algebraische Produkt bzw. die algebraische Summe wie folgt auf den n-Faktorenfall verallgemeinern.[341]

Algebraisches Produkt: $\prod_{i=1}^{n} x_i$ **„und"**

Algebraische Summe: $1-\prod_{i=1}^{n}(1-x_i)$ **„oder"**

In Tabelle 28 sind die neu beschriebenen Operatoren auf das Beispiel aus Tabelle 27 angewandt worden. Es zeigt sich, daß dieser Operator diese Situation besser modelliert; die Zugehörigkeitsgrade sind für beide Operatoren für das erste Beispiel größer als für das zweite Beispiel.

[341] Vgl. hierzu beispielsweise BÖHME 1993, S. 62f.

Zugehörigkeitsgrad „rot“	Zugehörigkeitsgrad „langsam“	Zugehörigkeitsgrad „preiswert“	Zugehörigkeitsgrad Ergebnismenge (alg. Summe)	Zugehörigkeitsgrad Ergebnismenge (alg. Produkt)
0,8	0,2	0,7	0,952	0,112
0,8	0,2	0,3	0,888	0,048

Tabelle 28: Algebraische Summe und algebraisches Produkt bei drei Faktoren

3 Parametrisierte Operatoren

In den vorangegangenen zwei Abschnitten wurden einerseits weitere Operatoren eingeführt, die eine alternative Modellierung zu Min- und Max-Operatoren darstellen und andererseits wurde anhand eines Operator gezeigt, wie eine Verallgemeinerung auf den n-Faktorenfall vorgenommen werden kann.

In beiden Fällen stellen die vorgeschlagenen Alternativen manchmal keine befriedigende Lösung dar. Dies kann zum Beispiel dann der Fall sein, wenn schon die Modellierung durch Min- und Max-Operatoren als zu extrem empfunden wird. Eine mögliche Lösung ist, gleichzeitig mehrere Operatoren einzusetzen, die in unterschiedlichem Maß, maßgebend sind auch hier wieder inhaltliche Überlegungen, in das Ergebnis eingehen. So können beispielsweise Min- und Max-Operator berechnet werden, wobei der Max-Operator je stärker einfließt, desto mehr es sich inhaltlich um ein „oder“ handelt.

Es bietet sich in diesem Zusammenhang an, besonders wenn ein Bewertungskonzept EDV-gestützt umgesetzt werden soll, die Interpolation zwischen zwei Operatoren durch den Einsatz von Parametern zu vereinfachen. Dies erlaubt es, durch eine einfache „Verschiebung“ des Parameters eine leicht veränderte Modellierung zu erzielen.

Der Min-Max-Kompensations-Operator: $[\min(x,y)]^{1-\gamma} \cdot [\max(x,y)]^{\gamma}$ mit $x, y, \gamma \in [0;1]$ ist ein Beispiel für einen parametrisierten Operator auf der Basis des Min- und Max-Operators.[342] Eine andere Möglichkeit eines parametrisierten Operators auf der Basis von Min- und Max-Operator ist der konvexe Min-Max-Kompensations-Operator: $(1-\gamma)\min(x,y) + \gamma \cdot \max(x,y)$ mit ebenfalls $x, y, \gamma \in [0;1]$.[343] Für beide Operatoren gilt, daß der „oder“-Charakter des Operators

[342] Vgl. für den Min-Max-Kompensations-Operator BÖHME 1993, S. 62.
[343] Vgl. für den konvexen Min-Max-Kompensations-Operator BÖHME 1993, S. 63.

umso stärker ist, je höher γ „eingestellt" wird. Die Operatoren unterscheiden sich lediglich in bezug auf den Verlauf für γ-Werte zwischen null und eins.

Diese Art der parametrisierten Konstruktion kann auf andere Operatoren übertragen werden. Besonders interessant sind parametrisierte Operatoren für den Fall, in dem mehr als zwei unscharfe Mengen berücksichtigt werden sollen. Algebraische Summe bzw. algebraisches Produkt, sind wegen ihrer niedrigen Komplexität in diesen Fällen besonders zur Modellierung geeignet. Unter Umständen erlaubt aber keiner der Operatoren allein eine geeignete Wiedergabe. In diesen Fällen kann durch den Einsatz eines parametrisierten Operators unter Umständen trotzdem eine geeignete Modellierung erreicht werden.

4 Weitere Defuzzifizierungsmethoden

Durch die Defuzzifizierung wird, wie bereits beschrieben,[344] aus den Zugehörigkeitsgraden zu unscharfen Teilergebnismengen ein scharfes Ergebnis errechnet. Hierzu wurde bisher nur die als „Singleton" bezeichnete Methode vorgestellt. Ein wesentlicher Vorteil dieser Methode ist ihre gute Eignung für eine EDV-gestützte Umsetzung.

Sollte sich allerdings herausstellen, daß diese Methode zu unbefriedigenden Ergebnissen führt, ist es unter Umständen sinnvoll, mit anderen Defuzzifizierungsmethoden zu experimentieren. Es kann an dieser Stelle nicht auf die verschiedenen Defuzzifizierungsmethoden im Detail eingegangen werden; es muß hierzu auf die Spezialliteratur verwiesen werden.[345]

Zur Erläuterung der verschiedenen Defuzzifizierungsmethoden wird von der in Abbildung 46 wiedergegebenen Ausgangssituation ausgegangen.

Im Rahmen der Inferenz wurde in diesem Fall festgestellt, daß eine unscharfe Teilergebnismenge mit einem Zugehörigkeitsgrad von 0,5 und eine zweite mit einem Zugehörigkeitsgrad von 0,8 erfüllt ist.

---

[344] Vgl. hierzu Teil III/Abschnitt „3.5.3.4 Defuzzifizierung".

[345] Vgl. für eine einfache Einführung beispielsweise BOTHE 1993, S. 142f.; KLIR/YUAN 1995, S. 336ff.; TRAEGER 1994, S. 102ff.

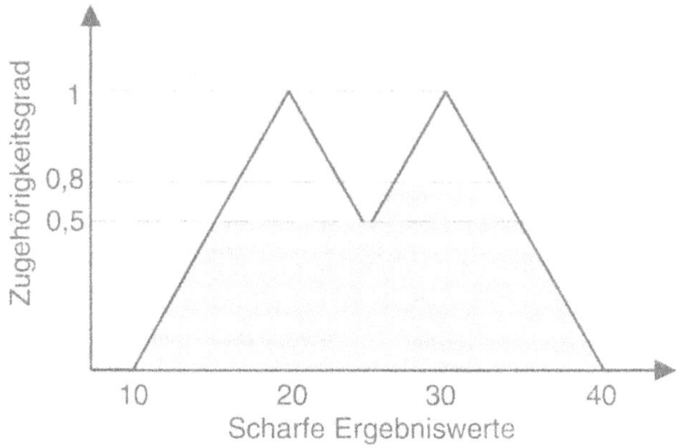

Abb. 46: Ausgangssituation

Wird das scharfe Ergebnis mittels des Singletonverfahrens ermittelt, werden, wie beschrieben, die scharfen Werte, die aus einem Zugehörigkeitsgrad von $\mu=1$ resultieren würden, mit dem erzielten Zugehörigkeitsgrad gewichtet (Vgl. hierzu auch Abbildung 47). Es würde in diesem Fall also beispielsweise eine Bewertung von 26,2 resultieren $((0{,}5 \cdot 20+0{,}8 \cdot 30)/(0{,}5+0{,}8)=26{,}2)$.

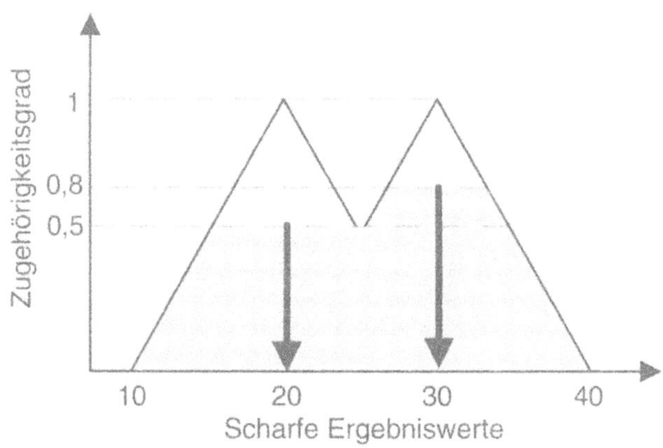

Abb. 47: Singletonverfahren

Eine weitere, neue Methode wird als „Mean of Maximum-Methode", manchmal auch nur als „Max-Methode" oder „Maximum-Methode" bezeichnet. Im Rahmen dieser Methode fließt grundsätzlich nur eine unscharfe Teilergebnismenge und zwar die mit dem höchsten Zugehörigkeitsgrad in die Ermittlung des scharfen Ergebnisses ein. Das scharfe Ergebnis entspricht dem Wert in der Mitte zwischen den beiden am Rand befindlichen Maximalwerten (Vgl. hierzu auch Abbildung 48).

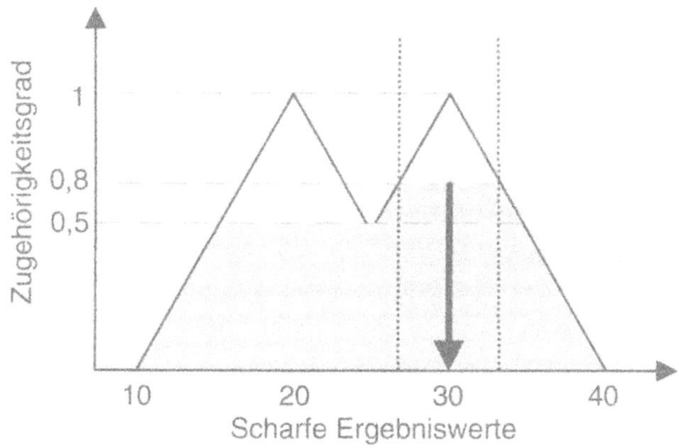

Abb. 48: „Mean of Maximum-Methode“

In dem hier vorliegenden Fall resultiert also ein Ergebnis von 40. Ein wesentlicher Vorteil ist, daß die zur Defuzzifizierung notwendigen Berechnungen außerordentlich einfach sind. Ein Nachteil kann sein, daß die resultierenden Ergebnisse diskret sind. Infinitesimale Veränderungen der Zugehörigkeitsgrade führen also nicht zu infinitesimalen Veränderungen des scharfen Ergebnisses, sondern entweder zu keiner Veränderung oder zu einer sprunghaften Veränderung. Dieser Nachteil wird aber genau dann zu einem Vorteil, wenn diskrete Veränderungen des Ergebnisses gewünscht sind.[346]

Komplikationen treten unter Umständen dann auf, wenn mehrere (identische) Maxima vorliegen. Es bietet sich an, für diesen Sonderfall eine Handlungsanweisung anzugeben. Es kann beispielsweise systematisch der kleinste (größte) Ergebniswert genommen werden, wobei man in diesen Fällen auch von einer Links- bzw. Rechts-Max-Methode spricht. Eine andere Möglichkeit ist, den arithmetischen Mittelwert aller lokalen Max-Werte zu nehmen. Man spricht dann von der Mittelwert-Max-Methode.[347]

---

346 Aus diesem Grund wird diese Defuzzifizierungsmethode auch mit Vorliebe zur Mustererkennung eingesetzt. In diesem Fall ist es das Ziel, daß sich das Verfahren für eines der vorgegebenen Muster entscheidet.

347 Vgl. zu den letzten drei Methoden auch: BOTHE 1993, S. 142.
Im Fall der Mittelwert-Max-Methode geht allerdings der Vorteil diskreter Ergebnisse verloren.

Eine weitere Methode ist als „Center of Gravity-Methode“ (auch: „Schwerpunktmethode“, „Centroiden-Methode“) bekannt.

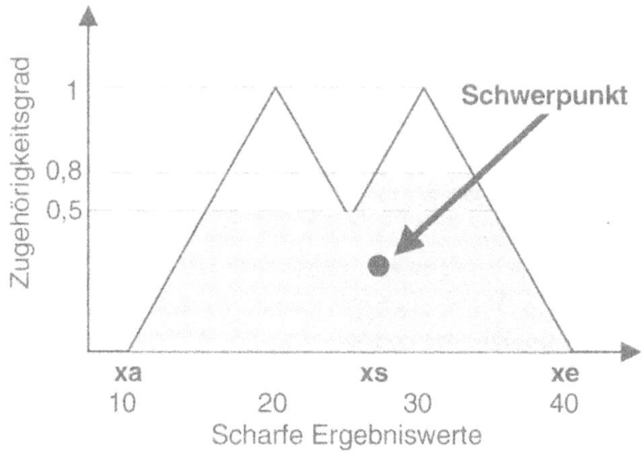

Abb. 49: „Center of Gravity-Methode“

Wie der Name dieser Methode schon treffend ausdrückt, wird hierbei der Schwerpunkt der Flächen der Teilergebnismengen gesucht (vgl. auch Abbildung 49). Die Berechnung gestaltet sich allerdings erheblich komplizierter, als bei den vorangegangenen Methoden.

In Abbildung 49 wird die Fläche mit

x_s=x-Koordinate des Flächenschwerpunktes,

x_a=Anfangspunkt der Fläche,

x_e=Endpunkt der Fläche und

f(x)=Funktion zur Beschreibung des Flächenrandes

beschrieben.

Die Schwerpunktskoordinate x_s berechnet sich entsprechend aus:[348]

[348] TRAEGER 1994, S. 106. Es handelt sich hierbei insofern um eine vereinfachte Berechnung, als daß dieses Verfahren nicht berücksichtigt, daß sich die Teilstücke überlappen können (Vgl. auch TRAEGER 1994, S. 107).

$$x_S = \frac{\int_{xa}^{xe} x \cdot f(x)dx}{\int_{xa}^{xe} f(x)dx}$$

Neben den hier beschriebenen Methoden existieren weitere, teilweise nur abgewandelte, Methoden auf die hier nicht weiter eingegangen werden soll. Außerdem werden regelmäßig für spezifische Anwendungsfragen neue Defuzzifizierungsmethoden entwickelt.

Welche Methode angewendet werden sollte, läßt sich nur von Fall zu Fall und nur auf der Basis inhaltlicher Überlegungen bestimmen. Oftmals werden aber schon mit der „Singleton-Methode“ brauchbare Ergebnisse erzielt.

Exkurs B: Skalentypen, Skalentransformationen

Es kann prinzipiell zwischen drei Skalentypen unterschieden werden. Es handelt sich um

- nominale
- ordinale und
- kardinale

Skalen.[349]

Im Falle der *Nominalskala* werden die Elemente nur Klassen zugeordnet, zwischen denen keine Ordnungsbeziehung besteht. Es gelten nur Identitätsaxiome.[350] Da zwischen den Elementen keine Ordnungsbeziehungen bestehen, kann, unter der Beachtung der Identitätsaxiome, diese Skala beliebig transformiert werden. In der Regel wird sich dies auf Umbenennungen beschränken.

Im Falle der *Ordinalskalen* kann eine Ordnungsbeziehung (z.B. größer/kleiner, besser/schlechter) zwischen den verschiedenen Elementen hergestellt werden. Werden die Elemente Klassen zugeordnet und kann diese Ordnungsbeziehung nur zwischen den Klassen (nicht aber zwischen den Elementen innerhalb einer Klasse) hergestellt werden, so handelt es sich um Ordinalskala schwacher Ordnung. Kann diese Ordnungsbeziehung zwischen allen Elementen hergestellt werden, so ist es eine Ordinalskala starker Ordnung.[351] Die (rein numerischen) Abstände zwischen solchen Skalen sind bedeutungslos. Es ist daher auch jede Transformation zulässig, die die Reihenfolge nicht verändert.

Im Fall der *Kardinalskalen* ist außerdem eine sinnvolle Abstandsmessung zwischen zwei Elementen möglich. Die Kardinalskalen können wiederum in solche unterschieden werden, zwischen denen zwar die Unterschiede zwischen zwei Werten von Bedeutung sind, nicht aber die absolute Höhe eines Wertes

---

349 Vgl. zu den verschiedenen Skalen beispielsweise KAHLE 1997 S. 73ff., ZANGEMEISTER 1976, S. 159ff.

350 Vgl. z.B. KAHLE 1997, S. 74.

351 Etwas abstrakter formuliert: Zwischen allen Elementen herrscht eine asymmetrische und transitive Beziehung. Im Falle der Ordinalskalen schwacher Ordnung trifft dies nur auf die Beziehung zwischen den Klassen zu. Zwischen den Elementen innerhalb der Klassen herrscht eine symmetrische Beziehung (vgl. hierzu auch KAHLE 1997, S. 76).

(Intervallskala) und in solche, bei denen auch die absolute Höhe eines Wertes eine sinnvolle Aussage zuläßt (Verhältnisskala). Die Intervallskala kann entsprechend linear und die Verhältnisskala multiplikativ transformiert werden.[352]

Skala	Aussagen	Beispiele
Nominalskala	Gleichheit/Ungleichheit	Farben, Duft, Namen
Schwache Ordinalskala	obige und Ordnung (keine Differenzierung innerhalb von Klassen)	Schulnoten
Starke Ordinalskala	obige und Ordnung	Plazierungen
Intervallskala	obige und Gleichheit/Ungleichheit von Intervallen	Temperatur
Verhältnisskala	obige und Gleichheit/Ungleichheit von Summen, Produkten und Quotienten	Länge, Gewichte

Tabelle 29: Skalen

Wie die Betrachtung der drei Skalentypen zeigt, steigen die Anforderungen, die an die Skalentypen zu stellen sind, beim Übergang von einer Skala zu einer folgenden Skala (in der obigen Reihenfolge) sukzessive an. Als logische Konsequenz hieraus folgt, daß die Skalierung von einer höheren Skalenstufe in eine tiefere Skalenstufe problemlos möglich ist.

Beispiel: Hat man beispielsweise die Zeiten von zehn Wettläufern eines Skiabfahrtslaufes vorliegen, so handelt es sich bei dem vorliegenden Skalentyp zweifellos um eine Verhältnisskala (Wettläufer A brauchte für die Strecke 120 Sekunden und Wettläufer B 130 Sekunden). Diese kann in eine Intervallskala umgewandelt werden, indem man beispielsweise nur noch die Zeitabstände betrachtet (Wettläufer A war 10 Sekunden schneller als Wettläufer B). Die Intervallskala kann wiederum in eine Ordinalskala starker Ordnung verwandelt werden, indem man nur noch die Rangfolge der einzelnen Wettläufer berücksichtigt (Wettläufer A belegte den ersten, Wettläufer B den fünften Platz). Ordnet man die Wettläufer Klassen zu, so ergibt sich eine Ordinalskala schwacher Ordnung (Wettläufer A gehört zur Klasse der schnellen und Wettläufer B zur Klasse der langsamen Skiläufer). Diese Klassen können selbstverständlich auch im Sinne einer Nominalskala interpretiert werden (Um dies zu verdeutlichen,

[352] Vgl. z.B. ZANGEMEISTER 1976, S. 153, 154.

kann beispielsweise die Klasse der schnellen Skiläufer der Gruppe „rot" und die Klasse der langsamen Skiläufer der Gruppe „schwarz" zugeordnet werden).

Wie dieses Beispiel schon zeigt, geht bei jeder Skalierung von einem höheren zu einem tieferen Skalentyp jedesmal ein Teil der vorhandenen Information verloren.[353]

Bei der Skalierung von einem tieferen zu einem höherem Skalentyp fehlen nun genau diese Informationen und müssen dementsprechend ersetzt werden. Sind die Informationen ursprünglich in einem höheren Skalentyp erfaßt worden und ist der verlorene Teil der Information noch zugänglich, stellt dies kein großes Problem dar.[354]

Oft ist dies aber nicht der Fall. In diesem Fall gibt es verschiedene mögliche Vorgehensweisen. Sie basieren letztlich alle darauf, daß gewisse Vorstellungen über die fehlenden Informationen existieren. Existieren solche Vorstellungen gar nicht, ist eine sinnvolle Skalierung prinzipiell nicht möglich.

Grundsätzlich können zwei verschiedene Verfahrensweisen bei der Skalentransformation unterschieden werden. Es kann entweder ein Fachmann eine direkte Skalierung vornehmen oder es können gewisse Annahmen getroffen werden, auf deren Basis die Skalierung vorgenommen wird (indirekte Skalierung).[355]

Bei der Skalierung einer Nominal- auf eine Ordinalskala kann also entweder ein Fachmann die Elemente direkt in eine gewisse Reihenfolge bringen oder aber Annahmen treffen, wie sich eine Klasse von Elementen (die Elemente) in bezug auf den Ordnungsmaßstab verhalten.

Beispiel: Ein Fachmann kann befinden, daß Skiläufer A, der zur Gruppe der „roten Skiläufer" gehört, schneller ist als Skiläufer B, der zur Gruppe der „schwarzen Skiläufer" gehört und nach der Betrachtung aller Skiläufer zum Schluß kommen, daß A wohl den ersten und B den fünften Platz erzielt haben wird (Umwandlung einer Nominalskala in eine Ordinalskala starker Ordnung). Alternativ hierzu kann er die Annahme treffen, daß „rote Skiläufer" generell schneller sind als „schwarze Skiläufer" und A somit wohl zur Klasse der schnellen und

---

353 Wußte man am Anfang noch, mit welcher Zeit und mit welchem Zeitabstand zu Skiläufer B Skiläufer A ins Ziel kam, reduzierte sich die Information im Fall der Ordinalskalen darauf, daß A schneller als B ins Ziel kam. Am Ende war nur noch bekannt, daß A zur Gruppe der roten und B zur Gruppe der schwarzen Skiläufer gehört.

354 Ein Beispiel ist wiederum eine Wettkampfklassifizierung bei der die ursprünglichen Daten kardinaler Natur waren.

355 Vgl. hierzu BECHMANN 1987a, S. 69f. (besonders Fußnoten 48, 49).

B zur Klasse der langsamen Skiläufer gehört (Umwandlung einer Nominalskala in eine Ordinalskala schwacher Ordnung).

Analog hierzu kann auch bei der Umwandlung einer Ordinalskala in eine Kardinalskala vorgegangen werden. Bei der indirekten Bewertung kann eine Annahme über die Abstände zwischen den Rängen, d.h. über die Verteilung der Alternativen auf der Kardinalskala, getroffen werden.

Beispiel: Der Fachmann kann beispielsweise (direkt) zum Schluß kommen, daß ein Skiläufer, der den ersten (fünften) Platz belegt hat, für die gegebene Strecke wohl ungefähr 120 (130) Sekunden braucht (Umwandlung einer Ordinalskala starker Ordnung in eine Verhältnisskala). Alternativ hierzu kann er die Annahme treffen, daß beispielsweise eine Gleichverteilung vorliegt und zwischen jedem Rang ein Abstand von ca. zwei Sekunden vorliegt (Umwandlung einer Ordinalskala starker Ordnung in eine Intervallskala).

Es existieren verschiedene Methoden zur Skalierung einer tieferen in eine höhere Skala auf die hier nicht detailliert eingegangen werden kann, die aber alle auf das beschriebene Prinzip der (in)direkten Skalierung zurückgeführt werden können. Für das Verständnis der im Zusammenhang mit Öko-Rating verwendeten Skalen reicht ein Verständnis der zugrundeliegenden Problematik.

Literaturverzeichnis

AKERLOF, GEORGE A. (1970): „The Market for 'Lemons': Quality Uncertainty and the Market Mechanism". Quarterly Journal of Economics, Vol. 84, S. 488–500.

ALEXANDER, GORDON J.; SHARPE, WILLIAM F. (1989): Fundamentals of Investments. Prentice Hall, Englewood Cliffs.

ARROW, KENNETH J. (1951): Social Choice and Individual Values. Wiley, New York.

BAIMAN, STANLEY; EVANS, JOHN H. III (1983): „Pre-Decision Information and Participative Management Control Systems". Journal of Accounting Research, Vol. 21, No. 2, S. 371-395.

BAMBERG, GÜNTER; COENENBERG, ADOLF GERHARD (1996): Betriebswirtschaftliche Entscheidungslehre. 9., überarbeitete Auflage. Franz Vahlen, München.

BAMBERG, GÜNTER; SPREMANN, KLAUS (HRSG.) (1989): Agency Theory, Information and Incentives. Corrected Reprint of the First Edition. Springer, Berlin.

BAUER, ANTONIE (1993): Der Treibhauseffekt: eine ökonomische Analyse. Mohr, Tübingen.

BECHMANN, ARNIM (1978a): Nutzwertanalyse, Bewertungstheorie und Planung. Paul Haupt, Bern.

BECHMANN, ARNIM (1978b): „Das LEA-Infosystem - ein Anwendungsbeispiel der Nutzwertanalyse der 2. Generation". In: Jörg Baetge et al. (Hrsg.): Systemtheorie in Wirtschaft und Verwaltung - Ansätze und Anwendungen. Duncker und Humblot, Berlin, S. 130-153.

BECHMANN, ARNIM (1982): Nutzwertanalyse. In: Willi Albers et al. (Hrsg.): Handwörterbuch der Wirtschaftswissenschaften. Gustav Fischer, Stuttgart, Band 9, S. 799-812.

BECHMANN, ARNIM (1991): Mehrdimensionale Bewertungsverfahren auf nutzwertanalytischer Basis. Edition Zukunft, Barsinghausen.

BELLINGER, BERNHARD (1979): „Multidimensionale Bewertung und Bestgestaltung von Bankfilialen". Österreichisches Bank-Archiv, 27. Jg., Heft 4, S. 138-154.

BELLINGER, BERNHARD; VAHL, GÜNTER (1984): Unternehmensbewertung in Theorie und Praxis. Gabler, Wiesbaden.

BERBLINGER, JÜRGEN (1996): Marktakzeptanz des Rating durch Qualität. In: Hans E. Büschgen und Oliver Everling (Hrsg.): Handbuch Rating. Gabler, Wiesbaden, S. 21-110.

BLACK, MAX (1937): „Vagueness - An Exercise in Logical Analysis". Philosophy of Science, Vol. 4, S. 427-455.

BLACKORBY, CHARLES; PRIMONT, DANIEL; RUSSELL, ROBERT R. (1975): „Budgeting, Decentralization and Aggregation". Annals of Economic and Social Measurement, Vol. 4, Nr. 1, S. 23-45.

BOADWAY, ROBIN W.; WILDASIN, DAVID E. (1984): Public Sector Economics. Second edition. Little and Brown, Boston.

BÖHME, GERT (1993): Fuzzy-Logik - Einführung in die algebraischen und logischen Grundlagen. Springer, Berlin.

BORCH, KARL H. (1990): Economics of Insurance. North-Holland, Amsterdam.

BOTHE, HANS-HEINRICH (1993): Fuzzy Logic - Einführung in Theorie und Anwendungen. Springer, Berlin.

BROWN, SARA (1996): „The Quest for Control". The Accountant, December.

BUCHANAN, JAMES M. (1965): „An Economic Theory of Clubs". Economica, Vol. 32, Nr. 125, S. 1-14.

BÜSCHGEN, HANS E.; EVERLING, OLIVER (HRSG.) (1996): Handbuch Rating. Gabler, Wiesbaden.

CANSIER, DIETER (1996): Umweltökonomie. 2., neubearbeitete Auflage. Lucius und Lucius, Stuttgart.

CENTRE FOR THE STUDY OF FINANCIAL INNOVATION (CSFI) (HRSG.) (1995): An Environmental Risk Rating for Scottish Nuclear. CSFI, London.

CHANSON, ROBERT (1992): „Auf der Suche nach «grünen» Unternehmen und Finanzanlagen". Neue Zürcher Zeitung, 6.10.1992.

CHANSON, ROBERT (1994a): „Nöte mit grünen Noten". HandelsZeitung, 12.1.94.

CHANSON, ROBERT (1994b): „Umwelt-Rating: Was ist das?" Öko-Invest, 65/94, S. 11.

CHANSON, ROBERT (1995a): Eco-Rating: Mittel zur Einschätzung von Investments und Projekten aus ökologischer Sicht. o.O.

CHANSON, ROBERT (1995b): „Auch Öko-Anlagen müssen rentieren". (Interview mit Robert Chanson). Cash, 28.4.1995.

CLEMEN, ROBERT T. (1991): Making Hard Decisions. An Introduction to Decision Analysis. Duxbury Press, Boston.

COLBORN, THEO; DUMANOSKI, DIANNE; MYERS, JOHN PETERSON (1997): Our Stolen Future. Plume, New York.

CUBE, FELIX VON (1965): Kybernetische Grundlagen des Lernens und Lehrens. Ernst Klett, Stuttgart.

DREYER, AREND (1974): „Scoring-Modelle bei Mehrfachzielsetzungen - Eine Analyse des Entwicklungsstandes von Scoring-Modellen". Zeitschrift für Betriebswirtschaft, Vol. 44, S. 255-274.

DRÖSSER, CHRISTOPH (1994): Fuzzy Logic - Methodische Einführung in krauses Denken. Rowohlt, Reinbek bei Hamburg.

DYER, JAMES S.; SARIN, RAKESH K. (1979): „Measurable Multiattribute Value Functions". Operations Research, Vol. 27, No. 4, S. 810-822.

ECO-RATING INTERNATIONAL (HRSG.) (1994): Kurzportrait - Eco-Rating International (ERI). ERI, Zürich.

ECO-RATING INTERNATIONAL (HRSG.) (1995): Eco-Rating of Vinifera, Inc., o.O.

ECO-RATING INTERNATIONAL (HRSG.) (o.J.): Eco-Rating - The New Tool To Measure Environmental Performance (Eigenwerbung der ERI). ERI, Zürich.

EISENFÜHR, FRANZ; WEBER, MARTIN (1994): Rationales Entscheiden. Zweite, verbesserte Auflage. Springer, Berlin.

EISENHARDT, KATHLEEN M. (1989): „Agency Theory: An Assessment and Review". Academy of Management Review, Vol. 14, No. 1, S. 57-74.

EPSTEIN, MARC J. (1996): Measuring Corporate Environmental Performance. Best Practices for Costing and Managing an Effective Environmental Strategy. Irwin Professional Publishing, Chicago.

EVERLING, OLIVER (1991): Credit Rating durch internationale Agenturen - Eine Untersuchung zu den Komponenten und instrumentalen Funktionen des Rating. Gabler, Wiesbaden.

EVERLING, OLIVER (1995): „Rating". In: Wolfgang Gerke und Manfred Steiner (Hrsg.): Handwörterbuch des Bank- und Finanzwesens. Zweite, überarbeitete und erweiterte Auflage. Schäffer-Poeschel, Stuttgart, Spalte 1601-1609.

EVERLING, OLIVER (1996): „Ratingagenturen an nationalen und internationalen Finanzmärkten". In: Hans E. Büschgen und Oliver Everling (Hrsg.): Handbuch Rating. Gabler, Wiesbaden, S. 3-17.

FIGGE, FRANK (1995): Vergleichende ökologieorientierte Bewertung von Unternehmen (Öko-Rating) - Notwendigkeit, erste Ansätze, zukünftige Entwicklungen. WWZ-Discussion-Papers, Nr. 9518. WWZ, Basel.

FIGGE, FRANK (1996): „Aus methodischer Sicht verbesserungswürdig". Blick durch die Wirtschaft, 8. Mai 1996.

FIGGE, FRANK (1997): „Systematisierung ökonomischer Risiken durch globale Umweltprobleme". Zeitschrift für angewandte Umweltforschung (ZAU), Jahrgang 10, Heft 2, S. 256-266.

FIGGE, FRANK; SCHALTEGGER, STEFAN (1997): „Shareholder value durch Umweltschutz?" In: Neue Zürcher Zeitung, 11.7.1997.

FIGGE, FRANK; SCHALTEGGER, STEFAN (1998): „Hausse oder Baisse?" Umwelt Focus, 1998, Nr. 4, S. 41-43.

FISCHER, GABRIELE; ENZWEILER, TASSO; RIEKER, JOCHEN (1994): „Experiment in Grün". Manager Magazin, 1994, Heft 1, S. 68-79.

FISCHER, MARC (1995): „Agency-Theorie". WiST, 1995, Heft 6, S. 320-322.

FREEMAN, EDWARD R. (1984): Strategic Management: A Stakeholder Approach. Pitman, Marshfield Mass.

FREY, RENÉ L. (1978): „Die Nutzen-Kosten-Analyse: Grundzüge, Probleme, Kritik". Wirtschaft und Recht, 1978, Heft 3, S. 267–286.

FREY, RENÉ L. (1993): „Der Ansatz der Umweltökonomie". In: René L. Frey et al. (Hrsg.): Mit Ökonomie zur Ökologie. 2., überarbeitete und ergänzte Auflage. Helbing & Lichtenhahn, Basel, S. 3-22.

FREY, RENÉ L. (1997): Wirtschaft, Staat und Wohlfahrt. 10., überarbeitete Auflage. Helbing & Lichtenhahn, Basel.

FREY, RENÉ L.; GYSIN, CHRISTOPH H.; LEU, ROBERT E.; SCHMASSMANN, NORBERT (1991): Energie, Umweltschäden und Umweltschutz in der Schweiz. 2. Auflage. Rüegger, Chur.

FREY, RENÉ L.; HILL, STEPHAN; BLÖCHLIGER, HANSJÖRG; SCHENKER, PHILIPP; STAEHELIN-WITT, ELKE (1995): Szenarien - oder: Der Trend ist auch nicht mehr, was er einmal war. Kursunterlagen General Management Kurs '95, 20. August 1995. Basel.

GÄFGEN, GÉRARD (1974): Theorie der wirtschaftlichen Entscheidung. 3., erweiterte und ergänzte Auflage. Mohr, Tübingen.

GEPPERT, URS (1992): „Die Frage nach dem Öko-Rating". Börsenzeitung, 4.7.1992.

GJESDAL, FROYSTEIN (1982): „Information and Incentives: The Agency Information Problem". Review of Economic Studies, 49. Jg., S. 373-390.

HAMBURGER UMWELTINSTITUT (Hrsg.) (1994): The TOP 50 Ranking - Eine Untersuchung zur Umweltverträglichkeit der 50 größten Chemie- und Pharmaunternehmen weltweit. HUI, Hamburg.

HAMBURGER UMWELTINSTITUT (Hrsg.) (1995): Top50-study: environmental performance of the world's largest chemical and pharmaceutical companies. December 1995 (unveröffentlichter Brief an interessierte Unternehmen und Institute).

HAMBURGER UMWELTINSTITUT (Hrsg.) (1996): Project Report Top 50 - environmental performance of the world's largest chemical and pharmaceutical companies. HUI, Hamburg.

HAMBURGER UMWELTINSTITUT (Hrsg.) (o.J.): o.T. (Eigenwerbung des HUI). Hamburg.

HANUSCH, HORST (1994): Nutzen-Kosten-Analyse. 2., überarbeitete Auflage. Vahlen, München.

HAßLER, ROBERT (1994a): o.T. (Gastkommentar). Öko-Invest 65/94, S. 1.

HAßLER, ROBERT (1994b): Öko-Rating - Ökologische Unternehmensbewertung als neues Informationsinstrument. Oekom, München.

HAßLER, ROBERT; REINHARD, DIRK (1995): „Öko-Rating - Transparenz im Umweltbereich durch ökologische Unternehmensbewertung". Zeitschrift für Wirtschaftsgeographie, Jg. 39, Heft 3-4, S. 165-177.

HEDDERGOTT, STEFAN (1988): Die Nutzwertkalkulation als Instrument der Früherkennung von Insolvenzen. Freie Universität, Berlin.

HEIJUNGS, REINOUT ET AL. (1992a): Environmental Life Cycle Assessment of Products - Guide. Centre of Environmental Science, Leiden.

HEIJUNGS, REINOUT ET AL. (1992b): Environmental Life Cycle Assessment of Products - Backgrounds. Centre of Environmental Science, Leiden.

HOFSTETTER, PATRICK; BRAUNSCHWEIG, ARTHUR (1994): „Bewertungsmethoden in Ökobilanzen - ein Überblick". Gaia, 1994, Nr. 4, S. 227-236.

HOLMSTRÖM, BENGT (1979): „Moral hazard and observability". The Bell Journal of Economics, Vol. 10, No. 1, S. 74-91.

JENSEN, MICHAEL C.; MECKLING, WILLIAM H. (1976): „Theory of the Firm: Managerial Behavior, Agency Costs and Ownership Structure". Journal of Financial Economics, 1976, Nr. 3, S. 305-360.

KAHLE, EGBERT (1997): Betriebliche Entscheidungen - Lehrbuch zur Einführung in die betriebswirtschaftliche Entscheidungstheorie. 4., überarbeitete und erweiterte Auflage. Oldenbourg, München.

KAHLERT, JÖRG; FRANK, HUBERT (1994): Fuzzy-Logik und Fuzzy-Control. Eine anwendungsorientierte Einführung mit Begleitsoftware. 2. verbesserte und erweiterte Auflage. Vieweg, Braunschweig.

KEENEY, RALPH L. (1974): „Multiplicative Utility Functions". Operations Research - The Journal of the Operations Research Society of America, Vol. 22, No. 4, S. 22-34.

KEENEY, RALPH L. (1996): Value-Focused Thinking - A Path to Creative Decisionmaking. Harvard Univ. Press, Cambridge, Mass.

KEENEY, RALPH L.; RAIFFA, HOWARD (1976): Decisions with Multiple Objectives: Preferences and Value Tradeoffs. Wiley, New York.

KLEINEWEFERS, HENNER; JANS, ARMIN (1983): Einführung in die volkswirtschaftliche und wirtschaftspolitische Modellbildung. Vahlen, München.

KLIR, GEORGE J.; YUAN, BO (1995): Fuzzy Sets and Fuzzy Logic - Theory and Applications. Prentice Hall, Upper Saddle River.

KNIGHT, F. (1921): Risk, Uncertainty and Profit. Kelley, Boston, Wiederabdruck 1964.

KROGH, HENNING; PALAß, BRIGITTA (1996): „Sieg in Etappen". Manager Magazin, 1996, Heft 5, S. 196-213.

KROMPHARDT, JÜRGEN (1982): „Methoden und Theorienbildung in der Volkswirtschaftslehre". In: Willi Albers et al. (Hrsg.): Handwörterbuch der Wirtschaftswissenschaften. Gustav Fischer, Stuttgart, Band 9, S. 904-936.

LASCELLES, DAVID (1993): Rating environmental risk. CSFI, London.

LASCELLES, DAVID (1995): Business and The Environment: Balance of power. Financial Times, 22.3.95.

LAUX, HELMUT (1991): Entscheidungstheorie I - Grundlagen. 2. verb. Auflage. Springer, Berlin.

LAUX, HELMUT (1993): Entscheidungstheorie II - Erweiterung und Vertiefung. Dritte Auflage. Springer, Berlin.

LAUX, HELMUT (1995): Entscheidungstheorie. 3. durchgesehene Auflage. Springer, Berlin.

LEGGETT, JEREMY (Hrsg.) (1996): Climate Change and the Financial Sector - The Emerging Threat - The Solar Solution. Gerling-Akademie, München.

LINDE, ROBERT (1981): „Produktion II: Produktionsfunktionen". In: Willi Albers et al. (Hrsg.): Handwörterbuch der Wirtschaftswissenschaften. Gustav Fischer, Stuttgart, Band 6, S. 799-812.

LINTNER, JOHN (1965): „Security Prices, Risk, and Maximal Gains from Diversification". The Journal of Finance, Vol. 20, S. 587-615.

LUCE, DUNCAN R.; RAIFFA, HOWARD (1966): Games and Decisions. Introduction and critical survey. Sixth Printing. Wiley, New York.

MACHO-STADLER, INÉS; PÉREZ-CASTRILLO, DAVID J. (1997): An Introduction to the Economics of Information. Incentives and Contracts. Oxford University Press, Oxford.

MAG, WOLFGANG (1980): „Risiko und Ungewißheit". In: Willi Albers et al. (Hrsg.): Handwörterbuch der Wirtschaftswissenschaften. Gustav Fischer, Stuttgart, Band 6, S. 478-495.

MAG, WOLFGANG (1990): Grundzüge der Entscheidungstheorie. Vahlen, München.

MANSLEY, MARK (1996): „A financial analyst's perspective I". In: Jeremy Leggett (Ed.): Climate Change and the Financial Sector. Gerling-Akademie, München, S. 123-132.

MANSLEY, MARK (o.J.): Long Term Financial Risks to the Carbon Fuel Industry from Climate Change. The Delphi Group, London.

MARKOWITZ, HARRY M. (1991): Portfolio Selection - Efficient Diversification of Investments. Second edition. Blackwell, Cambridge.

MÜLLER, KASPAR; WITTKE, ANJA (1998): „The Ciba Case Study". In: Stefan Schaltegger und Andreas Sturm (Ed.): Eco-Efficiency by Eco-Controlling. On the Implementation of EMAS and ISO 14001. Vdf, Zurich, S. 91-101.

O.V. (1994a): Stellungnahme der Rhône-Poulenc zum ersten Ranking des Hamburger Umweltinstituts. Manager Magazin, 1994, Heft 2, S. 117.

O.V. (1994b): Stellungnahme der BASF zum ersten Ranking des Hamburger Umweltinstituts. Manager Magazin, 1994, Heft 2, S. 116.

O.V. (1994c): „Ratingagenturen". Öko-Invest, 1994, Nr. 65, S. 2-13.

O.V. (1994d): Öko-Rating der Kunert AG. Öko-Invest, Nr. 65, 13.6.1994, S. 13.

O.V. (1994e): Öko-Rating-Rubrik. Öko-Invest, Nr. 65, 13.6.1994, S. 12.

O.V. (1995): News Release der Scottisch Nuclear zum Öko-Rating des CSFI vom 22. März 1995.

O.V. (1996): „Öko-Versicherung nutzt Ethik". Horizont, 3.5.96.

O.V. (1997a): „Agenturen". Werben und Verkaufen, 28.11.97.

O.V. (1997b): Öko-Rating der Nordtank Energy Group A/S. Öko-Invest, Nr. 128, 13.01.1997, S. 8f.

O.V. (1997c): Öko-Rating der Lösch Umweltschutz AG. Öko-Invest, Nr. 150, 24.11.1997, S. 6f.

O.V. (1998A): „Nevada Manhattan Mining Inc. - Contracts with Metsa Timber Distribution and Management". Canadian Corporate News, 11.03.1998.

O.V. (1998B): Öko-Rating der Bank Ochrony Srodowiska S.A. Öko-Invest, Nr. 162, 18.05.1998, S. 4f.

O.V. (1998C): O.T. Öko-Invest, Nr. 164, 22.06.1998, S. 6.

ÖKOM (o.J.): Wasser auf Ihre Mühlen (Eigenwerbung der Ökom GmbH). München.

OSSADNIK, WOLFGANG (1988): „Investitionsentscheidungen unter Berücksichtigung mehrerer Kriterien". Der Betrieb, 41. Jg., Heft 2, S. 62-68.

PEARCE, DAVID W. (1993): Economic Values and the Natural World. MIT Press, Cambridge.

PILLET, GONZAGUE (1993): Economie écologique - introduction à l'économie de l'environnement et des ressources naturelles. Georg Editeur, Genève.

PR NEWSWIRE (1995): „Vinifera announces investment by Swiss investment group". Nachrichtenagenturmeldung der PR Newswire, 1.6.95.

REHKUGLER, HEINZ; SCHINDEL, VOLKER (1985): Entscheidungstheorie: Erklärung und Gestaltung betrieblicher Entscheidungen. 2. Auflage. Florentz, München.

REIBNITZ, UTE VON (1991): Szenario-Technik. Instrumente für die unternehmerische und persönliche Erfolgsplanung. Gabler, Wiesbaden.

RODGER, IAN (1992): „Top scores in the green ratings game". Financial Times, 19.08.92.

ROSS, STEPHEN A. (1973): „The Economic Theory of Agency: The Principal's Problem". American Economic Review, Vol. 63, No. 2, S. 134-139.

ROY, ELIZABETH (1997): „When Tenant and Landlord are Rating Agency and creditor". IAC Trade and Industry Database, 12.5.1997.

SABOURIAN, HAMID (1989): „Repeated Games: A Survey". In: Frank Hahn (Ed.): The Economics of Missing Markets, Information, and Games. Clarendon Press, Oxford, S. 62-105.

SALANIÉ, BERNARD (1997): The Economics of Contracts. MIT Press, Cambridge.

SALIGER, EDGAR (1993): Betriebswirtschaftliche Entscheidungstheorie - Einführung in die Logik individueller und kollektiver Entscheidungen. Oldenbourg, München.

SCHALTEGGER, STEFAN (1996): „Eco-Efficiency of LCA - The Necessity of a Site-Specific Approach". In: Stefan Schaltegger (Ed.): Life Cycle Assessment (LCA) - Quo vadis. Birkhäuser, Basel, S. 133-149.

SCHALTEGGER, STEFAN (1997): „Information costs, quality of information and stakeholder involvement - the necessity of international standards of ecological accounting". Journal of Eco-Management and Auditing, Vol. 4, S. 87-97.

SCHALTEGGER, STEFAN; FIGGE, FRANK (1997): Umwelt und Shareholder Value. Sechste Auflage. WWZ/Sarasin Studie. WWZ, Basel.

SCHALTEGGER, STEFAN; KUBAT, RUEDI (1994): Das Handwörterbuch der Ökobilanzierung: Begriffe und Definitionen. WWZ, Basel.

SCHALTEGGER, STEFAN; STURM, ANDREAS (1994): Ökologieorientierte Entscheidungen in Unternehmen. 2., aktualisierte und erweiterte Auflage. Haupt, Bern.

SCHALTEGGER, STEFAN MIT MÜLLER, KASPAR; HINDRICHSEN, HENRIETTE (1996): Corporate Environmental Accounting. Wiley, Chichester.

SCHNEEWEIß, CHRISTOPH (1991): Planung - Systemanalytische und entscheidungstheoretische Grundlagen. Springer, Berlin.

SCHREIBER, KERSTIN (1994): „Probleme ökologischer Entscheidungshilfen". Umweltwirtschaftsforum, Jg. 2, Heft 5, S. 9-12.

SCHULZ, THOMAS M. (1995): Ökologieorientierte Berichterstattung von Unternehmen – Ökologieorientierte Berichterstattung in Geschäfts- und Umweltberichten unter Berücksichtigung der Informationsbedürfnisse der Stakeholder, untersucht in der europäischen Chemieindustrie. Haupt, Bern.

SERFLING, KLAUS; PRIES, ANDREAS (1990): „Möglichkeiten und Grenzen des Rating". Die Bank, 1990, Heft 7, S. 381-384.

SHARPE, WILLIAM F. (1964): „Capital Asset Prices: A Theory of Market Equilibrium under conditions of Risk". The Journal of Finance, Vol. 19, S. 425-442.

SHAVELL, STEVEN (1979): „Risk Sharing and incentives in the principal and agent relationship". The Bell Journal of Economics, Vol. 10, No. 1, S. 55-73.

SIEBERT, HORST (1995): Economics of the Environment. Fourth, Revised and Enlarged Edition. Springer, Berlin.

SÖNNICHSEN, CHRISTOPH (1992): Rating-Systeme am Beispiel der Versicherungswirtschaft. Duncker & Humblot, Berlin.

SPREMANN, KLAUS (1989): „Agency Theory and Risk Sharing - Agent and Principal". In: Günter Bamberg und Klaus Spremann (Hrsg.): Agency Theory, Information and Incentives. Corrected Reprint of the First Edition, Springer, Berlin, S. 3-37.

STEINER, MANFRED (1992): „Rating - Risikobeurteilung von Emittenten durch Rating-Agenturen". WiST, 1992, Heft 10, S. 509-515.

STIGLER, GEORGE J. (1961): „The economics of information". The Journal of Political Economy, Vol. 69, No. 3, S. 213-225.

STREBEL, HEINZ (1975): Forschungsplanung mit Scoring-Modellen. Nomos, Baden-Baden.

STREIT, MANFRED (1983): Theorie der Wirtschaftspolitik. 3., unveränderte Auflage. Werner, Düsseldorf.

SZYPERSKI, NORBERT; WINAND, UDO (1974): Entscheidungstheorie. Poeschel, Stuttgart.

TISCHLER, KLAUS (1994): Umweltökonomie. Oldenbourg, München.

TRAEGER, DIRK H. (1994): Einführung in die Fuzzy-Logik. 2., vollständig überarbeitete und erweiterte Auflage. Teubner, Stuttgart.

TUCHTFELDT, EGON (1975): „Zielbeziehungen in der Wirtschaftspolitik". WiST, 1975, Heft 4, S. 471-478.

VARIAN, HAL R. (1989): Grundzüge der Mikroökonomik. Oldenbourg, München.

WBCSD (WORLD BUSINESS COUNCIL FOR SUSTAINABLE DEVELOPMENT) (ED.) (1997): Environmental Performance and Shareholder Value. WBCSD, Geneva.

WEBER, MARTIN (1983): Entscheidungen bei Mehrfachzielen - Verfahren zur Unterstützung von Individual- und Gruppenentscheidungen. Gabler, Wiesbaden.

WEBER, MARTIN; KRAHNEN, JAN; WEBER, ADELHEID (1995): „Scoring-Verfahren - häufige Anwendungsfehler und ihre Vermeidung". Der Betrieb, 48. Jg, Heft 33, S. 1621-1626.

WILLEKE, RAINER; OLLICK, FRANZ; ZEBISCH, KLAUS-DIETER (1979): Nutzen-Kosten-Analyse für Investitionen im öffentlichen Personennahverkehr. Methoden und Ergebnisse der Standardisierten Bewertung. Verkehrs-Verlag Fischer, Düsseldorf.

WITTE, HERMANN (1989): Die Integration monetärer und nichtmonetärer Bewertungen. Ein Problem volkswirtschaftlicher Bewertungsansätze. Duncker und Humblot, Berlin.

WITTMANN, WALDEMAR (1959): Unternehmung und unvollkommene Information - Unternehmerische Voraussicht - Ungewißheit und Planung. Westdeutscher Verlag, Köln.

ZADEH, LOTFI A. (1965): „Fuzzy Sets". Information and Control, Vol. 8, S. 338-353.

ZANGEMEISTER, CHRISTOF (1976): Nutzwertanalyse in der Systemtechnik - Eine Methodik zur multidimensionalen Bewertung und Auswahl von Projektalternativen. 4. Auflage, Wittemann, München.

ZWAHLEN, ROBERT (1994): Ecological Rating - a practical new tool to measure ecological performance. Vortrag. San José, Costa Rica.

GPSR Compliance
The European Union's (EU) General Product Safety Regulation (GPSR) is a set of rules that requires consumer products to be safe and our obligations to ensure this.

If you have any concerns about our products, you can contact us on

ProductSafety@springernature.com

In case Publisher is established outside the EU, the EU authorized representative is:

Springer Nature Customer Service Center GmbH
Europaplatz 3
69115 Heidelberg, Germany

www.ingramcontent.com/pod-product-compliance
Ingram Content Group UK Ltd.
Pitfield, Milton Keynes, MK11 3LW, UK
UKHW022057051026
15623UKWH00002B/519

9783540668671